宗教文化译丛

犹太教系列　主编　傅有德

犹太教审判
中世纪犹太-基督两教大论争

〔英〕海姆·马克比 编译

黄福武 译

商务印书馆
The Commercial Press
创于1897

"宗教文化译丛"总序

  遥想远古，文明伊始。散居在世界各地的初民，碍于山高水险，路途遥远，彼此很难了解。然而，天各一方的群落却各自发明了语言文字，发现了火的用途，使用了工具。他们在大自然留下了印记，逐渐建立了相对稳定的家庭、部落和族群。人们的劳作和交往所留下的符号，经过大浪淘沙般的筛选和积淀后，便形成了文化。

  在纷纭复杂的文化形态中，有一种形态叫"宗教"。如果说哲学源于人的好奇心和疑问，那么宗教则以相信超自然力量的存在为前提。如果说哲学的功用是教人如何思维，训练的是人的理性认知能力，那么宗教则是教人怎样行为。即把从信仰而来的价值与礼法落实于生活，教人做"君子"，让社会有规范。信而后行，是宗教的一大特点。

  宗教现象，极为普遍。亚非拉美，天涯海角，凡有人群的地方，大都离不开宗教生活。自远古及今，宗教虽有兴衰嬗变，但从未止息。宗教本身形式多样，如拜物图腾、万物有灵、通神巫术、多神信仰、主神膜拜、唯一神教，林林总总，构成了纷纭复杂、光怪陆离的宗教光谱。宗教有大有小，信众多者为大，信众寡者为小。宗教有区域性的，也有跨区域性的或世界性的。世界性宗教包括基督教、伊斯兰教、佛教等大教。还有的宗教，因为信众为单一民族，被视为民族性宗教，如犹太教、印度教、祆教、神道教等。宗教犹如一面硕大无朋的神圣之网，笼罩着全世界大大小小的民族和亿万信众，其影响既广泛又久远。

宗教的功能是满足人的宗教生活需要。阶级社会，人有差等，但无人不需精神安顿。而宗教之于酋长与族人、君主与臣民、贵族与平民、总统与公民，皆不分贵贱，一视同仁地慰藉其精神。有时，人不满足于生活的平淡无奇，需要一种仪式感，这时，宗教便当仁不让。个人需要内在的道德，家庭、社会、国家需要伦理和秩序，宗教虽然不能"包打天下"，却可以成为不可多得的选项。人心需要温暖，贫民需要救济，宗教常常能够雪中送炭，带给需要者慈爱、关怀、衣食或资金。人是社会的动物，宗教恰巧有团体生活，方便社交，有利于人们建立互信和友谊。

"太阳照好人，也照歹人。"宗教劝人积德行善，远离邪恶，但并非所有的"善男信女"都是仁人君子，歹徒恶人也不乏其例。宗教也不总是和平的使者。小到个人权斗、"人肉炸弹"，大到"9·11"空难，更大的还有"十字军东征""三十年战争""纳粹大屠杀"。凡此种种大小纷争、冲突、战争和屠戮，都有宗教如影随形。美国学者亨廷顿早在1993年就曾预言：未来的冲突将发生在几大宗教文明之间。姑且不说"文明"之间是否"应该"发生冲突，宗教冲突或与之相关的各种"事件"时有发生，却是一个不争的事实。

既然宗教极其既深且广的影响是事实存在，那么介绍和诠释宗教经典，阐释教义学说，研究宗教历史，宗教与政治经济，以及宗教间的关系等理论和现实问题，就有了"充足的理由"和"必要"。

1873年，马克斯·缪勒出版了《宗教学导论》，其中首次使用了"宗教学"概念。从此，宗教研究成了一门学科，与文学、历史学、哲学、社会学、心理学、民族学等并驾齐驱。在宗教学内部，宗教哲学、宗教人类学、宗教社会学、宗教心理学等分支也随之出现，成就了泰勒、韦伯、蒂利希、詹姆斯、布伯、巴特、莫尔特曼、尼布尔、汉斯·昆等一大批宗教思想家。1964年，根据毛泽东主席批示的精神，中国科学院哲学社会科学学部组建了世界宗教研究所。从此以后，宗教学和更广意义的宗教研究也渐次在社会主义中国生根、开花、结果，在学术界独树一帜，为世人所瞩目。

宗教经典的翻译、诠释与研究，自古有之，时盛时衰，绵延不绝。中国唐代的玄奘、义净，历经千辛万苦西行取经，而后毕生翻译佛典，成为佛教界的佳话；葛洪、寇谦之、陶弘景承续、改革道教，各成一时之盛；早期的犹太贤哲研讨《托拉》、编纂《塔木德》，开启了《圣经》之后的拉比犹太教；奥利金、德尔图良、奥古斯丁等教父，解经释经，对于厘定基督教教义，功莫大焉；斐洛、迈蒙尼德等犹太哲人诠释《圣经》，调和理性与信仰，增益了犹太教；托马斯·阿奎那、邓斯·司各脱、威廉·奥康等神学大师，建立并发展了宏大深邃的经院哲学，把基督教神学推到了顶峰。还须指出，传教士们，包括基督教教士和佛教高僧大德，致力于各自宗教的本土化，著书立说，融通异教，铺设了跨宗教和多元文化对话的桥梁。

学生的学习，学者的研究，都离不开书。而在某个特定的历史时期，外著移译，显得尤为必要和重要。试想，假如没有严复译的《天演论》《法意》，没有陈望道译的《共产党宣言》、傅雷译的法国小说、朱生豪译的莎士比亚诗歌与戏剧，等等，中国的思想文化界乃至政治、经济、社会等各个领域，是一个什么景象？假如没有贺麟、蓝公武、王太庆、苗力田、陈修斋、梁志学、何兆武等前辈学者翻译的西方哲学名著，中国的哲学界将是什么状态？假如没有宗教学以及犹太教、基督教、伊斯兰教、佛教等宗教经典或研究性著作的翻译出版，我们的宗教学研究会是何等模样？虽说"试想"，但实际上根本"无法设想"。无疑，中国自古以来不乏学问和智慧，但是古代中国向来缺少严格意义上的学科和学术方法论。近现代以来中国分门别类的学科和学术研究是"西学东渐"的结果，而"西学东渐"是与外籍汉译分不开的。没有外籍的汉译，就没有现代中国的思想文化和学术。此论一点也不夸张。

众所周知，在出版界商务印书馆以出版学术著作著称，尤其以出版汉译名著闻名于世。远的不说，"文革"后上大学的文科学子，以及众多的人文社科爱好者，无不受益于商务印书馆的"汉译世界学术名著丛书"，我本人就是在这套丛书的滋养熏陶下走上学术之路的。

为了满足众多宗教研究者和爱好者的需要，商务印书馆对以前出版过的"宗教文化译丛"进行了改版，并扩大了选题范围。此次出版的译丛涵盖了宗教研究的诸多领域，所选原作皆为各教经典或学术力作，译者多为行家里手，译作质量堪属上乘。

宗教文化，树大根深，名篇巨制，浩如烟海，非几十本译作可以穷尽。因此，我们在为商务印书馆刊行"宗教文化译丛"而欢欣鼓舞的同时，也期待该丛书秉持开放原则，逐渐将各大宗教和宗教学研究的经典、权威性论著尽收囊中，一者泽被学林，繁荣学术；二者惠及普通读者，引导大众正确认识宗教。能否如愿以偿？是所望焉。谨序。

傅有德

2019 年 9 月 22 日

译者序

谈到《犹太教审判》一书的翻译，多少有点儿偶然。我的朋友傅有德从英国回来时，把这本书的作者马克比教授，同时也把这本在西方颇有影响的专著的英文本介绍给我。他对此书颇为推崇，嘱我译为中文。当时，只是想先读一读，借以了解一些有关宗教，特别是犹太教这个神奇而独特的宗教方面的知识。因为我本身是理工科出身，后改事行政，平日琐事繁杂，过去虽然在工作之余看过一些哲学和宗教方面的书籍，也翻译过一点文学作品，但那只不过是一时的兴趣，谈不上研究，更谈不上精通。对于晦涩而神秘的宗教专著，我总觉得有点儿深不可测的味道。所以，读的目的也有某种"测一测"它到底有几许深，以免贸然陷进去的成分。然而，在读的过程中，情形发生了变化，先是由闲读变成了"渴饮"那种读法，继而有一种跃跃欲试的不安，眼前不时跳跃着一些中文的字符。在作者的笔下，那些晦涩的语句和深奥的论证，以及那些神秘的教条，变成了一部具有形象感的、充满诗意的文学作品，书中反复提及和引用的《圣经》和《塔木德》，不再是一句三琢磨的枯燥古文，而是充满着情趣的生动叙述；而生活在中世纪的那些冷漠、呆板的拉比和教士变成了我们今天生活中见到的平常人，就像面对面的那种感觉一样。一个个情节栩栩如生，明晰而生动，再没有教堂里或是宫廷内所常有的那种神秘气氛。所以，你读的不是一部严肃沉闷的论著，而是一部文学作品，一部小说，一篇篇的故事。用这样的一种方式来了解和研究历史上这些伟大事件，何乐而不为呢？正是出于这一原因，我愿意把它引介给中国的读者。

《犹太教审判》一书是英国著名犹太学者海姆·马克比"一部值得推崇的优秀力作"（塞克斯博士语）。该书集中论述了发生于中世纪欧洲的犹太－基督两教之间的三大论争，即巴黎论争、巴塞罗那论争和托尔托萨论争。作者通过大量翔实原始的资料、严密细致的论述、优美准确的译文和恰当独到的注释，展现了中世纪这一欧洲历史上最黑暗的时期两教对峙的戏剧场面和真正意义，并力求在与今天相关的意义上阐述论争的宏大历史背景和精髓所在。书中广博而精深的政治、历史、哲学、宗教以及语言文字方面的知识，充分体现了作者在犹太文化研究领域里的高深造诣与研究成果，不仅让当时那些冲突中的重要场景再现眼前，使读者有历历在目之感，而且会使人联系今天的世界进行积极的思考。而由于作者的精心编译和订正，书中的原文部分大大摆脱了原始的晦涩与神秘，"不管是犹太人，还是基督徒，都将会从关于那些冲突的记录中获得良好的教益"（科查安博士语）；并且由于对原文的故事性与戏剧化的处理，"从而使之易于为外行们所理解"（同上），"对于那些不熟悉原始材料的读者而言，这无疑会激发起一阅为快的兴趣"（塞克斯博士语）。

中世纪的欧洲，无论是从政治和历史上来讲，还是从科学和文化方面来看，都无疑是人类社会所经历的最为黑暗的时期之一。

其显著特点就是基督教教会统治的形成与加强，并且这种统治往往带有明显的"政教合一"甚至"教高于政"的性质。这种统治的残酷性在宗教上的一种表现，就是对非基督教（尤其是犹太教）推行的宗教统一化运动。当时，整个欧洲几乎已经成了一个超国界的基督教统一王国，在这一王国中的那些所谓"倒退的飞地"都被视为"异端"也就不会令人感到惊异了。而由于犹太教乃是基督教的母教，对这一（民族）宗教的改造和扼杀便成了最为迫切的事。所以，在流放、屠杀、镇压等一系列赤裸裸的手段用尽之后，在利用"宗教法庭"（叫作"异端裁判所"似乎更为恰当）这种"通过法律程序"进行无端定罪和残酷迫害的"外围战"之后，便开始实施灭除犹太教的根本性"战斗"，那就是强迫犹太教的重要人物出席公开论争，从而在理论上、宗教原理和根本教义上击垮犹太教，以达到犹太民族整体皈依新教的目的，把基督教的辉煌推向顶峰，同时也为其他宗教树立一个"榜样"。正是在这样一片"东征"（十字军东征）、"西剿"（宗教法庭与血祭诽谤）的杀伐声中，犹太教作为一种宗教被推上了基督教当权人物所导演的论争的"审判台"。

从这些论争的程序与气氛来看，其间经历了一个从对犹太教进行粗陋攻击到精心组织"以理取胜"的过程。巴黎论争还只是一种单纯的攻击，论争的形式带有明显的"宗教法庭"的性质，"实际上是一次审问，只是法庭的一次开庭而已"（著者语）；而后来的巴塞罗那论争和托尔托萨论争，则无论是论争的公开性，还是论争的程序，都经过了精心的安排，攻击的方式变得似乎温和而公平，这就是书中所说的一箭双雕的战术："在对《塔木德》

进行攻击的同时，还伴随着将《塔木德》攫取过来作为基督教真理之源的证据。"可以说，这是一种更为老谋深算，更为彻底，同时也是更为有效的方式。试想，如果在公平的条件下，通过论证在理论上将对手的论据驳倒，这就不只是自己一方获得了胜利的标志，而且可以借此证明对手所奉行的教义没有理性的基础，而自己所持的教义是一种完美的真理。这样，宗教的一体化就变成顺理成章的了。

论争的发端是犹太人的《塔木德》，即所谓的口传《律法书》。这是一部卷帙浩繁的犹太典籍。在犹太人的心目中，它与成文《律法书》即《旧约》相并列作为自己的宗教法典。此书中除了严肃的律法性条文之外，还包括甚多先贤们不拘一格的解释和评论，甚至也包括一些诙谐、戏谑的语句。这正是这部书的独到之处，充分体现了犹太人的民族特点，但同时也暴露出《塔木德》和犹太教及其教义易受攻击的一面。用拉比耶希尔的话说，"《塔木德》就是犹太教"。这句带有自豪感和结论性的话充分说明了《塔木德》同犹太教的关系。正是由于此书中包含了所谓"亵渎神明"和"荒谬不经"的内容，才被当局认为是"对基督教的攻击"和"对基督徒的谩骂"，从而导致了对《塔木德》的审查、删节，甚至焚毁，并以此为基点，进而演变为一场以灭除犹太教为根本内容的全面性的攻击。上至教皇、国王，下至教士、教徒，形成了一支浩浩荡荡的讨伐大军，掀起了一场史无前例的反犹狂热，在犹太人这个悲惨民族的历史上增添了最为悲惨的一页。

论争的核心是救世主的地位问题，或者说这个救世主重要到什么样的程度。对于犹太人来说，"救世主并不是十分重要的"（纳曼尼德语）。因为犹太人主张个体的奋斗，通过奋斗创造出一个和平、公正与繁荣的社会，而在奋斗的过程中，每一个个体的精神得到升华，所谓"拯救"，是同整个民族、整个人类相关联的。因此，在某种意义上，救世主的降临与否或是何时降临并没有多么重要。而对于基督徒来说，救世主则具有压倒一切的重要性。由于继承了亚当的原罪，人类陷入了罪恶之狱而难以自救，因此必须要有一位神性的救世主，或者按照教义规定的那样，有一位基督被钉在十字架上从而使灵魂获得拯救。既然灵魂的获救是如此重要和迫切，那么救世主的降临当然是头等重要的事。这个问题之所以成为历次论争的主要议题，是因为它以及与之相联系的关于原罪的教义、"三位一体"的教义和救世主降临的时间与方式，等等，构成了犹太教与基督教两教之间的最大分野。即"对于犹太人来说，重要的事情是人们如何行动；而对于基督徒来说，则是人们如何信仰"（著者语）。尽管用我们今天的眼光来看，论争只是一种手段，其胜败在当时的环境下并没有多大的差别，但犹太教的教义有着更多的理性和人性是毋庸置疑的。

本书将巴塞罗那论争放在突出地位予以讨论，是因为纳曼尼德的出席以及他所撰写的那篇著名的记述《维库阿》，同时也是因为论争举行的时间和它"是唯一一次在相对公平的条件下进行的论战"（著者语）。纳曼尼德确实是一位伟大的学者，他的形象在当时的那种"黑暗"的背景下显得尤为突出。他在论争中所表现出的知识、辩才、勇敢和气势，压倒了所有论争中的每一位参加者，使得他的对手们为之倾倒，甚至当时主持论争的詹姆斯国王也不得不对他另眼相看，对他在论争中的表现大为称道。这次论争中的论证更深刻一些，范围更宽广一些，关于论争的原始记述的可信性可能更大一些，这是必然的。但是，关于这次论争，仍存在诸多待商榷之处，如有关《维库阿》的原本问题。有些问题恐怕是永远无法弄清的了。

遗憾的是，由于众所周知的原因，关于这些论争的原始资料是残缺不全的，尚存部分资料的可靠性也存在一定的疑问。而在我国的犹太研究中，这一时期，尤其是有关两教论争方面的史料更是难得一见。人们在谈及犹太人的不幸历史和命运时，往往过于注重与其肉体上的苦难相联系，而在某种意义上忽视了这种更具破坏力和欺骗性的精神上的迫害。对于每一个犹太人和整个犹太民族来讲，后者的危害性在某些方面（精神上的瓦解与皈依基督教）大大超过了前者。这一点已为历史所证实。马克比的《犹太教审判》可以说填补了这一空白，对加强这一方面的研究无疑具有重要的引导作用。全国政协常委、中国基督教三自爱国运动委员会副主席、山东省基督教两会会长王神荫主教在审阅本书书稿后认为，"这是一本记述中古世纪基督教与犹太教之间进行的三次大争论的专著，有些材料，颇不易得……"本人作为此书的译介者，也深感荣幸。

关于犹太教与基督教的关系，在近代，尤其是"二战"以后，两教势不两立、水火不容的局面已经成为历史。以色列国的建立，结束了犹太人长达两千多年的"无家可归"的历史，犹太民族作为一个独立的国家的主体民族成为国际大家庭中的一员。这不能不说是人类文明与社会进步的一大成果，也是宗教进步的标志。结束对峙，提倡对话，是当前两教关系的基本特点。基督教承认了过去历史上对于犹太教的不公正，对犹太人表现出了温和的意向；

而犹太人在复国以后，整个犹太教尤其是其中的改革派的"复仇"观念也大为缓和。两教之间宗教教义和观念方面的差异，基本上是属于学术上的争论和平等的对话。至于犹太人同阿拉伯人为维持生存空间而产生的长期争斗，随着国际形势的变化，也开始进入了新的对话阶段，中东出现了和平的曙光。犹太文明融入人类的现代文明之中，结束战争，创造和平，是大势所趋，人心所向，是我们的共同愿望。这些是题外话。

由于多次转译、有意的修订和无意的笔误，书中的原文部分尚有一些难点和疑点，有些在翻译过程中尽量做了处理，但仍难尽如人意。此书原稿语言混杂，语种甚多，译文中难免有不当之处；同时，个别希伯来文和阿拉米语保留了原文，并未做纯粹的音译处理，这是出于一种翻译规范化的考虑，祈读者见谅，并愿方家指正。

感谢海姆·马克比教授，他在百忙之中为本书写了中文版序言并对本人的翻译予以鼓励；利特曼犹太文明图书馆为本书的翻译提供了版权，使之得以顺利出版。另外，傅有德教授通读并校订了全文；书中的一些德文、法文和西班牙文语句的翻译得到了山东大学外语学院部分教师的帮助；部分拉丁文字得到了中国人民大学李秋零教授的指导，在此一并致谢。

黄福武

1995 年 12 月于山东大学

中文版序

今天，拙作《犹太教审判》得以在中国公开出版，我感到万分荣宠。感谢我的朋友、山东大学犹太文化研究所所长傅有德教授的美意和鼎助，他目前在中国正在从事犹太历史和思想领域的开创性研究。同他一样，我也认为犹太民族与汉族在思想方面有着诸多的共同之处，尤其是儒家学说，它的实事求是、修身处世之道，在强调谦和仁爱、严于律己的生活方面更是如此。

基督教与犹太教之间的关系史一直是同悲哀相联系的，这是因为，基督徒们被让犹太人皈依基督教的这一需要弄得鬼迷心窍，并且通常是通过使用暴虐的手段来千方百计地满足这种需要。由于基督教源于犹太教，便总是认为需要证明它取其母教而代之是正当的，而最佳的证明方式就是通过使犹太人皈依基督教，让犹太教来接受其自身所废弃的东西。犹太人则恰恰相反，始终未能觉察到基督教对他们自己的宗教所进行的改良，故而仍然沉湎于忠诚于他们的古老信仰而不自觉。犹太教与基督教之间争论的要害在于，基督徒是将耶稣作为一位神性人物来崇拜的，而犹太人对此难以接受，因为他们的宗教禁止他们对任何凡人进行神性崇拜。希伯来文的"救世主"（Messiah，受膏者）这个词相当于希腊文的"基督"（Christ），被犹太人看作未来理想社会的一位人类领袖的称号。然而，这种形象在基督徒的眼里却摇身一变而成了一位降临到尘世间的神性人物。与这一主要争端相联系的其他问题也几乎具有同样的重要性：基督教关于原罪的教义，基督教对犹太律法（主要指《摩西五经》，即 *Torah*，音译"托拉"）的废除，以及基督教相信通过耶稣，这位具有神性的救世主，或者基督被钉死在十字架上而获得拯救。所有这些教义都被犹太人认为是践踏了人性的尊严而遭到拒绝。而按照犹太教的教义，在《摩西五经》的指引下，人们完全能够通过个人的奋斗而达到高尚的精神境界。此外，犹太教认为，生活的目标是在尘世间建立起一个公正、和平与繁荣的人类社会，而不是为了另一个虚无世界的永恒而获得灵魂的"拯救"。

在中世纪的欧洲，犹太人被基督教庞大势力蹂躏，饱受剥削、屠杀与驱逐之苦。诸多的针对他们的惯常传教方式之一就是强迫他们的代表出席公开论争。尽管在这些论争中，犹太教一方总是受到形形色色的限制而障碍重重，但在当时来讲，有些场合（特别是 1263 年的巴塞罗那论争）还是给予了犹太教一方发言人的言论自由权利，使他们能够根据事实陈述自己的意见。因此，这些论争之所以趣味盎然，是因为它们不仅可以使人感受到弥漫着中世纪欧洲气息的那些历史场面，而且还在于它们是一些甚至对于今天的人类而言仍然十分重要的论题。

海姆·马克比

1995 年 5 月 9 日于伦敦利奥·拜克学院

目　　录

原平装本序

自拙作《犹太教审判》一书于 1982 年首次出版以来，众多的专著相继面世，从而加深了人们对所谓"犹太 - 基督两教论争"的了解。虽然这些文献与本人的观点不尽相同，但它们大多都引用了拙作并由此展开了讨论。

杰里米·科恩（Jeremy Cohen）的专著《行乞修士与犹太人》（*The Friars and the Jews*）亦出版于 1982 年。该书对行乞修道运动的整个过程〔从行乞修会的形成一直到雷蒙德·拉尔（Raymund Lull）的功绩〕，都有着精辟的论述，从而说明了这些论争乃是属于皈依活动这一宏大背景的一个部分，而皈依活动本身也超越并改变了奥古斯丁（Augustine）对犹太人有限的宽容政策。然而，科恩有关巴塞罗那论争的论述却错误地夸大了多明我派 * 在这一论争中所表现出的独创性。在这一个问题上，我倒是同意罗伯特·查赞（Robert Charzan）在其《信念之剑》（*Daggers of Faith*，1988 年）**

---

* 即多明我会，属天主教，行乞修会之一，由西班牙人圣多明我创立而得名，因重视布道活动故又称为"布道兄弟会"，于 1217 年由教皇洪诺留三世批准正式建立。——译者

** 该书的全名是：《信念之剑：13 世纪基督教的传教活动与犹太教的对策》，与后文提及的雷蒙德·马蒂尼的《信念之剑》（1687 年）不是同一本书。——译者

第 170 至 173 页中对科恩所提出的批评。

查赞在《信念之剑》中对于随着巴塞罗那论争的发生而出现的"基督徒"与"犹太人"之间字符上的变换做了一番颇具价值的说明。雷蒙德·马蒂尼（Raymund Martini）的《信念之剑》（*Pugio Fidei*）一书曾把源于犹太拉比典籍资料的论证提到了一个更高的水平，而这一点是帕波罗·克里斯蒂亚尼（Pablo Christiani）所一直未曾达到的。这就要求得有一个更为严密的答案，所罗门·伊本·阿德莱特（Solomon ibn Adret，即拉什巴），纳博讷的迈耶·本·西蒙（Meir ben Simon）和阿维尼翁的摩迪凯·本·约瑟夫（Mordechai ben Joseph）找到了这个答案。针对科恩的观点，查赞经过论证指出，在行乞修道运动中，基督徒的立场并没有根本的变化，不过是投入了更多的时间和金钱而已。在这一点上，我更倾向于查赞的观点，但是，他却没能对皈依活动新一轮高峰期的出现做出充分的解释。我倒觉得应该强调（同科恩一致）13世纪启示主义的影响。虽然不能否认奥古斯丁对犹太人的宽容政策（如科恩所想的那样），但这一政策始终被认为是一种权宜之计；而且假若都觉得"世界末日"正在临近的话，这种权宜之计也就成了陈腐无用的了。还有，奥古斯丁的政策一直是基于犹太教乃是一种僵化了的《旧约》宗教形式这样的理解来下断言的。现存《塔木德》（*Talmud*）*的发现改变了犹太人的身份，使他

---

   * 犹太教的口传律法总集，是犹太教仅次于《托拉》的主要经典，内容包括《米西那》（*Mishnah*）和《革马拉》（*Gemara*）两部分。其中《米西那》为口传律法集，共 6 大卷 63 篇；《革马拉》的内容是对律法条文的诠释与补充。整部书大约形成于公元 4 世纪中叶。——译者

们从一种"合法"宗教的追随者变成了异教徒。然而，如果启示主义的希望破灭了，并且犹太人因诱惑而抛弃了《塔木德》的话，那么，早已有之的奥古斯丁的折衷策略就会一如既往地大行其道了。

不幸的是，查赞对于我在《犹太教审判》中所做阐释的那些评论导致了一种误解。为什么纳曼尼德（Naḥmanides）会在巴塞罗那论争中明确断言，就他所知在历史上除了（apart from）耶稣没有其他以救世主自居者呢？对于这个问题，我曾提出过一种答案（参见本书第 120 页 *）。正如英语一样，在希伯来语中"除了"（apart from）一词的意思是模糊不清的，它的意思可以是"除……之外"（except），也可以是"除了……之外，还……"（in addition to）。我所暗示的正是后一种意思，它用在这里似乎更为恰当一些。其实，在我稍作修订的版本中是这样的：纳曼尼德说，除了不相信耶稣之外，他也不相信其他的所有称为救世主的人物。也就是说，他的怀疑已经是不只局限于耶稣，而是包括到目前为止曾出现过的其他一切称为救世主的人物。奇怪的是，查赞竟然误解了我的话而把它说成是纳曼尼德只相信耶稣。这是一种显而易见的不可能，因此也就未能弄明白我的暗示。

在为《犹太教审判》所写的评论中，大卫·伯格（David Berger）批评我在第 54 页上的叙述，即纳曼尼德认为救世主的来临不是必然的，而是依赖于以色列人的忏悔。伯格的这一说法显示出他对纳曼尼德在《论救赎》（*Sefer ha-Ge'ulah*）中所表达的

---

* 书中提及的页码均指本书边码，即原书页码。——译者

观点的一种令人悲哀的无知。我在答复《犹太评论季刊》（*Jewish Quarterly Review*，1986 年）时曾指出，恰恰相反，正是伯格自己曲解了书中的原意。从伯格所引用的有关纳曼尼德把救世主的降临说成是"无条件"的那些段落中所能领悟出来的意思，即便是比较接近一些的推测，也无非是说救世主的降临并不以完美地履行诫律为条件而已。不过，纳曼尼德的确坚持必须有一个履行的基本准则这种观点；并且如果救世主不是即将降临，则他就永远不会降临了。虽然他相信救世主的降临有一个预先注定的日子，但是，纳曼尼德所持的以《塔木德》资料为依据的观点则是：降临一事可能由于异乎寻常的忏悔而提前，或者由于异乎寻常的罪孽而无限期地推迟。

在《巴塞罗那及其他》（1992 年）一文中，罗伯特·查赞对《犹太教审判》中的多处要点提出了质询。特别地，他批评我的态度是过于"偏袒的"。他指责我使用了"犹太学者"和"基督教学者"这样的措辞，并偏激地断言世上只有两类学者：或者是公正的，或者是偏袒的。这一点现在已经为人们所普遍接受。然而，一个研究者不可能永远是完全毫无感情的。正如斯蒂凡·瑞弗（Stefan Reif）在新近的一篇评论中所说："学者并非生活在人类的真空之中。"即使你力图做到客观公正，也仍然有其社会学和心理学上的羁绊。在这些论争的情形下，更有着一种矫枉过正的特别危险。我想在罗伯特·查赞的所谓两大类之外，再加上一个第三类，即这样的学者：他们在以矫枉过正的做法来显示其客观公正的同时，却不自觉地陷入了一种适得其反"一边倒"的陷阱之中。

查赞无疑逃过了以往的那些以未受玷污著称的探索者们所陷入的某些陷阱。因此，他仍然保留着对纳曼尼德关于"阿嘎嗒"（*Aggadah*）*观点的那份真诚。然而，在其他的一些方面，他又无法使自己从以往的那些评论者的谬见之中解脱出来。例如，他一再声称从来没有人就（论争）议事日程的事同纳曼尼德协商过（与纳曼尼德本人的陈述相矛盾），这是因为假如同他协商过的话，他就不会提出一个对犹太教来说并非十分重要的题目（根据他本人的陈述），即救世主这样一个题目来作为中心论题了。在拙作《犹太教审判》中，我曾比较详细地论证过，这只不过是一种含糊不清的想法而已。讨论的中心议题必定是一个对基督教来说十分重要的题目，即使它对犹太教来说也许不怎么重要。事实上，犹太教与基督教之间争论的主要精髓所在乃是关于救世主这个题目重要到什么程度的问题。

查赞亦赞成这样的观点，即纳曼尼德不可能真正说过比他自己声称在论争时所说过的还要露骨的话。查赞未能考虑到当纳曼尼德因发表他的记述而受审时，他并未曾对实际论争的记述原稿进行过添补这一行为提出过辩解。不仅如此，查赞对纳曼尼德的某些言词也存有误解。例如，纳曼尼德从来没有批评过詹姆斯国王（King James）拥有一支军队，他只不过简而言之地指出《圣经》中关于世界和平的预言尚未实现罢了；他也并没有批评詹姆

---

　　* 一译"哈嘎嗒"（*Haggada*），希伯来文的意思是"宣讲""叙事"，其内容是逐步积累形成的，故事来源纷杂，部分出自《圣经》，部分来自《塔木德》《米西那》等犹太经典，另外还包括一些评论、说明、祈祷词、歌曲、讲解、问答等。——译者

斯国王在那个非救世主的时代保留着一支用来对付其敌人的庞大
军队。

　　现在流传下来的《维库阿》（*Vikuah*）*，其原文中所包含的
那些更为露骨的内容可能的确是在论争中所没有说过的。我敢说，
这是由于后来手稿在传抄的过程中由某一位编辑者添加进去的。
在这一点上，查赞指责我不讲科学，说我为什么在没有确凿原稿
证明的情况下，而非得把纳曼尼德的创作原本同后来某位编辑的
增补本加以区别呢？他争辩说，所有这些尚存争议的段落都具有
同等的可靠性（就它们是属于纳曼尼德的创作原本而言）和同等
的不可靠性（就它们是属于对实际论争记述的不足凭信的添补而
言）。然而，他没有真正弄懂我的论点，即必须在同论争密切相
关的段落（尽管露骨）与对基督教教义毫不相关而又毫无道理的
攻击之间做出一个明确的区分，这样的攻击与纳曼尼德的一贯论
辩风格是格格不入的。

　　到此为止，我们列举了一些对拙作《犹太教审判》的批评观
点。在此，我要对约拿单·塞克斯（Jonathan Sacks）博士（目
前是英国首席拉比）在《犹太人社会学杂志》（*Jewish Journal
of Sociology*）上所做的极为全面而甚有见地的评论表示感谢。
我还要感谢马文·福克斯（Marvin Fox）和伯纳德·塞蒂莫斯
（Bernard Septimus）两位对我本人关于纳曼尼德对"阿嘎嗒"
的权威性所持的态度与传统的犹太主义是完全一致的观点所给
予的支持。

---

* 　即纳曼尼德为巴塞罗那论争所写的记述。——译者

仅以此书献给我已故的母亲西坡拉·马克比（Zipporah Maccoby）和父亲以法莲·梅耶尔·马克比（Ephraim Meyer Maccoby），以志纪念，并深深感谢他们所给予我的一切。

海姆·马克比

1993 年 4 月于伦敦

补充参考文献

Berger, David. 'Maccoby's *Judaism on Trial*'. *Jewish Quarterly Review*, 76 (1986), 253-7.

Chazan, Robert. *Daggers of Faith: Thirteenth-century Christian Missionizing and the Jewish Response*. University of California Press, Berkeley, 1988.

——.*Barcelona and Beyond: The Disputation of 1263 and Its Aftermath*. University of California Press, Berkeley, 1992.

Cohen, Jeremy. *The Friars and the Jews: The Evolution of Medieval Anti-Judaism*. Cornell University Press, Ithaca-London, 1982.

Fox, Marvin. 'Nahmanides on the Status of Aggadot: Perspectives on the Disputation at Barcelona, 1263'. *Journal of Jewish Studies*, 40 (1989), 95-103.

Maccoby, Hyam. 'Het dispuut van Barcelona en zijn achtergrond'. *Ter Herkenning*, 19/4(1991), 234-42.

——.'Nahmanides and Messianism: A Reply'. *Jewish Quarterly Review*, 77 (1986), 55-7.

——.'Review of Robert Chazan, *Barcelona and Beyond*'. *Jewish Quarterly* (forthcoming).

——.'Review of Robert Chazan, *Daggers of Faith*'. *Religion*, 22/3 (1992).

——.'The Tortosa Disputation and its Consequences'. In *Proceedings of the International Colloquium on the Expulsion of the Jews from Spain, at the Catholic University, Louvain, 1992* (forthcoming).

Merhavia, Ch. *Ha-Talmud be-Re'i ha-Natzrut*. Jerusalem, 1970.

Sacks, Jonathan. 'Review of *Judaism on Trial*'. *Jewish Journal of Sociology*, 25/2 (1983).

Septimus, Bernard. '"Open Rebuke and Concealed Love": Nahmanides and the Andalusian Tradition'. In *Rabbi Moses Nahmanides (Ramban): Explorations in His Religious and Literary Virtuosity*, ed. Isadore Twersky, 11-34. Cambridge, Mass., 1983.

缩略语及译名表 *

缩略语	原文	译文
AM	*anno mundi*	世界纪元
Av. Zar.	Avodah Zarzh	《偶像崇拜》
b	Babylonian Talmud	巴比伦《塔木德》
BB	Bava Batra	《最后一道门》
BCE	BC	公元前
Ber.	Berakhot	《祝福式》
BQ	Bava Qamma	《第一道门》
BM	Bava Metzi'a	《中间一道门》
C.	Chavel（1963）	迦弗尔（1963 年）
CE	AD	公元
Cohen	Cohen（1964）	科恩（1964 年）
E.	Eisenstein（1928）	艾森斯坦（1928 年）
Gen.R.	Genesis Rabbah	释《创世记》
Gitt.	Gittin	《休书》
Hag.	Ḥagigah	《喜庆祭》

---

* 中译本大部分缩略语已译出。——译者

j	Palestinian Talmud	巴勒斯坦《塔木德》
Kidd.	Kiddushin	《订婚》
m	Mishnah	《米西那》
Ma'as.	Ma'aserot	《什一税》
N.	Naḥmanides	纳曼尼德
P.	Pablo Christiani	帕波罗·克里斯蒂亚尼
PL	*Patrologia Latina*（Migne，1844）	米哥尼《拉丁教父学》（1844 年）
R.	Rabbah	释（原义"大"）
RH	Rosh Hashanah	《新年节》
Rankin	Rankin（1956）	兰金（1956 年）
Roth	Roth（1950）	罗斯（1950 年）
S.	Steinschneider（1860）	施泰因施耐德（1860 年）
Sanh.	Sanhedrin	《法庭篇》
Shabb.	Shabbat	《安息日》
Sof.	Soferim	《圣录汇编》
t	Tosefta	《托塞弗塔》
Yalq. Sh.	Yalqut Shimoni	《评注汇编》
Yev.	Yevamot	《转房婚》

绪　　论

在中世纪所发生的众多的论争中，仅有三次论争的详尽记录得以保存了下来。这就是 1240 年的巴黎论争，1263 年的巴塞罗那论争和 1413~1414 年间的托尔托萨论争。[①] 而其中最为著名的要算是 1263 年的巴塞罗那论争了。说到这次论争的早期影响，可以举出许多充分的理由。当时，在巴塞罗那论争中，犹太教一方的发言人是拉比摩西·本·纳曼［他以诸如纳曼尼德、纳曼尼以及拉班等多种叫法而广为人知，而拉班（Ramban）就是拉比摩西·本·纳曼（Rabbi Moses ben Naḥman）这一长串名字的首字母缩略语］。他是犹太文学史和宗教史上最伟大的人物之一，当时，没有可以与之比拟的人物参加过其他的论争。尤为重要的是，关于巴塞罗那论争的犹太教一方的记述正是出自这位当时的主要参加者，即纳曼尼德本人的手笔，而有关其他论争的犹太教一方的记述则是由一些身份较低的人物所撰。不仅如此，纳曼尼德用希伯来文写成的关于巴塞罗那论争的记述，就其本身的价值而论，乃是一部经典杰作，具有文思清晰和逻辑性强的风格，以至于直到今天仍然能够从中感受到当时的那些戏剧性场面。相比之下，为其他的那些论争所写的希伯来文记述就显得要大为逊色了。

经过多次的调查研究，最终才得以弄清，巴塞罗那论争是唯

——次在相对公平的条件下进行的论战，而对于犹太教一方来说，能够得以允许在相对自由的范围内发表自己的观点，这也是绝无仅有的一次。

我们可以得到如下的一般性结论：巴黎论争根本就谈不上是什么论争，而是一次审问。当时，只是给犹太教一方的发言人拉比耶希尔（Rabbi Yeḥiel）对犹太教的基本观念进行辩解划定了一个小得可怜的范围；他同时受到了所指定的那种受到严格限制的角色和审问本身所划定的范围（即仅限于《塔木德》中的那些所谓反基督教的段落）这两个方面的强烈牵制。这的确称不上是一场基督教与犹太教之间的真正的论争，而是一次对《塔木德》的审判，而拉比耶希尔只不过是辩护方的一位见证人而已。与此相反，托尔托萨论争则是一场真正的论争，它所涉及的范围与巴塞罗那论争相同，只是论争的条件要糟糕得多。不光是希伯来文的记述，就是卷帙浩繁的基督教一方的记录也说明，当时犹太教一方的参加者们受到恐吓，终日为他们的家庭心惊胆战；在威逼之下，只能漫无边际地高谈阔论，并且在听讲时也显得十分无奈。就是在这样的情况下，尽管他们的发言比不上纳曼尼德的那种威严，但是，他们的所作所为需要巨大的勇气，同时也显示出了相当雄厚的辩论实力。当时，没有像巴塞罗那论争中的那种古典式的对抗，而是一种散漫的、凌乱的、无休无止的论战，在其本身的这种所谓沉闷乏味的舌战过程中，跳动着许多令人关注的闪光点，其中有些甚至并不比巴塞罗那论争的那些观点逊色。

然而，在巴塞罗那，众多的因素集聚在一起，从而形成了中世纪基督教与犹太教之间史无前例的对抗。当时，之所以出现那种自由的辩论方式，部分是由于阿拉贡（Aragon）的摄政国王詹姆斯的个性，部分是由于摩西·纳曼尼德的地位和性格。但是最为重要的，是由于当时举行论争的那种历史背景。论争得以进行这桩事实，无疑是西班牙犹太人的地位开始恶化的一个信号；然而，仍有足够多的犹太人沉溺于犹太教所谓"黄金时代"的信心和热忱（*élan*）之中而不自觉，力图使这次论争成为一次真正的契机。这是因为，在当时，犹太人对于一些基本问题，如救世主的意义、原罪的内容以及《圣经》与《米德拉什》（*Midrash*）*注释的语义学等的态度，都是以某个人给予的训示和启蒙这样的方式来理解的，并不是像在托尔托萨论争中那样，是出于一种绝望中的自卫。即便如此，纳曼尼德自己还是抱怨说，他在某种程度上是被迫充当了一名卫道士的角色，因为不允许他提出不利于基督教的问题，而只允许回答基督教一方的对手向他所提出的问题。不过，对于纳曼尼德来说，只要给他点言论自由就够了，像这样的辩论方式还不至于对他产生什么不利的影响。

　　巴塞罗那论争发生于犹太历史的一个转折点上。多明我修会运动形成为时不久，审判异端的宗教法庭刚刚开始设立，天主教欧洲正在跨入其兴盛时期，而对于那些曾积极献身于欧洲学术复兴

---

　　*　复数为 Midrashim，犹太教口传律法总集《塔木德》的组成部分，希伯来文的意思是"解释""阐述"。它按照希伯来《圣经》各卷的顺序依次进行通俗的解释与阐述，并分别称作该卷的米德拉什，如"《创世记》米德拉什""《出埃及记》米德拉什"等。《米德拉什》是一部犹太教的通俗性典籍，内容分为"哈拉哈"（意为"规范"）和"阿嘎嗒"（意为"宣讲"）两种。前者有较高的权威性，文体庄重而严谨；后者亦受尊重而更具趣味性。此书于公元 6~10 世纪期间成书，后附入《塔木德》中。——译者

的犹太人来说，这却意味着黑夜的到来。那些过去一度曾是他们的门人的基督徒们，在获得了理性的独立后又转过来开始反对他们，使得犹太人的地位变得越来越糟。纳曼尼德站在旧体制的边缘，旧的虽然还未被彻底推翻，但已被新的击垮或正在削弱。作为一位继任者，他仍然有着一个巴比伦犹太学园的荣誉光环，加上他对迈蒙尼德（Maimonides）学派的哲学思想上的控制和法国拉什（Rashi）学院派传统的敏感性，更不用说"喀巴拉"（Kabbalah）*那深奥莫测的神秘主义了。后来，这种神秘主义在当时的西班牙又获得了新的发展。尽管他在论争中几乎没有显示出这一方面的才能，但他当时仍然是一位"喀巴拉"大师。他是一位极为复杂的人物，就某些方面来说，他要比伟大的迈蒙尼德本人更加造诣深邃。在论争中，他是蒙耻时代到来之前犹太人崇高与尊贵的最后一位伟大的代表人物。

眼下的这部著作分为三个部分。在第Ⅰ部分中，对三大论争做了历史性和主题性的概述。我尽可能地以严肃的态度和与今天相关的意义上来论述犹太人同基督徒之间在全部三大论争中教义上及神学上争论的焦点。学者们（我认为主要是出于一种对当代全体基督教徒的考虑）倾向于把这些争论的焦点看作是完全过时了，但就我的看法而言，这是一个错误。只能说论争中所使用的中世纪的词汇过时了，但所争论的问题依然是至关重要的。

---

* 犹太教神秘主义体系，泛指一切犹太教神秘主义派别，始于公元1世纪。三大论争后，1492年西班牙驱逐犹太人，当时犹太人愈益盼望"救世主"的降临，"喀巴拉"曾一度更加流行。——译者

　　在第Ⅰ部分关于巴塞罗那论争的讨论中，我对现代学者伊扎克·贝尔（Yitzhak Baer）、塞西尔·罗斯（Cecil Roth）、马丁·科恩（Martin A. Cohen）三位的观点给予了特别的重视。尽管我无法在某种程度上与他们的意见达成一致，但是，我仍然对他们为追求达到某种新的客观性水准所产生的激励作用表示谢意。

　　在第Ⅱ部分中，我对纳曼尼德的《维库阿》做了全译。与原稿的历史顺序不同，我给予这一部分译文以头等重要的地位，这完全是出于对其杰出的文学上和人性上的重要性的考虑；并且我还为这一部分译文补充了详尽的历史的、神学的、哲学的，且忠实原文的评注。我参考了以前的两部译本。布洛德（M. Braude）的译本是由一个不尽人意的原本译成的；而兰金（O. S. Rankin）的译本则是在一个较好的原本基础上写成的，但不幸的却是毫无美感可言，看起来这位优秀的《圣经》学者似乎对于中世纪希伯来文不太熟悉或者是对于《塔木德》的背景不甚了了。鉴于兰金的译作引用颇为广泛，特别是一些基督教的学生用得最多，所以我一直觉得，在我的评注中应该对其在某些细节上的错误予以特别的留意。

　　就在拙作付梓出版的过程中，一个新的纳曼尼德的《维库阿》译本出现在迦弗尔（C. B. Chavel）的《拉班（纳曼尼德）：写作与演说》（纽约，1978年）第2卷中。尽管这篇译文与我本人的译本大不相同，因而难以进行有趣的比较，但它仍然不失为一篇优秀的译作。迦弗尔所依据的是最好的原本，翻译准确无误。然而，我的译文有的时候是基于一些修订后的版本（在评注中有极为充分的说明），而对我来说，由于神学和历史方面的困难，即使最好的版本在翻译过程中也需要加以订正。其中一个例子就是纳曼尼德所说的就他所知除了耶稣之外也没有其他的人曾声称自己是救世主这一十分浅显的断言（见第 120 页注释）。鉴于纳曼尼德在他自己另外的著作中曾提到过其他一些以救世主自居者，这一断言无疑使人感到惊异。然而，一个微小而又可能的修正便可为纳曼尼德的论述赋予更加容易使人理解的意义。另一个类似的修正出现于纳曼尼德关于"三位一体"的论证中，在该处，一个微小的订正产生了比原来要好得多的哲学意义（见第 145 页）。我的最为大刀阔斧的修正是将几乎所有《维库阿》的引言部分作为没有根据的内容而删除掉了。当然，这样做需要有极为严密细致的论证（见第 97~101 页）。

一段关于巴塞罗那论争的基督教一方记述的译文（译自拉丁文）作为第 II 部分的结束。

第 III 部分提供了犹太教与基督教双方有关巴黎论争和托尔托萨论争的一些记录及文件。对于巴黎论争，犹太教一方的记述只是以释义的方式给出，而基督教一方的记述则完整地翻译了过来；然而，托尔托萨论争的情形则又不同，犹太教一方的记述是完整的翻译，而对于长篇大论的基督教一方的记述，则只是选择性地翻译了一些提要（关于这种灵活的处理方法的进一步解释，请参见第 21 和 187 页）。

我要万分感谢得自大卫·戈德施泰因（David Goldstein）博士极有助益的建议和批评；衷心地感谢我的夫人辛茜亚（Cynthia）所给予的无法估量的支持和帮助；同时我还要感谢刘易斯·利特曼（Louis Littman）先生对本人工作的鼓励。

第 I 部分

三大论争：概论

1　巴黎论争（1240 年）

　　巴黎论争是三大论争中最早发生的一次论争。就基督教一方而言，同在巴塞罗那论争和托尔托萨论争中所看到的情形相比，这次论争显示出如何对犹太教实施攻击的思想还远未发展成熟。在巴黎论争中，针对《塔木德》的攻击还只是一种单纯的攻击；而在后来的两次论争中，攻击的方式则是一箭双雕：在对《塔木德》进行攻击的同时，还伴随着将《塔木德》攫取过来作为基督教的真理之源的证据。这种显而易见的不相类同可以用关于《塔木德》的一种双层理论来解释，在结构上有点类似于古老文献中的现代批判理论。《塔木德》的最后修订本被认为是邪恶之物，其后面的一层内容及其编辑修订是属于反基督教倾向的产物；但是，最原始的一层内容，可以一直追溯到耶稣时代及其以前，则被认为是属于至今尚未被犹太拉比们的教义所玷污的材料，并且这些材料可以被引证来说明基督教乃是介于《新约》与《旧约》之间的那个犹太教的真正实现和延续。这一方法与现代基督教学者们的方法非常类似［如戴维斯（W. D. Davies）在他的《保尔与拉比犹太教》（*Paul and Rabbinic Judaism*. 1948. London.）中所使用的方法］，他们力求来说明那些独特的基督教教义，如关于原罪的教义、命运注定的教义、祈祷神恩的教义等，都是来源于犹太教，而作为后基督教的犹太教却背离了这些根本的东西。

在巴黎论争中，针对《塔木德》所实际采取的方针，体现了当时的做法还比较粗陋。当时，所采取的主要方针就是：《塔木德》根本就没有存在的权利。这是因为，断言其神圣不可侵犯性便引入了一个可与基督教《圣经》的唯一权威性相抗衡的东西。具有讽刺意味的是，在巴黎论争中曾经使用过的用来反对《塔木德》权威性的许多论点，在两百年后又被新教改革者们用来攻击教会的权威性。当时，犹太人也已经分裂出了他们的新教徒宗派，即 8 世纪"卡拉派"（Karaite）异端*的兴起，并且犹太卡拉教派与巴黎论争之间有着直接的联系。基督教一方在论争中的主要角色是尼古拉斯·多尼（Nicholas Donin），他是一位已经皈依了基督教的犹太人，由于受到卡拉派思想的影响，所以他第一个同犹太人的宗教传统发生了冲突。他是否对于特定的基督教教义有任何真正的兴趣是值得怀疑的；他皈依基督教的动机在很大程度上是出于对犹太教内部那些拉比的旧传统的不满。①

在攻击《塔木德》没有存在的权利时，基督徒们的确是在为批判教会的权威性开辟道路。由于《塔木德》是当时的主要旧制的一种直接象征，因而被教会标榜为《圣经》启示录的守护者与解释者。《塔木德》中的律法部分与基督教的教会法规相对应，

---

* 该词的含义为"恪守经文主义"，是一个反对口传律法，拒绝《塔木德》，严格坚持《圣经》字面意义的犹太教派。卡拉派兴起于巴比伦，先后持续了约 400 年，黄金时期在 10~11 世纪的巴勒斯坦。——译者

犹太拉比们的故事与基督教的使徒传记相对应，而《塔木德》中关于《圣经》的说教和注释则与早期基督教教父们和经院哲学家们所做的评注、劝诫、反省这种类似的工作相对应。基督徒们把《塔木德》看作是多少有点儿侵占了犹太人生活角色的一本书，而这一角色本来应该是《圣经》所独自占有的。他们并没有能够意识到，《塔木德》其实并不是一本书，而是一座包罗万象的图书馆，覆盖了绵延不断的犹太宗教所经历的若干个世纪，以《圣经》为其核心，却又随着历史条件的不断变化来对《圣经》进行阐释。对《塔木德》实施攻击，并不是像基督徒们所想的那样攻击的是一本书，而是对犹太教教会和犹太人所经历的历史的攻击。另一方面，尼古拉斯·多尼有着典型新教徒的那种迫切希望与《圣经》交流思想的强烈愿望，而无视自启示日到他生活的时代之间所逝去的数个世纪的那段历史的影响。他奢望自己能站在西奈山（Mount Sinai）[*]上来接受那部原始而纯洁的《摩西律法》。在论争发生之后不久，人们发现多尼陷入了与方济各修会^{**}当局的激烈冲突，也就不足为奇了；而他当时之所以加入该修会，只是为了逃避拉比犹太教的传统。

不幸的是，有关巴黎论争的详尽史实的十分可靠的资料没有能够保留下来。犹太教一方的记录是由法庭推事拉比约瑟夫·本·拿单（Joseph ben Nathan，就是大家所知的 *ba-meqan'e*，即狂热

---

*　一称摩西山。据希伯来《圣经》记载，此山是上帝向摩西传授律法（称《摩西律法》）的地方，故又称为"上帝之山"。——译者

**　亦称小兄弟会，行乞修会之一，属天主教，由意大利人圣方济各所创立，1209 年，教皇英诺森三世批准正式设立。——译者

者﹡）大约在这一事件发生 20 年后写成的。文体华而不实，根据原本逐句翻译的英语文本根本无法读得通，这是因为它反复地借助于陈腐的文学手法，如押韵的短句和《圣经》中的隐喻，而这类文学手法并没有得以从其中世纪的希伯来文结构中很好地继承下来。坦率而言，记述带有明显的偏袒。只要一提起尼古拉斯·多尼，就充满了辱骂性的词语；而对于拉比耶希尔，则总是使用令人作呕的吹捧词句，对他的每一次发言都要介绍一番。因此，我用的不是逐字逐句的翻译，而是根据希伯来文的记述，采取了一种意译的方式，只给出双方论点中的要旨。

　　巴黎的拉比耶希尔·本·约瑟（Yehiel ben Joseph），这位犹太教一方的主要代言人，是从其他一些渠道为人所知的一位著名的《塔木德》学者和教师。在关于巴比伦《塔木德》的《托萨弗特》（Tosafot）﹡﹡评注中多次提及他的名字，在图德拉的便雅悯（Benjamin of Tudela）所作的旅行日记中也以非常尊敬的口吻提到过他。拉比耶希尔是拉比犹大·本·以撒［Judah ben Isaac，即众所周知的

　　﹡　指奋锐党人。奋锐党是古代后期的一个强烈反对罗马人统治、行为激进的犹太教派别。由于该派成员多在衣服下藏有一把匕首或短刀，因此也被称为"西卡尼"即"短刀党"。其左翼激进分子常以暗杀、暴力手段对付敌人，尤其是对罗马人以及对罗马人示好的当地人。该派先后在加利利和耶路撒冷开展活动，活动方式带有游击、骚扰性质。一般认为，该派在宗教观点上与法利赛派一致，但并未形成真正的独立宗教派别。活动时期仅限于公元前后百年左右的时间，随着第二圣殿被毁，罗马人统治加强，该派的活动和影响日渐衰微。——译者

　　﹡﹡　希伯来语的意思是"增补"或"附加"，是一部解释和评注巴比伦《塔木德》的辞典式著作，其中包括中世纪犹太学者对《塔木德》的 30 个段落所作的系列评注，成书于 12~14 世纪著名的美因茨犹太经学院，因附印在《塔木德》中而成为书中之书。——译者

莱昂（Leon）爵士］的学生和继承人，他是巴黎犹太学院（yeshvah）的领导人。然而，他的声望主要是因其在 1210 年[*]的论争中所扮演的角色而赢得的。在这一点上，他既不同于纳曼尼德（他的声望基本上同他在 1263 年的巴塞罗那论争中所扮演的角色无关），也不同于托尔托萨论争中的那些犹太拉比，这些人若不是因为参加了 1413 年的那次论争，大多数都几乎还是籍籍无名的呢。

除了耶希尔之外，还有其他三位犹太拉比在论争中起了一定的作用，他们是：梅伦的犹大·本·大卫（Judah ben David of Melun，他在某些争论点上受到质问并做出了与拉比耶希尔相同的回答，参见第 166 页）、蒂耶里堡的撒母耳·本·所罗门（Samuel ben Solomon of Château Thierry）和（其中最为著名的）科西的摩西（Moses of Coucy），他后来写成了《论诫律》［*Sefer Mitzvot Gadol*（*Semag*）］，并且也是一位声名卓著的传道士。然而，在这一事件中，他的角色却是次要的。

而在基督教一方，除了那些真正参加论争的当事者之外，许多伟大的人物，如教皇格力高里九世（Gregory Ⅸ）和法兰西国王路易九世（Louis Ⅸ）等，也卷入其中。正是教皇谴责《塔木德》的一封信（在尼古拉斯·多尼的煽动下）挑起了这场论争。当时基督教世界的每一位国王都收到了这封信，尽管唯有道貌岸然的法兰西国王路易九世对此信奉若神明（甚至教皇本人在自己的领地内也没有看重此事）。信的内容是这样的：

---

[*] 原文有误，应是 1240 年。——译者

　　如果人们关于法兰西以及其他国土上的犹太人的说法是真实的，则对他们的罪行无论施以多么严厉的惩罚都是绝不为过的。因为就我们所听到的，他们对上帝用文字授给摩西的原有《律法》表示不满；他们甚至对它根本不予理睬，并且声称上帝赋予了另一部叫作什么"《塔木德》"的律法，这才是教义，是口头传授给摩西的。他们虚伪地声称，这部法典已经深深地根植于他们的心中，虽然没有成文，但却要一直保留至某些人的来临。他们称这些人为"圣哲"和"圣录大师"（文士），这些人因为担心这部律法被遗忘而从人们的心灵中丧失掉，便将它转化成了文字的形式，其部头远远超过了《圣经》的原本。这部书中所包含的内容是如此的荒唐不经和恶毒难表，以至于使得谈者脸红，闻者色变。

　　鉴于据说这是犹太人为什么能在背信弃义后仍然固执谬见的最重要的原因，在此，我们诚挚地敦促并警告尊贵的殿下，在大斋期的第一个星期六的上午，当犹太人在犹太教圣堂举行集会时，阁下应当使用我们手中的权力，查封贵国中犹太人手中的书籍，那些属于阁下权力管辖范围之内的书籍以及属于贵王国中阁下的诸侯和贵族们权力管辖范围之内的书籍；并且阁下还要命令您亲爱的子民，即多明我会和方济各会的修士们，把这些书籍统统监管起来。②

　　这封信非常清楚地显示出尼古拉斯·多尼的影响，因为它完全仿照了多尼攻击《塔木德》的那篇控告书中措词。③

　　路易九世（1214~1270 年；圣·路易，死后于 1297 年被追封为圣徒），这个犹太人难以饶恕的敌人，将这封信看作是用基督徒的虔诚来折磨犹太人的一项法令，曾有一次，他声称与一个犹太人辩论的最佳方式是在他的身上插上一把剑。不过，这一建议无疑是对一般国民而不是对牧师们来说的，旨在怂恿他们与犹太人进行论争。路易国王是 1240 年的巴黎论争与 1263 年的巴塞罗那论争之间发生联系的纽带，因为帕波罗·克里斯蒂亚尼（Pablo Christiani）这位巴塞罗那论争中的纳曼尼德的基督教一方的主要对手，便是被他保护的人。正是这位路易国王，曾发布命令强迫普罗旺斯（Provence）的犹太人去充当帕波罗布道演讲的听众。也正是受了帕波罗的影响，路易发布了一道敕令，强迫在其国土上的犹太人必须佩戴由 1215 年的第四次拉特兰（Lateran）公会议专门为他们规定的识别牌。

然而，路易本人并没有亲自出面主持巴黎论争，担任这一角色的是卡斯提尔（Castile）的布兰奇（Blanche），即国王的母亲王太后。她是一位有着坚强个性和杰出能力的女人，后来，在她的儿子进行第一次十字军东征时（1248~1252 年），她成了法兰西唯一的统治者。源自犹太教方面的资料，每每回避提及路易，但在提到他母亲时倒有几分温情，将她视作一位在对待犹太人方面不失公正和慈祥的人。

在论争中出任审判员或陪审推事的基督教牧师是：森斯（Sens）的瓦尔特（Walter）大主教；巴黎的威廉（William）主教；贝里维勒的乔弗里（Geoffrey of Belleville），他是国王的忏悔牧师；辛里斯（Senlis）的亚当·德·钱伯里（Adam de Chambly）主教；另一位可能是红堡的奥多（Odo of Châteauroux），他是巴黎大学　23

的名誉校长，后来成了罗马教皇的特使。在这些人物中，要属奥弗涅的威廉这位巴黎的主教最为著名。虽然他在其哲学著作中长篇大论地对犹太作家伊本·加比罗尔（Ibn Gabirol，即艾维斯布朗）和迈蒙尼德（Maimonides）大加论述（不过他从来没有提及后者的名字），但是，奥弗涅的威廉却是一位激烈的反犹分子；而森斯的大主教则恰恰相反，他对犹太人常常表现出一种友好的意向。

论争的细节并不十分清楚。依照希伯来文的记述，拉比耶希尔面对着他的对手尼古拉斯·多尼，直接回答他所提出的问题。然而，伊扎克·贝尔（Yizhak Baer，1930~1931 年）[*]却坚持自己的观点，说这只是一个理想化了的记述，并且认为拉比耶希尔从来也没有和多尼面对面地对答过。贝尔认为，这个程式只是宗教法庭的一次开庭而已，而且对质的整个过程事实上是在宗教法庭的庇护下进行的；按说根据宗教法庭的规则，是不允许辩护人与起诉人见面的。然而，犹大·罗森塔尔（Judah Rosenthal，1956~1957 年）却不同意这一看法，他更倾向于接受希伯来文记述中所作的那种活灵活现的面对面冲突的生动描写。有一件事是显而易见的，那就是对每一位犹太拉比的审问都是单独进行的，不允许他们相互商量其答词。这似乎证实了贝尔的观点，因为宗教法庭的审理过程的确如此，但是在其他的那些论争中再未出现过类似的情形。当时，由于犹太教还没有被归入异教一类，而是一个虽然犯有错误但依然合法的宗教，因此犹太教的宗教观念并没有被纳入宗教

---

[*]　所注年份为发表观点的时间，请读者注意区别。——译者

法庭的审问范围。但是，就当时来讲，由于宗教法庭刚刚设立不久，这种为犹太教划类的界定（同宗教法庭程序的规则一样）恐怕尚在议定之中。在巴黎焚烧《塔木德》的决定后来又被撤回这一事实说明，巴黎论争的程序一直就是不合常规的，事后人们的感觉也的确如此。

然而，即使在最终的格式化文书中，宗教法庭当局也没有写进些许关于犹太教法规的内容。假如犹太人亵渎了基督教或者做出任何妨害其传播普及的事（譬如迫使基督徒皈依犹太教或者鼓动试图皈依基督教的犹太人中止皈依活动），则宗教法庭有权进行干预。宗教法庭甚至宣称拥有插手犹太教内部的异端事务，以及犹太教与基督教之间所共同遵守的教义这类事情的权力。例如，《旧约》作为圣著的权威性问题。正如贝尔指出的那样，巴黎审问时所提出的真正的指控，的确没有超出上面所说的那些范畴。犹太人对于《塔木德》的尊崇被指责为一种异端邪说对《圣经》权威性的攻击，说成是犹太人造出了第二本《圣经》而将原来的那本《圣经》淡化了。其次，据称《塔木德》中含有对基督教进行亵渎性的攻击的内容。第一项指控很有意思，它说的是，只要犹太教仍然保持它的那种前基督教的犹太教的状态，基督徒们就可以容忍它；也就是说，要它仍然维持原状，从而作为因耶稣降临而取代了的那个犹太教的一个僵化了的见证。（当然，在这一点上，基督徒其实并不清楚，即使在耶稣时代，犹太教也已经比在《旧约》中所看到的原来的那个犹太教要进步得多了。）基督教一方的基本观点就是，所谓《旧约》犹太教唯一的正统延续乃是基督教本身。

拉比耶希尔说，"《塔木德》就是犹太教"。他的基督教一方的对手们，对这一激情洋溢的回答无疑是多少感到有点惊奇的。他们曾一直认为，《塔木德》对犹太人来说是陌生而新异的玩意儿。因此，作为宗教法庭的审问者（这一点贝尔似乎是说对了，他们就是宗教法庭的审问者），他们显得有些左右为难。因为插手犹太教本身毕竟不是他们分内的事。这样说吧，在犹太人作为一个整体皈依基督教之前，这个宗教还是要维持那种稳定不变的生机勃勃的状态为好。而正是这部《塔木德》的存在（在过去千百年中，它一直作为犹太教的核心特征）把他们吓了一大跳；因为他们一直习惯于认为，犹太人同《旧约》和《福音书》中用这个名字称呼的人们是一回事（虽然在事实上，《福音书》中的那些特征如此显著的法利赛人*就是《塔木德》的创立者）。他们的第一个反应就是将《塔木德》作为一种令人生厌的无关内容和作为一种"异端邪说"的革新事物而完全彻底地铲除掉，因为这本书无端地使得他们心目中的那个犹太人的形象复杂化了。巴黎论争就代表了这种反动，它的目的就是要灭除《塔木德》，从而把犹太人变回到《旧约》中的那种犹太人。从这一点着手，就可以使得他们那个向基督教皈依的活动能够最终按照计划得以实施了。在多尼的怂恿下，教皇之所以向包括非教会国家和基督教会国家在内的基督教王国的统治者们发出号召，所针对的正是这部《塔木德》的存在。他先说"因为就我们所听到的，他们对上帝用文字授予摩西的旧的《律法》表示不满，他们甚至对它根本不予理睬，并且

---

　　* 即法利赛派，古代后期犹太教主要派别之一。在希伯来文中，"法利赛"一词的意思是"分离"，所以法利赛人是指一批"分离者"。近现代以来，"法利赛人"这一称呼往往带有贬义色彩，已经脱离了其原义。——译者

声称上帝授给了另一部叫作什么‘塔木德’的律法……”，然后，教皇才控诉说《塔木德》中包含了"荒唐不经的"和"恶毒难表的"内容。主要的指控乃是：对犹太人而言，只要是拥有这部《塔木德》，它就是异教。从这一点所能得出的逻辑上的结论便是将《塔木德》彻底查禁。在这一事件中，这个目的未能实现，并且试图通过删除所谓亵渎性的段落来审查《塔木德》的计谋也采取了另外的形式。这就说明，教会已经意识到，还是应该改变犹太教本身的定义为好。巴黎论争的结果之一（这一成果当时并没有得以马上显露出来，故而 1242 年在巴黎发生了彻底焚毁《塔木德》的事件）就是教会当局默认了《塔木德》在犹太教定义中的至高无上的地位，并且不再把它看作一个异教，在宗教法庭许可的范围内，犹太人可以研读《塔木德》。④ 但是，第二项指控，即关于《塔木德》中包含了亵渎基督教信仰的言词的指控则全然不同，它作为一项宗教法庭规范犹太人行为的权力而得以继续强制执行。

在巴黎论争的过程中和尼古拉斯·多尼预先呈送教皇的罗列了三十五项指控的报告中，都曾提出过对于《塔木德》的另一类指控。这些指控认为，《塔木德》中那些所谓反基督教的言词，不是针对基督教的信仰本身，而是针对基督徒的。例如，允许杀死一名基督徒，以及在犹太教"十八祈福词"的祈祷文中诅咒基督徒等。这类指控也可能是宗教法庭该管的事，因为在把基督徒的信仰贬低为逊于犹太教的意义上来说，它们可以被认作是对基督教的攻击。

在另一方面，有些指控却与基督教或是基督徒没有丝毫的关系，诸如关于《塔木德》中所谓愚蠢和猥亵的话（*stultitiae*）的那些指控。在这里，宗教法庭在此事上的立场同样是值得怀疑的。可以证明，这些指控同总的指控有关联；这一总的指控认为，《塔木德》对于犹太教来说是多余的，而且也是犹太教的真正基础——《旧约》之上的一个有害的赘生物。在另一方面，也可以证明，干涉犹太人的私人读物毕竟不是宗教法庭该干的事，假如这种读物并未影响到他们同基督教王国的关系的话。后一种观点最终占了上风，因为对《塔木德》的审查制度得以实施之后，审查本身所感兴趣的只是《塔木德》中的那些被认为是反基督教的言词。

26　　　现在，我们可以来更为深入细致地讨论一下上面所提到的两类对《塔木德》实际内容的指控，即对于反基督教的内容的指控（既是针对基督教的，也是针对基督徒的）和对上帝的愚蠢、淫秽和亵渎的言词的指控（即直接指向犹太教与基督教之间所共同遵守的教义的亵渎性言词）。

对反基督教的内容的指控

针对基督教的亵渎性言词

这些言词主要指的是所谓对耶稣和玛利亚（Mary）的攻击。控告人尼古拉斯·多尼对《塔木德》有着深入的研究，他引用了继此之后直到目前为止几乎所有基督教一方能够用来攻击《塔木德》的段落。《塔木德》中有几处有关耶稣的详尽介绍，也有多处涉及"本·斯塔达"（Ben Stada）或是众所周知的"本·潘迪拉"（Ben Pandira）［还有《托萨弗特》也有两次提到"耶稣·本·潘迪瑞"（Jesus ben Pandiri），但是尼古拉斯·多尼并没有引用这些出处；这两处就是 t Hullin Ⅱ，22 和 24*]。这些出处当然不是什么赞美的话。其中一处（b Sanh.，107b）就把耶稣描述成约书亚·本·帕拉西亚（Joshua ben Peraḥia）的一位门徒，因为遭到他的老师的拒绝，结果就陷入了偶像崇拜而不能自拔。在另一处（b Sanh.，43a），耶稣则被描述为在逾越节之夜因引诱以色列人行偶像崇拜而受石砸酷刑被处死了的人。还有一处（b Gitt.，56b）则把耶稣描绘成被丢到了沸腾的粪便池里，在地狱中受罚的人。

拉比耶希尔对这些指控的辩护是这样的：《塔木德》中的上述段落所指的并不是基督教的耶稣，而是指的另外某个耶稣。当法官们对这一点表示怀疑时，耶希尔说了一句著名的话："并非每一个路易都是法兰西的国王。"耶希尔的这种论证方式，所依据的是这样的一个事实，即耶稣只是一个平常的名字而已（他曾经说过，《新约》本身在《歌罗西书》4：11 中提到过一位耶稣，但并不是拿撒勒的耶稣；并且在《约瑟书》中还提到过好几位称作耶稣的人物）；另外，更具说服力的是，《塔木德》中所涉及的耶稣在年代上同基督教的那个耶稣不相吻合。作为约书亚·本·帕拉西亚门徒的那位耶稣生活在基督教的耶稣之前很久的年代，即亚历山大·詹尼亚斯（Alexander Jannaeus）的统治时期（公元前 126~ 前 76 年）；至于（耶稣）本·斯塔达，或本·潘迪拉则生活于基督教的耶稣之后很久的年代，即帕波斯·本·犹大（Pappos

---

ben Judah）的时期（大约公元 130 年）。此外，正如拉比耶希尔所指出的那样，本·斯塔达是在吕底亚（Lydda）而不是耶路撒冷（Jerusalem）被处死的。

因此，耶希尔的论证是靠得住的，也就是说，所提到的几个出处指的是《塔木德》中的耶稣，但也不是同他们每一个都有关联。在逾越节之夜处死的那位耶稣确实指的就是基督教的耶稣，这一记述似乎已经没有什么可怀疑的了，特别是使用了"拿撒勒（Nazareth）的耶稣"这一写法。（实际上，在近来出版的《塔木德》的版本中，并没有注明"拿撒勒的"，但是在早期的手稿中却可以找到这种地名标示。⑤）在希伯来文的记述里，耶希尔关于这一段落的回答是用一种混乱不清的方式写出的，但其要旨似乎是说，可能一直存在着两位耶稣，都是出生于拿撒勒。这种回答听起来甚至要比他的第一种系统的论述更加令人难以置信。

描述耶稣在地狱中遭受惩罚的段落似乎指的也是基督教的耶稣。这是反基督辩论术的招数之一，起源于公元 70 年之后［因为人们认为，为了自己寻卦问卜而创造出耶稣灵魂的那个人乃是昂克劳斯·本·迦洛尼科斯（Onqelos ben Qaloniqos），他是一位改宗者，一直被认为是提多（Titus）大将军的侄子］。令人惊奇的是，这种反基督的辩论术在《塔木德》中并不多见，加起来至多也不过是洋洋数百万言中的几个小段而已。用这样的比例同教会兴起初期以及后来的基督教作家们对犹太教堆砌如山的谩骂相比，你只会对犹太教一方的克制感到惊异。事实上，《塔木德》中几乎是完全地忽视了基督教。

因此，拉比耶希尔所坚持的"在《塔木德》中没有任何地方提到过"基督教的耶稣的观点几乎可以说是确非妄言。因此，对于"亵渎"耶稣的内容的搜寻也就缩小到卷帙浩繁的文献中的两个小段上。一段是关于耶稣在地狱里遭罚（此处不是作为一桩事实，而是作为一种迹近巫术的幻想来描述的）；另一段则是关于耶稣被处死的记述，显然这是一个后来的（要晚两三个世纪）编造，其目的是抵制基督教的布道宣传。关于耶稣被犹太教当局处以石砸之刑的描述显示了这一段落的非历史性的性质，而从《福音书》的内容来看，他是被当时的罗马当局钉死在十字架上的。这一故事的意思无非是说，"假若耶稣像基督教传教士们所说的那样，曾宣称自己是上帝，那么，他理应由犹太教当局作为一个偶像崇拜者或是作为一个试图引诱他人进行偶像崇拜的犯人来处死"。这一时期（公元 2 世纪和 3 世纪）的犹太人自己还没有关于耶稣的材料，也谈不上对他的记忆（值得注意的是，《塔木德》并没有涉及其他的自称为救世主人物方面的内容，如在《约瑟书》或是在《新约》中都曾提到过的加利利和阿斯朗的犹大）。只有基督徒们能把耶稣记得最清楚。

　　如果将基督教关于耶稣自我偶像崇拜的故事作为历史的真实并且把一种犹太教的评价加于其上就算是亵渎的话，则这两段确确实实是对基督教的"亵渎"。就历史事实而言，耶稣可能从来也没有声称自己是什么上帝。但是，根据普罗菲亚特·杜兰（Profiat Duran）的著作，在 14 世纪之前，犹太辩论家们就开始区别历史上真实的耶稣和基督教教堂里的耶稣，这一点后来成为人们一直所说的犹太教对耶稣所持基本态度的基础。在 13 世纪的诸多论争中，由于教会已有定论，人们才设想耶稣曾经自命为上帝。耶希

28

尔并没有否认，他本人和所有其他的犹太人都把这种自命看作偶像崇拜；而若是把犹太人的这种观点表述在《塔木德》之中，无疑会划归基督教所定义的所谓"亵渎"的范围之内。然而，他却否认犹太人关于耶稣自命的观点在历来的《塔木德》中曾有过表述，因此，基督徒们没有理由将它作为一部具有亵渎性内容的书籍而实行查禁。

然而，可以提出这样一个问题，到底是耶希尔真的相信《塔木德》中没有提到过耶稣，还是他在发现自己处于一种令人绝望的环境之后才作为一种巧妙的对敌手法而提出的这种看法呢？在巴黎，所有的《塔木德》文本都被没收了，并且倘若审问的结果是不利的，就要集中起来，付之一炬。纯粹针对《塔木德》的审查制度这个问题本身还没有得以实施；在当时，这是一个标志着对《塔木德》以及致力其研究的诸学派彻底查禁的问题。拉比们为了试图得到某种连他们自己也不敢完全相信的宽恕，便通过一种宗教文化与另一种宗教文化抗衡的方式来遏制这种残酷专制的行径，这当然是无可厚非的。

耶希尔坚决主张，那些提及耶稣的段落并不是在犹太人中所普遍接受的观点，这是当时必然的情形。看来，从拉什和托萨弗特编纂者（Tosafists）对于《塔木德》的评论来看，似乎所有提到耶稣名字的段落都被认为指的是基督教的耶稣。此外，非常流行的关于耶稣生平的反基督教记述［即众所周知的托莱多的耶稣（*Toledot Yeshu*）］中的许多事件正是以《塔木德》中的这些段落为依据的。特别是，把耶稣说成是被约书亚·本·帕拉西亚所拒绝的门徒这一段被认为指的是基督教的耶稣这种说法，恰恰为

摩西·纳曼尼德这样一位人物所接受，而他正是 33 年*后发生的
巴塞罗那论争中犹太教一方的伟大辩手。（纳曼尼德认为，在《塔
木德》中所确定的耶稣的日期比源自《新约》中记述的日期要早
大约 100 年的说法，历史地来看应该是不会错的。）但是，在后
来的那次论争中，纳曼尼德并没有能够保卫《塔木德》免遭灭绝
之灾。恰恰相反，《塔木德》被基督教一方拿了过去，作为基督
教真理的来源，从而演化为一种与犹太人辩论的新的模式。

　　有趣之处在于，其证据被认可的另一位拉比，也就是梅伦
的拉比犹大·本·大卫，也曾论证过《塔木德》中的耶稣与基
督教的耶稣并不是同一个人，尽管在论争的整个过程中并没有
准许他同拉比耶希尔进行协商。毫无疑问，这是一个甚至在这
一事件之前就已在犹太人中间广泛使用的论点。然而，在这之
前，尚没有使用这一论点的确凿的文字上的例证。亚伯拉罕·伊
本·多德（Abraham ibn Daud）的《论"喀巴拉"》（*Sefer Ha-
Qabbala*）是一部犹太史上的名著，大约成书于公元 1160 年。该
书中就认为，约书亚·本·帕拉西亚的门徒便是基督教的耶稣。

　　当时，这一论点在法兰西可能已经使用了大约一百年。在这
个地方，来自基督教的残酷迫害和强大压力要求对《塔木德》中
有关耶稣的带贬抑性的内容做出某些解释。[⑥] 如果不是在这样的压
力下，这种论点恐怕永远也不会有所发展，但这并不意味着这个
论点有什么不好。用现代的术语来说，这一论点可以表述为：《塔
木德》中涉及耶稣的那些出处显示，它们同《福音书》中的故事（如

----

*　此处有误，应是 "23 年"。——译者

关于约书亚·本·帕拉西亚的故事和本·斯塔达的故事）之间在年代上存在着巨大的差异，它们原来所指的可能从来就不是基督教的耶稣，或者甚至指的根本就不是同一个人。它们只是一堆形形色色的关于反叛门徒的故事，不管他们是不是叫"耶稣"，反正这些故事在《塔木德》的原本中是存在的。当需要某种抵制基督教的布道宣传的东西时，就翻出了这些故事，并且假定它们所指的就是基督教的耶稣，并因此而作为一种反宣传收录于《塔木德》之中。这些故事和《福音书》故事之间的巨大差异说明，它们的原始主题事实上并不是基督教的耶稣（其中有一个例外，就是在逾越节之夜被处死的故事，它似乎是根据基督教的《福音书》故事而不是犹太教的资料改写而成的）。因此，耶希尔关于这些故事原来所指并不是基督教的耶稣的说法是正确的；但他所说的从最后修订的《塔木德》中的上下文来看，它们并不是有意指明基督教的耶稣这段话却是不正确的。这件事的根源在于，对于耶稣，那些研究《塔木德》的拉比们并没有他们自己的可靠资料。这是因为，作为一位失败了的救世主，人们对他的记忆只会日渐消失的缘故。唯有在基督教布道活动的压力下，才使得耶稣这个名字得以在《塔木德》中复活，那些仅仅稍微能沾得上边儿的材料才被捡了来派上用场。

无论如何，耶希尔出于对《塔木德》命运的忧虑而苦思冥想得出的这个孤注一掷的论点终究没有能够被接受，当对《塔木德》的审查制度得以实施之后，这些涉及耶稣的仅有的几个段落便首先被删除掉了。

至于所谓有几个地方涉及玛利亚，即耶稣的母亲［其中使用的名字是米利暗（Miriam），意为"女美发师"，见于 b Sanh.，67a〕的问题，这几处哪怕是间接地意指基督教的玛利亚也是令人怀疑的。拉比耶希尔曾经令人信服地指出，米利暗的那位被蒙骗了的丈夫帕波斯·本·犹大（Pappos ben Judas）是生活在耶稣时代很久以后的时期。然而，对米利暗与玛利亚的区分却是由生活在《塔木德》完稿之后的犹太人来完成的，这一点在托莱多（Toledot）的文献中可以查到。所以，多尼提出这一指控并不是完全不沾边儿的。

所谓反对基督徒的言词

毫无疑问，《塔木德》中存在着某些对非犹太人（goyim）*、偶像崇拜者（'akum，一个由 'avedei kokhavim u-mazalot 组成的首字母缩略词，意思是"命星和星宿的崇拜者"）和异教徒（minim）颇不友善的言词。《米西那》（Mishnah）** 中宣称（Av.Zar.，2：1），"牛群不会留在 'aukm*** 的客栈里，是因为他们有兽行的嫌疑；一个女人不会同他们中的某个人单独待在一起，是因为他们有淫荡的嫌疑；一个男人也不会同他们中的某个人单独待在一起，是因为他们有嗜杀的嫌疑"。问题是这些源于远古世界的苛责是否适

---

　　* 或译作"异教徒"，原指除犹太人之外的所有其他民族，可参见本书后文的讨论和解释。——译者

　　** 希伯来文的意思是"重新阐述"。该书系犹太教口传律法集，于公元 4 世纪初年完成，共分为 6 卷 63 篇。公元 4 世纪中叶，该书与其释义和补篇《革马拉》（希伯来文的意思是"补全"）合编在一起，即巴勒斯坦《塔木德》。到公元 5 世纪，内容更充实的巴比伦《塔木德》完成。——译者

　　*** 无论在什么地方，最早的读法实际上是"goyim"。——译者

用于 13 世纪的基督徒们。在这一方面，尼古拉斯·多尼的控告显得有点儿信心不足，因为他具有足够丰富的有关《塔木德》的知识，因此很清楚在这一类的词句里用"基督徒"替代 'akum 是毫无道理和缺乏历史根据的。耶希尔正确无误地指出，《塔木德》中与 'akum 相联系的许多律法并不适用于基督徒；例如，禁止同 'akum 进行贸易往来。因此，在犹太律法中，'akum 同基督徒是有明显区别的，并不是把基督徒看成偶像崇拜者，而是崇信希伯来《圣经》的一神论者。多尼针对《塔木德》的一揽子指控并没有考虑到这样的一个事实，即《塔木德》并不是一部具有必然真理的法典，而是一个发展中的法律体系。对于这样的一个体系，必须将那些律法放在当时颁行它们的时代和环境中来考虑。一种在受迫害或战争时期所颁行的关于非犹太人的律法可能根本不适于信仰自由与和平的年代。根据从若干世纪以前所颁行的法典中断章取义地摘出的律法，对任何一个民族或是宗教团体提出指控都是很容易的。进一步说，在《塔木德》中，并不是所有的条文都具有法律的效力，即使在制定的当时也是如此。很显然，认为信奉《塔木德》的犹太教应当对过去以某位拉比个人的名义记录下来的，而其观点又没有被认可为有约束力的法律的每一句怄气式的言论负责是不公平的，尤其是，《塔木德》并不只是一部法律的典籍，而是一本集个人传记、历史、笑话、夸张的故事、寓言、训诫以及其他所有的贯穿几个世纪的犹太人生活的真实写照等于一体的杂论大成。

令人费解的是，在《塔木德》这部包罗万象的大全中，除了它的粗心大意、易受攻击的特点并摆脱了加在题材之上的种种迂腐限制之外，没有几个段落能够达到仁慈、文雅和理性的敏锐这种整体上的水准。

　　所有如上的分析均可使用于多尼曾力图从中获得最大的利用价值的那句《塔木德》中的引文，这句引文一直被反犹分子（anti-Semites）*作为犹太人的堕落行为和仇恨人类的证据而反复使用。这就是拉比西缅·本·约哈伊（Simeon ben Yoḥai）的格言：“杀掉非犹太民族中最优秀的人。”（b Sof.，15）这句格言从来就没有法律的效力。这是一位犹太拉比在受到罗马当局迫害而逃亡时所发出的痛苦挣扎的喊叫，这次迫害是如此残酷（在巴·科赫巴起义**之后），以至于可以与纳粹时代相媲美。此外，在某些修订本中，格言的原文有“在战时”的限定。事实上，这是拉比耶希尔即席引用《圣录汇编》（*Tractate Soferim*）中的原文而进行的反驳。即使在高度文明的国度，在战时杀死一名敌人而无须考虑其个人的身份，尽管他本人是令人敬佩的人物也不例外，这是一个普遍的原则。“在战时”的限定可能不是拉比西缅·本·约哈伊的原话中就有的，而是后来不知哪一天加上去的，这一点应该是毫无疑问的。但是，它又必定在巴黎论争之前好几百年在原文中就有了。很显然，拉比西缅的这句在痛苦挣扎时的喊叫被后来的某支笔变成了更像一种永恒原则那样的温和玩意儿。在这里，

---

　　* 由希腊词 anti 与 semitie 组合而成，反犹主义（Anti-Semitism）作为一个术语出现于 1879，当时用它来概括欧洲社会普遍出现的反对犹太人的运动，泛指厌恶、憎恨、排斥、仇视犹太人的思想与行为。自古希腊、罗马时代一直到 20 世纪 40 年代，反犹主义在不同历史时期有着不同的表现形式和含义。——译者

　　** 巴·科赫巴（Bar Kokhba），希伯来语意为“星之子”，源于《圣经》的《民数记》预言“有星要出于雅各”，称当时的起义领袖西门为“巴·科赫巴”，于是第二次犹太战争亦称为“巴·科赫巴起义”。——译者

没有任何理由认为是犹太教的道德观抵消了非犹太人所洒的鲜血。即使在其原始背景下，这一格言也可以用古埃及人追捕古以色列人并杀掉他们这一事例来证实其正确性；而当时拉比西缅本人正是处于那种战争与迫害的环境之中。因此，在把它真正弄明白之前，这一限定仍是个难以说清的东西。

除此之外，拉比耶希尔的主要论点是，《塔木德》中关于"非犹太人"和"偶像崇拜者"的叫法不一定非要加在基督徒身上，因为从其原始的上下文中可以看出，这些话指的是远古世界的那些民族。拉比耶希尔证据确凿地指出，在真正的实践过程中，《塔木德》中有关"非犹太人"和"偶像崇拜者"的各色各样的法律，对基督徒们来说，是根本没人遵守的。"犹太人为了他们的信仰经历了无数次的牺牲，"这位拉比评论说，"并且也不会去违犯《塔木德》，如果他们确实认为那些在《塔木德》中被称为'非犹太人'的人包括了基督徒的话。"他接着说："我们把家畜卖给基督徒，我们与基督徒们结成了合伙关系，我们可以同他们单独待在一起，我们把自己的孩子交给基督徒奶妈照看，我们还把《摩西五经》（Torah）* 传授给基督徒——因为如今能够阅读希伯来文书籍的基督教教士比比皆是。"所有如上的社会交往的形式，均为《塔木德》中有关 goyim 或 'akum（即非犹太人或异教徒）的条文所禁止，理由就是他们预先就被假定为犯有违背天性的邪恶、谋杀以及偶像崇

---

  * Torah，音译为"托拉"，希伯来文的词根意思是"引导"或"指路"，意指律法是上帝指引人的行动与处世之道，必须严格谨守遵行。"托拉"的狭义即指《律法书》或《摩西五经》，广义则泛指启示给犹太人的指导或指引，后来也可指希伯来《圣经》，甚至把《塔木德》等也包括在内。——译者

拜等罪行。有意思的是，犹太拉比们正是将这些希伯来文的知识（教会正是从这些知识着手来攻击《塔木德》的）变成了一种置《塔木德》原文于不顾的论据；而这些现在已经变得不利于犹太人的知识，正是通过犹太人与他们之间的合作，同时也是在明白基督徒们不会像 'aukm 那样滥用它们的情况下而获得的。

《塔木德》中的许多针对 'akum 的法律并不适于基督徒，这一点毫无疑问是正确的。事实上，中世纪时期禁止犹太人和基督徒之间正常社会交往的主要法律乃是基督徒们通过的那些针对犹太人的法律。自从埃尔维拉（Elvira）和罗得西亚（Laodicea）早期基督教会会议（公元 300 年和 360 年）严禁与犹太人共度宗教节日和斋戒期，以及出席犹太人的宴会开始，已经颁布了形形色色的法律来禁止基督徒与犹太人友好相处：不得聘用犹太人作为医生，基督徒不得与犹太人一同洗浴，基督教的牧师不得与犹太人一起吃饭或建立商务合作关系，犹太人必须佩戴一枚用以识别他们身份的特殊牌徽，等等。然而，具有讽刺意味的是，在这一片歧视犹太人的杀伐声中，根据早在 800 年前就已颁布的针对完全不同民族的律法，犹太人应当为歧视基督徒摇旗呐喊才是。

与此同时，必须承认，《塔木德》中关于 'akum 与基督徒之间的区别并不是像拉比耶希尔所描述的那样明确。正如雅各·凯茨（Jacob Katz）所说明的那样 ⑦，犹太律法对于这个问题上的阐述有点含糊不清。虽然为了消除《塔木德》中关于 'akum 的律法同基督徒之间的联系而采取了相当多的措施，但这件事是一步步地完成的。对特定的法律分别做了特别的修正，但是没有任何

33

一位权威性的犹太拉比能够像拉比耶希尔那样，确切地做出一种一般性的区分。事实上，在分类上明确断言基督徒并非 *'akum* 这一点上来说，拉比耶希尔比 13 世纪犹太律法中的阐述似乎还要早一些。

　　早在 14 世纪之前，便有一位名叫米拿现·哈迈里（Menahem ha-Meiri）的绝对权威人物，曾以精确而合法的方式（而不是像耶希尔那样迫于公众骚扰的压力）宣称：作为一项普遍适用的原则，基督徒不是 *'akum*，而是属于"文明国民的范畴"（*'ummot ha-gedurot be-darkhei ha-datot*）。⑧ 即使如此，某些关于 *'akum* 的律法仍然继续使用在基督徒身上，例如禁止喝他们的酒。犹太律法在某些方面仍然是有点前后矛盾，甚至直到今天依然如此。这种情形就是，某些将基督徒与 *'akum* 联系在一起的法律被废除掉了，有些则没有；在那些历史环境加速了变革的地方，就是这样的情形，他们根据哈迈里原则或其他类似的理论对其进行了修正；而在其他的一些地方，由于没有什么压力，则仍然受到古老习俗的约束，法律依旧。

　　在耶希尔那个时代，虽然在犹太教的律法大全书和《托萨弗特》中存在不少有关修正基督徒身份的论述，但是，对于耶希尔在论争中提出的"基督徒无论从哪方面讲都不是 *'akum*"这一概括性的论述并没有普遍为人们所接受。基督徒对犹太人的大屠杀毕竟只是当时刚刚发生的事⑨，并且再发生的危险与日俱增。在十字军东征中对犹太人令人恐怖的大屠杀无疑得到了低层牧师阶级的赞同和纵容，并且只是受到了教会装模作样的谴责。种种告发所谓"血祭诽谤"的新一轮恐怖时有所闻，一个犹太人的生命变得毫无价值可言。因此，没有什么理由来反驳这样的观念，即基督徒像那些老的 'akum 一样，是一群天生的杀人狂和野蛮人，一个犹太人要始终对他们保持警惕才行。总起来说就是，中世纪的犹太人是通过自己耳闻目睹的事实来看待基督徒的。当基督徒们的行为开始变得文明时，他们才得以从 'akum 和一度宣称不适于他们的《塔木德》中的那些律法中分离了出来。正如经常发生的那样，当基督徒们表现得嗜杀成性、邪恶无比而又崇尚偶像时，犹太人更倾向于将他们与《塔木德》中的那种 'akum 画上等号。所以，耶希尔的陈述虽然与进展中的犹太律法概念相吻合，但它　34
却比当时基督教王国所能保证的条件范围更加广泛，并且若是耶希尔不是迫于压力的话，也不需要弄成这样一种泛泛的形式。的确，耶希尔显然是根据这一时期的基督徒对犹太人施以公正和仁慈的准则这种理由来区分基督徒和 'akum 的。言外之意就是说，哪里缺少了这样的准则，基督徒们的的确确就在哪里恢复到 'akum 的老样子。

　　不应忘记，在整个中世纪的大部分时间里，出于众多的所谓正当理由，犹太人一直把他们自己看作一个生活在野蛮人中的文明的民族。譬如，当他们看到基督教的那种使用酷刑逼供然后作为有效证据的审理过程时，他们几乎不可避免地把它与他们自己的那种即使是自动招供也不会被看作有效证据的律法相对照。在基督徒中所出现的日益文明化的迹象受到了关注和欢迎，犹太教的律法体系也就随之发生了改变。但是，真正的改变需要一个过程，并不会像所期望的那样一蹴而就。

对《塔木德》中的所谓不体面内容的指控

对上帝的亵渎

在基督教要求获得控制犹太人的信仰和教义的权力的过程中，即使这些信仰和教义并没有对基督教产生影响，但如果违反了基督教和犹太教所共有的一神教的基本原理，也仍然会导致对《塔木德》中一些段落的指控。这些段落会因为采用了"神人同性论"或者缺少对上帝的虔敬而被指称为亵渎神明。这种段落是指，把上帝描绘成为对犹太人被流放表示哀伤，或是承认一个属于他本人的错误，或是承认他在同一个凡人的争论中服输，等等。

乍一看，这似乎有点奇怪，基督徒应该是不反对这种把上帝描写成痛苦和受难的段落才对，因为上帝受难毕竟是基督教的一个核心概念。这个问题的答案是，在基督教的教义中，圣父是"无感的"，只有圣子具有感受痛苦的能力，而且也只有当以肉身形式存在的时候才行。这是同诸如"圣父受难论"这种异端邪说相对立的正统的尼西亚（Nicene）教义。阿奎那（Aquinas）坚持圣父无感受性的观点，但是，某些现代的基督教神学研究者曾试图来修正这个教义。[⑩] 因此，在这个问题上对《塔木德》的批判成了基督教的圣父与犹太教的上帝等同起来这样一种神学错误的一个有趣例证。犹太教的上帝并非无感，他具有在基督教中不属于圣父而属于"三位一体"中其他两位的那些属性。事实上，将《旧约》中的上帝作为一位在犹太教与基督教之间所共同拥有的人物，这种概念是一个错误。通过加进来一个圣子，基督教把圣父也搞得面目全非了。为了达到控制犹太人的上帝观念的目的，基督徒们根据他们自己关于圣父的概念（同他们自己所要求的那种裁判权中的普遍不接受性相去甚远）而使用了假的前提。

因此，拉比耶希尔曾经令人信服地回答说，《塔木德》中关于上帝的概念是对《旧约》中"易感的"上帝的一个有效的继承。基督教"无感的"上帝的观念不是来自《旧约》，而是来自希腊哲学。正像耶希尔所说，那个在旋风之外同约伯（Job）对答的上帝并不属于这种毫无血性的一类。

表明基督教与犹太教神学之间的分歧的一个更为有趣的例证是由于对《塔木德》中有时把上帝描绘成被凡人击败这种形象的控告所引起的。这里所引用的一个段落是关于拉比以利以谢（Eliezer）、拉比约书亚（Joshua）以及"天国之音"（*bat qol*）的离奇故事。在这个故事里（b BM，59b），拉比以利以谢和拉比约书亚之间就律法上的一个要害问题进行了一场辩论，拉比以利以谢由于得票多于对方，便导演了一出奇迹剧，以证明他是正确的一方，但是犹太拉比们的结论却是奇迹剧并不能构成论据。然后，拉比以利以谢就召来了一种"天国之音"为他伴奏，而这种"天国之音"真的如期而至并为他伴奏。但是，在拉比约书亚做了一番讲演之后，犹太拉比们又做出结论，说"天国之音"不合拍，应该弃置不用为好，因为《摩西五经》已经赋予了犹太拉比们在宗教会议上通过多数表决来决定这一类事情的正确或错误的权利。后来，拉比拿单（Nathan）在同先知以利亚（Elijah）见面时，问他上帝对这些做法怎么想。对此，以利亚回答说："他会大笑，并且会说'我的孩子们打败了我'。"这个故事由尼古拉斯·多尼在巴黎论争时加以引用，从而作为一种等价于亵渎的对上帝的荒唐和不敬以及对《塔木德》中那些顽固坚持即使是上帝也不可改变他们的决定的犹太拉比进行不正当吹捧的一个综合的例证。这一故事本身概括了基督教一方与《塔木德》相对立的全部内容。⑪

36　　自巴黎论争以后，有大批的《塔木德》的反对者引用了上述故事作为一个荒唐不经的例证，然而，它实际上仍然不失为伟大的宗教故事之一。它显示了犹太教的人道主义，其意义在于，这是凡人和上帝间的一种契约或誓盟，在这种契约中，上帝必须扮演他在这场交易中的角色并且不得逾越他所赋予凡人的自由王国的边界。至于说到凡人成功地反驳上帝这方面的论据的可能性，希伯来《圣经》中提供了许多的例证。其中最为引人注目的大概要算是亚伯拉罕的喊叫了："难道审判全地的主*岂不行公义吗？"（《创世记》18：25）上帝这样一位慈祥的父亲，当孩子们显示出不依赖于他的独立性时，他就感到高兴。像这样一个观念在基督教中是绝对找不到的，但它却是犹太教的显著特点。它把人类生存的目的看成人类可能性的实现，而不是在上帝面前的自我否定和自我消灭。简而言之，犹太拉比所拥有的独立决定的权利就是对"上帝的话语"在人类生活中的一种认可——这是基督徒们对照他们自己的宗教会议和罗马教廷宗教会议而得出的一种观念（在这里他们甚至不得不引入一个犹太教并不需要必须拥有的一贯正确性和直接神授的灵感这样一种概念）。

---

　　*　指上帝。——译者

所谓愚蠢的或猥亵的段落

《塔木德》中包含了大量的民间传说的成分，其中有些是由夸张的"难以相信的故事"构成的。像巴珊（Bashan）王巨人噩（Og）的传说（b Ber.，54b）；有些民间传说则包含着一些违犯了举止得体这类宗教教规的故事，如在以后的年代才为人们所理解的那些故事。例如，亚当（Adam）在找到他的真正配偶夏娃（Eve）之前曾与所有的动物交媾的故事，还有那个含（Ham）阉割了他的父亲诺亚（Noah）而犯罪的故事。今天，我们都已经习惯于将这样的民间传说看作幼儿的欲望和怪念头的一种无拘无束的表达方式，或者视其仅具有心理学上的价值和意义。当我们读着克劳诺斯（Kronos）阉割他的父亲尤拉诺斯（Uranos）的故事（这是《塔木德》中与含和诺亚的故事明显类似的一个故事）时，我们会把这个故事同弗洛伊德（Freud）的性分析而不是纯粹性虐待的色情描写联系起来，尤其是这一类故事在原始人群的性行为和社会行为取向中的作用会在心中留下深刻的印记。

是不是这样的故事在已经进步了的一神教的宗教法规文献中能有一席之地呢？在此，我们必须牢记这些故事在《塔木德》的宗教法规中的地位。拉比耶希尔在这里指出了"阿嘎嗒"（*Aggadah*，即叙事的和布道方面的内容）和"哈拉哈"（*Halahkah*，即有关律法方面的材料）之间的明显区别，这种区别对于理解《塔木德》的文献是至关重要的；这种区别在后来的论争中也被证明是十分重要的，尽管所用的是一种多少有点不同的方式。耶希尔明确指出，不要将《塔木德》中的"阿嘎嗒"部分看成与"哈拉哈"部分具

37

有同样的权威性。"你可以相信它们，也可以不相信它们，一任所愿，因为没有任何实际的结论是以它们为依据的。"后来，耶希尔宣称噩的故事只不过是夸张手法而已，不能照字面上的意思来理解。就像《圣经》中的"巨大的城市，筑防直达天国"那样的表达方式差不多。然而，他又进一步深化了这一论点，说明它们毕竟还是可以照字面上的意思来理解的，因为它们并不比基督徒和犹太人同样都一字不差地相信的那些《圣经》中的故事更不可思议。这里并没有什么真正的矛盾。耶希尔的意思是说，你没有必要相信"阿嘎嗒"中的故事是真实的，但是在许多情况下，你不妨相信它们是真实的。如果你不相信它们是真实的，你也至少不应把它们看成愚蠢的，而不妨认为是些演说中的比喻。或许耶希尔应该再加上一句，但他却没有，这句话就是：它们可能有着某些比喻的或是神秘的含义。他必定是想到了这一点，因为犹太神秘主义的大部分精华正是通过从比喻的和代码的意义上来理解这些段落而获得的。

　　在后来的论争中，"阿嘎嗒"的地位问题甚至变得更为重要，因为当时所使用的"阿嘎嗒"中的段落，不是用它作为一个"愚蠢可笑的东西"（*stultitiae*）来攻击《塔木德》，而是作为基督教内在真理的证据。再说，犹太教一方的辩论者们宣称，他们并不受任何"阿嘎嗒"段落的字面上的意义的约束。所有的关于"阿嘎嗒"地位的问题将在论及巴塞罗那论争时进行更为全面的讨论。

　　《塔木德》中的某些所谓"对上帝的亵渎"或是"神人同性论"同样是"阿嘎嗒"材料中惯用比喻或诗意风格的例证（例如，把上帝描绘成身着"避邪符"的段落）。拉比耶希尔曾经指出，这样的拟人手法在《圣经》中比比皆是。譬如，有的地方就把上帝称作一个"战争贩子"，或是描绘成有一只"右手"。

犹大·罗森塔尔（Judas Rosenthal）在其《对〈塔木德〉的审判》一文中有一段非常奇怪的话："总起来说，犹太拉比们（在巴黎论争中）承认了如下的三项主要指控：谬误、亵渎'神明'（in Duem）和愚蠢可笑。他们否认了这样的指控：亵渎基督教（blasphemiae in Christum）和辱骂基督徒（blasphemiae contra Christianos）。"拉比们（即耶希尔和犹大）除了在细枝末节的意义上赞同对于《塔木德》中的段落引用无误外，他们什么也没有承认。如果他们承认《塔木德》中包含着亵渎和淫秽的内容的话，那就是一种对犹太教的背叛。伊萨多·罗伊博（Isadore Loeb）对于这个问题的评论⑫值得一读：

> 《塔木德》有着浓厚的宗教色彩，将亵渎上帝或违反道德规则的意图归咎于它是最奇异的误解。但是，这本书是一定时代和一定地域的产物，其想象力和廉耻感同我们是不一样的。从某种意义上来说，它仍不失为一部法典；更何况正如某种观点所认为的那样，世界上的所有法典均有其独到之处而不应受到过多的指责。属于此种类型的所有争论都是从《塔木德》中被称为"阿嘎嗒"的那一部分内容衍生出来的；而在 1240 年，宗教法庭的法官们一无所知的也恰恰是这一部分。"阿嘎嗒"是让人享受和放松的游戏。饱学之士往往在严肃的研究之后，任其想象力自由驰骋。采取严肃的态度郑重地探讨这些巴比伦犹太拉比们的奇幻故事、传说以及疯狂但往往精妙而富有

38

诗意的臆测（inventions folles），这实际上是犯了一个最为严重的错误。应当做的，是和拉比们一起拿这些东西纯做消遣，因为这才正是《塔木德》的魅力和有趣之处。[*]

---

[*] 本段内容原文为法文。——译者

2 巴塞罗那论争（1263 年）

39

当我们从巴黎论争来到巴塞罗那论争的现场时，就会发觉自己所感受到的是一种完全不同的气息。在这里，我们所看到的是一场辩论，而不是一次审问。但是，如果你过分看重这一点的话，那你就错了。因为即使在巴塞罗那，讨论也远远不是在平等的条件下进行的。在温文尔雅的表面之下始终存在着暴力行为的可能性。纳曼尼德，这位犹太教一方的主要参加者，尽管拥有所给予的绝对安全的保证，后来仍然受到了多明我会修士们的追捕（主要是由于他为这次论争所写的记述），幸运的是，他竟然得以逃脱而活了下来。从一开始，鉴于他本人以及整个犹太民族所面临的危险，纳曼尼德是极不情愿参加这场论争的，这是因为那些非犹太居民易于被激怒而导致暴力行为。甚至在论争的过程中，由于一直受到警告和威胁，他曾做出了极大的努力试图中止这场论争。

不过，基督教一方这一次攻击的腔调要远比在巴黎温和得多了。这里已不再有根据论争的结果将《塔木德》没收或焚毁的威胁。① 其目的也不再是为了证明有罪，而是为了获得胜利。关于这一点，有许多的原因，其中包括当时西班牙的宗教 - 政治局势，以及雷蒙德·德·皮纳福特（Raymund de Peñaforte）学派的多明我会传教活动的特点等一系列的原因。那些虽然自己并不作为辩论者参加论争但却控制着辩论的基调的年老的学者和传教士（他们后来都被追封为圣徒）更愿意把这一角色让与刚刚从犹太教皈依过来的帕波罗·克里斯蒂亚尼。

在西班牙，巴塞罗那论争之前的最后三个世纪被公认为是犹太人的"黄金时代"，他们被允许在比较自由的环境中发展他们自己的文学和文化。发生这一情况的原因是，在西班牙，基督教政府在这一期间不得不同伊斯兰的势力进行斗争。在基督徒们逐渐地把摩尔人（Moors）赶出西班牙这一旷日持久的"重新征服"的过程中，他们双方都需要犹太人。这一时期（约公元 1000~1230 年）的基督教的统治者们更为关切的是加强他们的征服活动，而不是推行其宗教统一化的计划。他们觉得犹太人是最为有用的，作为一个受过良好教育的行政管理的中间阶层，通过他们可以使新征服的地区得以保持安定。与此同时，犹太人的地位却又仍然始终是不确定的，作为异己分子和宗教的遗弃者，他们也不会对政权造成群体性的威胁，尽管他们中的上层人物可能会在宫廷的统治集团中崛起，使犹太人在西班牙宫廷中的势力得以日益强大，其方式同希腊的那些自由奴隶们在罗马帝国的宫廷中形成强大势力的情形是一样的：他们虽然不具有一个权力的根基，却有着其所必需的优良的文化品质。

在这一时期，反犹太教的立法自始至终在理论上还是有效力的，但是，在重新征服期间，它却实质上被完全地忽视了。阿拉贡（Aragon）的詹姆斯国王召集了这次论争并担任主持人就是一个例证。他在征服活动中扮演了一个显赫的角色（从而赢得了"伟大的征服者詹姆斯"的称号），并且在其行政管理的职位上大大地倚重于犹太人。当他收到教皇的信函，指示他解雇犹太行政管理人员时，他把这些指示转发给了他的某些主要城市，但他自己却将其束之高阁。然而，辩论得以举行这一事实，却标志着信仰自由和"共生时期"（与之相联系的，是犹太人在诗歌、哲学、律法、文法和科学等方面的惊人的成就和异乎寻常的繁荣）的日渐结束。正像在欧洲各地经常发生的情形一样，犹太人是把他们的学生都教育得过于优秀了，以至于注定使自己作为多余的人而遭到屈辱性的和野蛮式的驱逐。基督教的欧洲，如今他们成了自己家园的主宰，进入了文化繁荣的时期。这一时期造就了许多伟大的人物，但是也产生了宗教法庭、对阿尔比派（Albigensians）的大屠杀、君士坦丁堡（Constantinople）的洗劫以及一系列对犹太人的迫害和贬黜。

同时，西班牙的犹太人并没有注意到某些日渐明显的基督教势力集聚的现象。在法兰西和德意志，十字军东征（包括对阿尔比派的宗教战争）期间对犹太人的大屠杀漏过了他们，使他们得以幸免。虽然针对他们的暴力行为时有发生，但总起来说，他们是生活在富裕而安定的"社区环境"（*aljamas*）之中的。当多明我会修士们通过传唤当时他们最为著名的拉比摩西·本·纳曼出 41
席一个辩论会而开始对他们采取行动时，仍然装出一副彬彬有礼和殷殷相劝的面孔，而不是像在巴黎论争时那种斥责的口吻。

这一次采取的新的方针，是试图使用包括《塔木德》在内的犹太文献来证明基督教的真理。当然，从《旧约》来证明基督教并不是什么新鲜事物，因为《旧约》本就是基督教提出证据的主要来源，并且从古远的基督纪元起，若干世纪以来就一直是基督徒和犹太人论争的战场。在巴塞罗那论争中，这些陈旧的争论不休的玩意儿又从头到尾来了一遍。例如，关于细罗（Shiloh）的表述（《创世记》，49：10）、但以理的预言和《以赛亚书》中"受难仆人"的段落。所谓新的东西，无非就是对《塔木德》和《米德拉什》原本的引证。这种引证既是出于他们各自的需要，同时也是作为那些《圣经》段落的评注的一个部分。这一点显示了比在巴黎论争中所表现的对于犹太教的后《圣经》教义文献的一种友好得多的态度。在巴黎，基督教一方的首席辩论者尼古拉斯·多尼对《塔木德》的那种刻毒态度，是在卡拉派思潮的影响下，源自他还是一个犹太人时就有的那种对《塔木德》的敌意。多尼曾向教皇力陈《塔木德》是彻头彻尾的有毒作品，必须要从人们的记忆中彻底消除掉。然而，雷蒙德·德·皮纳福特不管是对犹太人还是穆斯林都采取了一种文明得多的方式。他十分清楚，为引起真诚的皈依，他必须要深入到期望中的皈依者们的文化和心灵之中去。据此，他建立起了一些研究院。在这些研究院里，多明我会的僧侣们致力于研究犹太教和穆斯林的古典文献。这样就为激励人们在学高等学府中研究希伯来文和阿拉伯文开了先河，并且于 1311 年由维也纳（Vienne）公会议正式批准实行。在对《塔木德》的研究中，皮纳福特由于能够接近那些皈依了基督教的犹太人而获益匪浅，他们之中有些人皈依的原因，就是研习《塔木德》的结果。其中之一就是帕波罗·克里斯蒂亚尼，他在巴塞罗那论争中扮演了基督教一方的主要角色。而雷蒙德·马蒂尼（Raymund Martini），这位雷蒙德·德·皮纳福特的门徒，则是《塔木德》和《米德拉什》最伟大的基督徒学生。

但是，对《塔木德》的研究，并不仅仅是通向犹太人心灵之门的钥匙，同时也是要被作为基督教的真理之源的。这一思想路线正是发源于巴塞罗那论争，并在雷蒙德·马蒂尼于大约 20 年后写成的著作《信念之剑》中得到了进一步的发展。从《塔木德》和《米德拉什》中摘出的形形色色的"阿嘎嗒"段落被认为可以证实基督教的教义，特别是救世主的神性：他在十字架上受难，他降临的时刻，他对于新"律法书"的传播。纳曼尼德立即对这种论点的理论基础提出了挑战——为什么《塔木德》被认为包含着基督教教义的内容？如果《塔木德》的拉比们是基督教观念的提供者，那么，他们为什么仍然是犹太人呢？帕波罗·克里斯蒂亚尼漠视了这些问题作为一种逃避。然而，从其他的资料中我们可以看到，基督教一方所持的源自《塔木德》的论点背后的理论乃是:《塔木德》中的确包含着早期的、没有受到后来与基督教相对立的犹太人的观点所玷污的材料。耶稣时代的犹太人所拥有的是传统，而不是《圣经》中有关那位即将降临的救世主的本性的言词。他们固执地拒绝注重这些材料，而在编纂《塔木德》时却又在相反的意义上弄来了一大堆其他的材料对其进行掩盖。但是，耐心的挖掘就可以揭露出真正的、原始的一层内容。这是同现代某些研究《塔木德》的基督教学生们所从事的活动极为类似的一项工作。

支持这一方法的人必然会说，在这里，《塔木德》和《米德拉什》中的"阿嘎嗒"方面的内容，由于它们在犹太、基督两教争端中给人们的感觉是一种不利因素，因而在某些方面便被中世纪的犹太人忽略掉了。一个很好的例子（由帕波罗·克里斯蒂亚尼在巴塞罗那论争中提出）就是出于"阿嘎嗒"的材料，其中把

42

以赛亚的"受难仆人"解释为救世主，而不是广义上的以色列人。在论争中，纳曼尼德并没有否认在《米德拉什》材料中存在这样一种解释，但又认为，他宁愿选择另一种解释，即那一段指的是受难的以色列人民，也就是人类的仆人。纳曼尼德进而又说，即使可以接受他是救世主这样的解释，那一段也不能用到耶稣身上，因为它指的虽然是受难，但并非死于敌人之手。对于那些由于在《米德拉什》中发现救世主的出处而欣喜若狂的基督教学者们来说，这似乎是一个借口。对于他们来说，似乎任何一种关于《米德拉什》的阐释都应该被犹太人接受而不需要进一步的论证。他们并没有致力于解决《米德拉什》中存在相互矛盾的解释这一事实。他们也像一般的基督徒一样，认为自己享有只接受《米德拉什》的一部分而拒绝接受其余部分的权利（这就是他们所使用的方法的实质）；但犹太人却没有选择另一种方法的权利，他们必须接受全部内容。犹太人的观点认为，《米德拉什》只是给出了大量的可供选择的阐释，而它们之间并不是始终相互一致的，其中有些只能从字面上的意义来理解，有些则只能理解为比喻性的，有些也许只能看作滑稽的幻想。这些观点对于他们的基督教对手来说也许是有点太过复杂了，尤其是这种复杂化是由一个《圣经》中的段落有时可以同时有着两种或多种的意义这种观点（由纳曼尼德在论争中涉及大卫王和救世主时提出）的原因所造成的。

　　关于把"仆人受难"的段落解释成指的是救世主的现代观点是这样的：这种阐释无法在最原始的关于"阿嘎嗒"的材料中找到，因为这些材料中本来就是把救世主看作是一位快乐和成功的人物的。直到巴·科赫巴起义失败（公元135年）和随之而来的犹太民族的苦难发生之时，一个受难的救世主的观念才进入了犹太人的思想，并在"阿嘎嗒"中充分反映了出来。后来，当这些关于《米德拉什》的材料被用来证实基督教的有一位受难的救世主的观点是源于犹太教早期的那一层内容时，这种观念上的发展甚至可能受到了基督教的影响——这是一个具有讽刺意味的想法。另一个类似的讽刺可以从文艺复兴时期对犹太教神秘主义的偏爱中找到。那些学者们像皮科·德拉·米兰德拉（Pico della Mirandola）那样，在《佐哈》（Zohar）*中发现了基督教的教义，因而进一步证实了"三位一体"和"道成肉身"教义的古老根源。但像他这一类的学者并不清楚，所谓《佐哈》，部分地是诺斯替（Gnostic）教义、新柏拉图（neo-Platonic）哲学、阿尔比派学说以及基督教教义对犹太教共同影响的结果。基督教学者们热衷于把一个令人敬畏的远古时代强加给那些本来有着相对近代的根源的犹太著作。（当然，如上的论证方式并不适用于中世纪的犹太人，因为他们同样也是把伟大的古老年代强加给那些有争议的著作。）犹太教的学者们恰恰相反，他们一点也没有历史的观点。他们接受了所有的"阿嘎嗒"方面的材料（以对材料汇编认可的方式），把它们都看作是同样的古老。从某种意义上来说，基督教学者们乃是对"阿嘎嗒"材料运用历史分析方法的先驱，尽管用现代的观点来看，他们的分析是颠三倒四的，往往是把最新的材料看成了最早的材料。

---

* 又译《光辉之书》，这是一部论述"喀巴拉"即犹太神秘主义的主要经典，大约成书于 13 世纪后半叶，其中大部分章节或出自 13 世纪西班牙著名神秘主义者摩西·德莱昂之手，少数章节为后人所加。长期以来，它一直被视为犹太神秘哲学的代表作。——译者

　　类似的分析也同样适用于包含在雷蒙德·马蒂尼的著作《信念之剑》中的所谓的《米德拉什》材料。这些有着显著的神秘和诺斯替教色彩的材料，其中的某一些并没有在任何关于《米德拉什》学说的犹太教的文集中找到，并且还就它们是不是"伪造的《米德拉什》学说"，或者马蒂尼是否曾接触过那些现在已经遗失的关于《米德拉什》学说的文集的问题而引发了一场争吵。[②] 当然，马蒂尼也可能曲解了那些关于《米德拉什》的材料，或者断章取义地引用了原文。然而，要说他会生造出其中的每一项内容，则是大可怀疑的。他可能从那些文集中摘出了他的那个似乎能够证明基督教的上帝神性教义的神秘的《米德拉什》学说，例如其中的摩西·哈达山（Moses ha-Darshan）根据伪经或诺斯替教的材料写成的那些集子（11 世纪）。《米德拉什》是一部恢宏的、各种成分混杂的文献，在时间上覆盖了若干个世纪，在内容上则来源于庞杂的资料，其中有些显然是属于中世纪的。基督教的一众学者，诸如马蒂尼，过分地夸大了它们的古老，而没有想办法来区别早期的和后来的《米德拉什》，仅仅通过有倾向性的试验，就"根据（试验得出的）'事实本身'（*ipso facto*）"来认定那些似乎能证实基督教的内容必定是更早期的和更可信的。

　　根据如上的分析，我们可以来估量犹太人把《塔木德》中的"阿嘎嗒"部分究竟看得可靠和真实到什么样的程度这个问题。这就证实了这些论争中的一个极端重要的问题——在巴黎论争中，就曾提出过"阿嘎嗒"的地位这个问题。当时，拉比耶希尔声称他没有义务回答任何以"阿嘎嗒"的段落为依据的问题，因为这些

段落"对于任何实际的结论"都毫无可靠性可言。自加昂（*Gaon*）[*]
时代以来，这一表明"阿嘎嗒"次等地位的特定准则就形成了一
个传统性的东西。事实上，某些加昂则更为直截了当地表明了他
们对于"阿嘎嗒"的态度：他们甚至直言不讳地宣称有些"阿嘎嗒"
方面的材料简直是愚蠢可笑的。甚至就是《塔木德》本身，也可
以从中找到抨击"阿嘎嗒"的几处段落。[③] 然而，更令人们所普遍
接受的是这样的一种观点，即"阿嘎嗒"的地位同"哈拉哈"相
比并不是绝对地次要，而是两者处在不同的层面上，使用了不同
的评判标准，也就需要不同类型的感受性。例如，著名的法律学
家拉比阿基瓦（Rabbi Akiva），在处理"哈拉哈"方面的材料中
那些错综复杂的事物时是如此的才华横溢，但当他笨手笨脚地贸
然踏进"阿嘎嗒"那种更富想象力和直觉性的门槛时，就受到了
严厉的谴责，于是被告知回老家去搞他的日常研究去了（b San.，
67b）。

　　因此，没有必要论证拉比耶希尔在巴黎、纳曼尼德在巴塞罗那、
犹太拉比们在托尔托萨这些论争中由于可靠性方面的考虑而放弃
引用"阿嘎嗒"的内容是否虚伪。基督教的和犹太教的许多学者
都对纳曼尼德对这类材料所表现出的高度重视惊诧不已。例如，
他在有关《圣经》的论著中，表现出对"阿嘎嗒"评注的高度重视。

------

　　[*]　其复数形式是 *Gaonim*，希伯来语的意思是"卓越""荣耀"，系对犹太学院首
脑的一种尊称。7 世纪至 11 世纪期间被广泛用于称呼巴比伦和巴勒斯坦学院才学出众的
学者，而学院院长往往自然拥有这一尊称，所以这一时期亦称加昂时代。11 世纪以后，
随着巴比伦的犹太中心地位的丧失，加昂时代宣告结束，"加昂"一词成为对犹太教中
学问渊博者的一种尊称。——译者

此外，纳曼尼德是"哈拉哈"这种当时在西班牙和普罗旺斯迅速发展的神秘的和神辩的"喀巴拉"的忠实追随者。《佐哈》不久问世，这种据称是体现了犹太教的最深奥真理的教义在"阿嘎嗒"的材料中找到了主要的神灵启示。但是，其最大的弱点在于，恰恰是因为它的深奥，"阿嘎嗒"反而不能被引用来作为严格教义的证据。这就有点像引用一首济慈（Keats）的十四行诗来证明一条几何定理的情形是一样的。在"阿嘎嗒"材料中所能找到的这类真理是诗意的、比拟的和阈下的。它的目的是创造出一种意境，而不是陈述一桩事实。你无法对一个"阿嘎嗒"的段落进行论证，而只能对它做出答复。关于这一点，一个上好的例子就是帕波罗·克里斯蒂亚尼在巴塞罗那论争中所引用的那段"阿嘎嗒"，其大意是说救世主就降生在圣殿被焚毁的当天（Ekhah R, 1: 51）。帕波罗·克里斯蒂亚尼自认为他的引文恰到好处；但在此处，犹太教的传统说法是，犹太人正在企盼的救世主在很早以前就已经降临了，正像基督徒们所相信的一样。对此，纳曼尼德做出了一种理性主义的回答：圣殿被毁的日期并不是耶稣降生的日子；而救世主的降生与他的降临并不是一回事；救世主像玛土撒拉（Methuselah）一样，在他执行他的特别使命以前，可能已经活了一千年或者更长的时间。但是，纳曼尼德这个答复的弱点却是十分明了的，即"我不相信这段'阿嘎嗒'"。他继续解释说，"阿嘎嗒"的其他段落给出了不同的观点，即救世主是直到临近救赎日的时候才降生的；并且他无法相信两个相互矛盾的命题的文字上的真实性，他倒是宁肯接受后一种观点来作为事实，而不反对克里斯蒂亚尼所引用的那段"阿嘎嗒"具有某些非文字上的意义的可能性，亦即"它有着某些从圣哲们的秘密中得来的其他的解释"。一篇"阿嘎嗒"或许是一桩事实，也或许不是；这是一个凭个人的判断来决定是或否的问题。如果有人问纳曼尼德，就他自己认为，其文字上的意思被他否定的那篇"阿嘎嗒"的深奥的意思究竟是什么，他或许会非常情愿地提供一种"喀巴拉"式的解释。如果一字不漏地来考虑，这个故事必定是变化不定的，同时充满了诗意的暗示。所谓心灵感应的说法，不管是圣殿的毁灭，还是救世主的降生，都是由一位流浪的阿拉伯人编造出来的，从而将其阐释为一位犹太农夫耕种时所使用的耕牛的叫声。第一声哞，可以看成标志着圣殿的毁灭，他便告诉农夫解下牛的套具；第二声哞，则标志着救世主的降生，他告诉农夫重新拴上牛的套具。在这里，我们可以发现农耕和游牧截然不同的两种极端——毁灭和再生。在圣殿被毁灭时，沙漠卷土重来，牛的套具被解了下来；但是当救世主降生的时候，农耕的冒险生涯马上又重新开始了。彻底绝望之日，也就是希望产生之时，一旦万物回归到杂乱无章的状态，也就是重新整顿秩序的时候了。无论是根据"喀巴拉"的律法解释，还是按照现代的文学分析，这一故事都有其丰富而完整的意义。在这个故事中，救世主的降生是新的希望的开始，并不是一切事物的结束。犹太人从一个游牧的过去脱胎而出，在最为沉重的危急时刻，从一无所有而获得再生，通过这种最伟大的叙事性和象征性的经济形态表现了出来。46 一种纯文字上的阐释不仅会使这个故事失去诗意，而且也会掩盖了它所包含的真理。

　　如果让我们看一看在这一时期犹太人对于《圣经》所作评注的历史——不管是拉什（Rashi）和拉什巴（Rashbam）的法兰西

学派（参见拉什关于《创世记》3：8 的评注和拉什巴关于《创世记》37：2 的评注），还是伊本·以斯拉（Ibn Ezra）和大卫·基米（David Kimhi）的西班牙语学派，我们都可以发现，在某种意义上来说，这是一场反对"阿嘎嗒"，尤其是反对《米德拉什》中的"阿嘎嗒"的斗争。这些注释者们都在为一个他们被称为"*peshat*"的东西，即"《圣经》原文的字面上的意义"而竭尽心力。这件事的最后结果，是他们促进了深奥的语法研究，其成果后来又被文艺复兴时期的基督教的希伯来语言学家所利用。"阿嘎嗒"的阐释风格（他们称之为"*derush*"）虽然赢得了它自身的合法性，但却被审慎地同原文的那种浅显的、字面上的意义分离开来，因而，它被看成一种补充材料，仅仅作为一种不同层面上的意义而存在。在这里，他们将研究建立在《塔木德》的基本原理之上，"《圣经》中的原文永远不会失去其字面上的意义"（b Shabb., 63a）——然而，众多的符号象征性的、律法式的，甚至简直就是凭空想象的种种阐释都加到里面来了。正如弗兰克·塔尔梅奇（Frank Talmage）曾经指出的那样 [④]，就某些范围来讲，这种亲文字意义的倾向是由于犹太、基督两教之间的论战的需要而引起的，甚至在大卫·基米的早期就已如此。但是，它在犹太教中又有点历久不衰的意味，出于答复那些试图混淆犹太教的评注中所特有的文字上的和象征性的意义之间的区别与对立的基督教的争论对手们的需要，从而被弄成了一种更为明显尖锐的强调。

但是，也并不是说"阿嘎嗒"的段落总被看作是象征性的。在犹太教信徒的内部，即在希望将"阿嘎嗒"材料中属于粗陋的民间传说的成分彻底寓言化从而使之成为索然无味的亚里士多德式

（Aristotelian）或柏拉图式（Platonic）的概念的那一部分信徒和
希望保留其热烈与真实的那一部分信徒之间，也存在着一种冲突。
正是迈蒙尼德的追随者们（他们往往比迈蒙尼德本人的冒险走得
更远）曾试图将"阿嘎嗒"的内容神灵化和概念化［它使人联想
到斐洛（Philo）处理《圣经》时的风格］至一点，这一点引起了
那些虽然年长但却少有哲人态度的学派的代表们的反感。犹大·哈
列维（Judah Halevi），这位黄金时代的最伟大的诗人，就曾抗议说，
绝不能将亚里士多德的"不动的促动者"与"亚伯拉罕（Abraham）、
以撒（Isaac）和雅各（Jacob）的上帝"混为一谈。这一类的抗议
也可以在纳曼尼德的著作之中找到。他曾针对那些寓言作家而为
"阿嘎嗒"中的那些概念如人间的天堂、救世主的盛筵、死者的
复活、邪恶的魂灵的存在等的文字真实性进行辩护。确实，纳曼 47
尼德是一位关键的人物，他一方面要与犹太哲学流派的过分寓言
化相抗衡，另一方面，他又要反对基督徒们那种过分文字化的解释。
就犹太教的外部范畴而言，在那些直接指向哲学流派的抨击中，
同对于那种机械阐释体系的抨击相比，对于象征符号式阐释的抨
击根本就算不上是什么抗议。直接针对基督徒的批评则是对那种
脱离上下文而机械地抓住那些似乎能进一步证实基督教教义的细
枝末节来大做文章的抗议。

　　因此，当犹太教一方在巴黎论争、巴塞罗那论争和托尔托萨
论争中的发言人声明他们并不是非得要接受"阿嘎嗒"叙述中的
文字上的意义的时候，他们根本不是在表示他们对"阿嘎嗒"的
轻蔑，他们也不是在坚持一种连他们自己也并不真正相信的态度。
他们把《塔木德》，包括其中的"阿嘎嗒"方面的内容在内奉若神明，

视为犹太人智慧日积月累的贮藏所，而这种智慧又并不是非要显示在表面上。此外，由于《塔木德》并不是一部具有必然真理的著作，而是由很多有名有姓的犹太拉比的观点组成的，他们互相之间常常无法取得一致，你要是单独地注意《塔木德》每一个指定的观点，则犹太教中根本就没有任何东西是属于异端邪说的东西，假如不是本身彻头彻尾地错了的话，只不过是有点不着边际或是偏执一词罢了（并且这一情形也适用于"哈拉哈"方面的内容，其中，有成千上万种被否定的意见都被记录了下来）。甚至那些偏执的或者被否决的观点也被认为有着某种神圣不可侵犯性，也是值得研究的，也是对于永无止境地探求《摩西五经》中的真理的一项贡献。这就正如基督教一方的对话人帕波罗·克里斯蒂亚尼和戈罗尼莫（Geronimo）所抗议的那样，似乎使得制造借口过分容易了。但是，纳曼尼德的回答是这样的：为了解释"阿嘎嗒"，你必须先理解它的风格，并且你也应该知道它的内容哪些是可信的，哪些是不可信的。基督徒们似乎应该在他们自己与《塔木德》相对应的传统方面对这样一种态度了解得足够透彻才是。这些方面指的是宗教教义和宗教法规神学家的论著。在这些作品中，一种观点在某种意义上可能会被尊崇为权威，即使它被一位甚至更高的权威所否决，或者即使它在某些文字以外的意义上被接受。的确，并不是基督徒们过于愚蠢以至于无法理解文字上的和比喻上的区别，因为他们自己恰恰在那些适合其教义的地方利用了这种区别。例如，在《旧约》中的一些地方，犹太人喜欢一种文字上的解释，而基督徒则乐于一种比喻性的解释（在这方面，只要看看摘录于或改编自犹太 - 古希腊文化评注学家斐洛的著作就可以一目了

48

然了）。

那么，纳曼尼德这位在他当时所处的时代中最伟大的研究《塔木德》的大师，在讨论《塔木德》和《米德拉什》的内容时，几乎毫无疑问地要大大胜过帕波罗·克里斯蒂亚尼了。在他那个所谓犹太时期，后者作为一个研究《塔木德》的学生，根本还没有达到高水平的学术地位，无论怎么说，大不了是想在一件犹太教的乐器上弹奏出一曲不自然的基督教旋律而已。纳曼尼德辩论的技巧是从他广博的知识中引证其他那些与克里斯蒂亚尼所引用的段落相似的段落，以便说明后者的推断结果是令人难以接受的。例如，当克里斯蒂亚尼根据《米德拉什》中把"上帝的灵"这种表达方式解释为救世主而得出《米德拉什》是把救世主看作"灵魂先存的"并具有神性的结论时，纳曼尼德仅仅指出，《米德拉什》在另外的地方曾把这种同样的表达方式解释成指的是亚当；当克里斯蒂亚尼根据《米德拉什》中把救世主置于上帝的右侧来论证救世主的神性时，纳曼尼德就想知道他如何解释《米德拉什》中把亚伯拉罕放在上帝左边的问题。这些便是由于对《米德拉什》中普遍的比喻式风格不甚熟悉而导致的过于文字化的典型例证。

但是，关于犹太教与基督教之间的差异，在这里存在着更为根本的一点。在犹太教中，"阿嘎嗒"是次要的；而在基督教中，"阿嘎嗒"或是相当于"阿嘎嗒"的那些东西则是核心性的。基督教是一个"阿嘎嗒"的宗教。这一差异乃是在论争中缺少和睦气氛和相互理解的根本原因。

在犹太教中，《摩西律法》占据了核心的地位，它规范着所有团体和个体的行为。正是处于这样的一种律法的氛围之中，才导致了对定义和精确性的艰苦探索。在这里，正是这些规范的逻辑学和辩证法方法的发展，才使得人们能够找到它们所带来的种种问题的严格答案。但是，却没有这样的逻辑学和辩证法来解决被基督徒们称为"神学上的"问题（事实上，在希伯来文中并没有"神学"一词）。在这里，犹太人所使用的方法是文学性的、格言性的、比喻性的和直觉性的。在这类事情上并没有真正的论据，因为在这一领域，两个相互矛盾的命题可能都是真的。因此，在这个带有诗意的领域内，说救世主是在圣殿被焚毁的时候降生的，或是说他当时还没有降生，这两种说法都可能是真的。在"阿嘎嗒"的易变之网中，两种叙述可能会同时存在，而不会产生任何在两种观点之间做出决定或者找到一种中庸观点的迫切需要。找到一种解决的办法并不是一件紧迫的事（兴趣使然则又另当别论），因为人的拯救并不是依赖于这个结果。为了从受诅咒的邪恶中拯救一个人的灵魂而必须对其精雕细琢并使之精确之至，世间根本就不存在这样的神学教条。在这类事情上具有一个明确的、严格定义的信仰并不是宗教的义务。

　　在基督教中，情形就大大地不同了。有一个正确的、严格定义的神学上的信仰乃是一件再紧要不过的事情。神学上的宗派之间的战争之所以会发生，可能仅仅是因为圣子的本体与圣父的本体是相似（*homoiousios*，即"同形"）还是同一（*homoousios*，即"同源"）的问题。异端分子可能会把一些神学上的观点视为存亡攸关而激怒万分，而在犹太教中，这些观点可能仅仅被看作一桩个人癖性的事情。另一方面，在犹太教中，某个人可能会由于持有"一个特别的炉灶并不是宗教仪式的一件不纯洁的物品"

这样的观点（或者说得更直接一些，并不是因为持有这样一种观点，而是因为拒绝屈从于一种对此不予认可的那些有权势的犹太拉比的多数人的决定——参见 b Bava Metzi'a，59a）而被施以"绝罚"。在实际事物中，这样的精确性似乎对于基督徒来说是滑稽可笑、有欠神圣的；但是，他们自己对于信念而不是书本的固执坚持却导致了在宗教信仰中的另一种精确性，而对于犹太人来说，这种精确性似乎是同样的滑稽可笑。犹太人或许会对于"在一个节日鸡下了个蛋"的事刨根问底，而基督徒则可能会对圣子本体的问题深研细究。这就是说，人们只会对他们自己认为重要的事情进行过于细致的分析研究：对于犹太人来说，重要的事情是人们如何行动；而对于基督徒来说，则是他们如何信仰。

因此，由于存在着这种观念上的巨大差异，在论争中，基督徒和犹太人发言时常常表现出相互误解、目的相左也就没有什么好惊奇的了。所讨论的许多内容，对基督徒来说或许有着生死攸关的重要性，而对于犹太人来说，可能只是有着表面的意义。总的说来，"阿嘎嗒"本身的情形就是如此。研究"阿嘎嗒"材料的基督徒们常常感到纳闷，他们有时觉得在其中发现了似乎属于宗教的本质的东西，却发现犹太人对他们在一个纯粹"阿嘎嗒"的问题上莫名其妙地神经质，而对于这样一个问题，本来是谁都可以按照自己喜欢的方式来思考的。

关于此一类误解的最佳例证就是关于救世主本身的这个中心议题。在论争进行到某一时刻时，纳曼尼德请求允许他做一番关于救世主问题的特别说明，这一说明的全部的要害就是：救世主对犹太人来说似乎并不像基督徒所想象的那么重要。在这里，纳 50

曼尼德的真诚再一次受到了众多基督教的学者们，甚至某些现代的犹太教学者的怀疑。但是，在这件事情上没有理由怀疑他的真诚，这可以从如下的事实中得到证明：在他为犹太读者群所写的其他作品中曾表达了同样的观点，而这些作品是在没有犹太、基督两教论战的压力之下写成的。确实，这一点在某种程度上来说是显而易见的。关于救世主，基督徒与犹太人之间争论的全部要害所在便是他是否是一位神性人物——换句话来说，这一争论是关于他被认为重要到什么样的程度的问题。如果像基督徒们所认为的那样，救世主是神的话，则他的降临对于每一个人类成员来说无疑是历史长河中重要的和关键的一瞬，算得上是每一位个体个人获得拯救的一个时刻。对于犹太人来说，救世主则有着一种完全不同的意义。为获得拯救而进行的根本的奋斗表现在其他的方面；救世主仅仅是一种报偿，是奋斗获得了成功的一种证明。救世主并没有解决人类的二难推理；恰恰相反，救世主的出现说明，二难推理早已经被解决了。当然，在犹太、基督两教的论战中，救世主的问题必定是讨论的一个核心焦点；但是，那只是因为救世主或基督对于基督徒来说是十分重要的，并不是因为他对犹太人有什么重要性。假如让犹太人向那些非基督教的质询者来解释他们的宗教［例如，犹大·哈列维在《库萨里》中对库萨里（Khazars）的国王所作的解释］，他们就不会从救世主入手并把它作为一种基本的犹太教教义。他们会以其他一些远远重要得多的内容作为开场白，例如以色列人出埃及和在西奈山上与上帝立约。

纳曼尼德关于救世主在犹太教教义中并不具有压倒一切的重要性的主张乃是基于《塔木德》中的观点，它并没有能够证明任何关于救世主的教义上的观点。它在这一主题上所给出的观点，其范围是如此的宽广以至于在犹太教中要坚持一种关于救世主的异端观点几乎是不可能的。结论就是，该教义只不过是展现了一种总体上的愿望，那就是历史正在向着一个和平和正义的时代前进，并且向这一目标的奋进将被证明并非是徒劳的。这种愿望的特点是政治的和社会的，而不是在个体意义上所说的那种"救世论"。中世纪犹太思想家们在是否将关于救世主的教义包括进犹太教的基本原理之中这一问题上虽然意见不一，但还是比较和睦的［迈蒙尼德把它包括在内，而阿尔博（Albo）和克莱斯卡斯（Crescas）没有把它包括在内］。当纳曼尼德告诉詹姆斯国王，对于一个犹太人来说，散居流放的生活或许要比救世主庇护下的生活有着更大的意义时，他并不是沉溺于装腔作势或故弄玄虚，而是为《米西那》中的那句名言所作的注脚。那句名言就是，"今世的一刻忏悔和有益的劳作胜过来世终生"（M. Avot., 3：17），换句话说，为了获得一个更加美好的世界而奋斗，比静待这个世界的到来然后享受它有着更高的精神境界。

事实上，赋予救世主思想以怎样高的层次的重要性这个问题构成了巴塞罗那论争中所讨论的所有问题的基础。例如，它是对基督教中关于原罪教义所进行的极为有趣的辩论的基础。乍一看，这一点似乎是同基督教与犹太教之间神学上的差异风马牛不相及。但是，它却与救世主的地位密切相关，因为只有当人类被认为是处在一种罪孽深重的绝望状态时，才需要一位神性的救世主把人类从那罚入地狱的无穷苦难之中拯救出来。纳曼尼德毫不妥协地坚决主张，在犹太教中，根本就没有原罪的教义；而就基督教而言，亚当的罪孽却由他的后裔继承了下来。他曾说："我并没有继承亚当的原罪，一如我没有继承法老的罪孽一样。"亚当的原罪是他个人的罪孽，并且不存在继承犯罪这种事情。然而，人类作为一个整体继承了亚当原罪的邪恶后果倒是不假，即分娩过程中的费力与痛苦的祸根，这就是根据《圣经》中的叙述所能得出的全部结论。结果就是，人类立于世间，无须因为亚当的原罪去受无尽的地狱之苦而终日提心吊胆，因为这种罪孽已经得到了充分的补偿。所以也就不再需要一位神性的救星把人类从一个魔鬼统治的尘世之中拯救出来。在这里，犹太教的救世主在诸事物的结构中再一次处于一种甚为低下的地位，也就是说，他只是一种报偿而已，并没有什么必要性。

我们可以这样说，帕波罗·克里斯蒂亚尼在此处错过了一个机会，这是因为，尽管纳曼尼德对原罪根本不予承认，但在《塔木德》中确实包含着某种同原罪的教义极为类似的主张。具有讽刺意味的是，这一段落在巴黎论争中曾被尼古拉斯·多尼所引用，但当时并不是作为基督教的原罪教义的一种证据，而是作为《塔木德》内容的猥亵和愚蠢的例证。这里所提及的《塔木德》中存有争议的那个段落（b Av. Zar., 22b）曾断言，夏娃与蛇曾发生过性交；它又称，作为一种后果，有一种"不洁的东西"（*zohama*）污染了人类；它还宣称，自从以色列人的后裔在西奈山上接受了《摩西律法》之后，他们就摆脱了这种污染而变得纯洁起来（有些人把 *zohama* 译作"贪淫好色"而不是"不洁的东西"）。正因为它断言夏娃与蛇之间发生过性交，这一点便作为猥亵的内容而受到攻击；同时，又由于这种所谓的污染仍旧附在那些没有获得《摩西律法》的人们身上，这一点则又作为令人讨厌的内容而受到攻击。关于这一点，如果根据现代的弗洛伊德学说来分析，所看到的就不是猥亵，而是洞察到了伊甸园中所发生的故事隐含的下意识动机。关于第二点，在基督徒们对于把人类分成摆脱了原罪污染的一群和仍然受其侵扰的一群这种划分所表示的愤慨之中，存在着某些嘲讽的成分。这是一种极具基督教特点的划分，只不过是用了一种太过偏激的形式而已；因为正统教会之外的那一群被认为是应当永远打入地狱的。但是，言外之意的真正要害在于，《塔木德》中所表达的这种原罪的思想并不是一种教义。这是一位犹太拉比个人的迷惘念头，并不具有教义上的约束力。这里所说的只是一个"阿嘎嗒"的片断，就这样作为真理的一个侧面融入了犹太教的传统之中。不管是在中世纪还是在现代时期，那些试图根据《塔木德》使得基督教合法化的基督教徒们总是忽视了这样一个事实，即倘若多半的基督教的教义能够在《塔木德》中的某些地方找到的话，则它们也是用一种完全不同的观点来观察时才可以找得到。基督教中那些核心的和基本的思想，在犹太教中则是表面的和无关紧要的，故而，全面的观察分析便可知其意义大相径庭。

在这一点上，首先可举出的例子当然是救世主的教义本身，并且巴塞罗那论争或许最好还是理解为关于救世主思想在基督教和犹太教的地位上的差异的一次研讨。在这次冲突中，另一个十分重要的方面是个非常简单的问题，也就是作为论争开场的那个问题："救世主已经降临，还是他尚未降临？"这不仅仅是一个历史事实的问题，而且是一个哲学态度的问题。

在论争中，纳曼尼德最伟大的时刻之一是他对基督徒的信仰提出了挑战。他们的信仰是：他们是生活在救世主的时代，而基督教世界正是救世主理想的实现，也就是尘世中上帝的王国。"从耶稣时期直到现在，整个世界充满了暴力和掠夺。"然而，根据预言家所说，救世主的降临将会带来一个新的时代，到那时，"他们将把刀剑打造成犁铧……民族之间将再不会互相仇视，兵戎相见，并且他们再也不会去学习战争"。然而基督徒们并没有受到这一论点的多大影响，这是因为，正如帕波罗·克里斯蒂亚尼所解释的那样，由于救世主即耶稣的降临而形成的伟大事物都不是发生在粗鄙可见的、政治的和社会的层面上，而是仅仅限于精神的范围。在人类的知识范围之外的领域，已经出现了许多伟大的事物：地狱被耙平了；在尘世间，拯救的可能性呈现眼前，一个庞大的公共机构即教会组织得以建立起来以加速这种可能性的实现；并且从这个公共机构所显示出的辉煌战果来看，它显然一直受到上帝的护佑。

　　与此相反，对于纳曼尼德来说，所有这些伟大的事件似乎都是未发生的事件。他说，口头上谈论在宇宙中一些无可考证的领域里征服邪恶的势力并不难，但是，当邪恶的势力显然仍在尘世间蔓延猖獗时，这就并不等于做了什么。救世主的降临必定要带来某些看得见的差别才是；而犹太人所依据的所有原文，不管是《圣经》还是《塔木德》，都清楚地论述了救世主的降临将会在看得见的、实实在在的层面上造成许多惊人的差别：以色列人民的赎救，以及一个全世界和平时代的开始。至于说到所谓的一个以罗马教皇为核心、以基督教教会为形式的这样一种上帝王国的实现，纳曼尼德将此视作只不过是一种罗马帝国的强权及其战争和压迫的延续而已。

基督徒们坚决主张救世主已然降临，而犹太人则顽固坚持救世主仍未降临，因此就围绕两种信仰之间差异的一个根本要害问题——"拯救的实质"展开了争论。对于犹太人来说，拯救是一个社会的和政治的概念，牵涉到人类社会作为一个整体的根本改善。简而言之，这里用不着什么救世主时代。而对于基督徒来说，拯救是一件把个体的灵魂从受罚的地狱中解救出来的事情。人类历史并不能成为其灵魂拯救概念的一部分。救世主的作用是把人类从历史之中解救出来。

那么，这里就有了这样一层意思，那就是救世主对于犹太人要比对于基督徒更为重要。因为对于犹太人来说，救世主仍然是一个目标；而对于基督徒来说，救世主早已经出现过了。他们已经用不着非得花费他们的心力来促成他的降临。这种态度表现了某种自鸣得意的味道，这是基督教王国乃是《旧约》预言的实现这一观点中所固有的一种自鸣得意。犹太教仍然是一个救世主的宗教，因为它仍旧不能令人满意，它的关于人类和尘世前景的蓝图仍然只是一种渴望而已。当然，还存在着一个"基督再度降临"的概念，这一点在某种程度上起到了为基督徒设立一个目标的作用。但是，这只不过是基督教胜利的荣誉或象征罢了，被看作早已经完成了的。历史上的主要事件都已经发生了，剩下的情节（尽管这些情节被证明是出人意外地延长了）只不过是结局的筹划而已。

因此，纳曼尼德关于救世主并非犹太教信仰的一个核心内容的论点既是真的，也是不真的。存在一个救世主时代的思想在犹

54

太教中是固有的，这是出于它追求公正与统一的需要。然而，这样的一个时代到底应该采取什么样的形式，依然还没有严格的定义。实际上，大可不必集中在一个具有国王血统的单一的人物身上。确实，不要以为救世主的时代终将会真正出现是一件想当然的事，因为这并不是一个自动的事件，而是像纳曼尼德在其著作《论救赎》中曾雄辩地阐明过的那样，它取决于人类尤其是以色列人是否应该接受它。所以，对于一个犹太人来说，生活的主要目的并不是把他的思想局限于救世主身上或是对他做出任何个人的贡献，而是履行上帝公正的律法，并因此而有助于使这个世界配得上一个救世主的时代。正是由于基督教把救世主吹捧为一个个人狂热崇拜的偶像，才标明了它与犹太教的分离，犹太人将此看作是用象征性取代了实在性。纳曼尼德在论争中的说法就证明了这一点。他曾说，救世主并不是犹太教中的一条"原理"（'iqqar）；他还说，犹太教与基督教之间的差异的关键，是后者在其关于"道成肉身"的教义中对救世主这一角色的夸张，而这一教义对于犹太人来说是完全不能接受的。

　　纳曼尼德对于"道成肉身"教义的抨击是他对论争所作贡献的最为勇敢的标志。他说："你们所信奉的教义，你们的信念的基础，不能为理性所承认，大自然并没有为其提供根据，预言家们也从来没有表达过。"纳曼尼德曾在一封私大信件中告诉国王，唯有终生的灌输才能够诱使一位有理性的人信奉这样的一种教义，即上帝"本身"是从一个凡人的子宫中出生的，生活在尘世间并且被处以死刑，然后又"回到了'他'原来的地方"。这就不可避免地要提出这样一个问题，即纳曼尼德是否在论争中真的说过这种措辞强烈的话呢？果真如此，对于其他出席论争的那些基督教听众来说，这似乎是一种十分露骨的谩骂；不然的话，这是否是一个刻意渲染的例子呢？措辞肯定是非常强烈的，然而它却又避免了最强烈的表达方式。犹太教与基督教之间差异的真正要害与其说是一个信仰的合理性的问题，不如说是一个偶像崇拜的问题，这正是纳曼尼德在此处未直接表达出来的意思。对于犹太人来说，把耶稣崇拜为上帝的化身显然违犯了"第一诫律"。但是，纳曼尼德并没有将关于"道成肉身"的教义指责为偶像崇拜，而只是说它难以理解。说到底，这种谨慎的态度表明，这可能正是纳曼尼德实际表达的意思的一种真正的解释。在这一点上，他自己直接给国王写信这一事实，也是提高这番叙述的可信性的一个细节。正是国王本人用个人的名义对他做出担保，才使得纳曼尼德可以直言无忌，并且不会因出言无状而成为牺牲品。

　　难道纳曼尼德的意思是说，犹太人与基督徒之间争论的关键并非耶稣是不是救世主，而是他是不是上帝？如果是这样的话，就暗示着犹太人对于耶稣是一位具有人性的救世主的观点并不存在根本的异议。归根结底，救世主的运动贯穿着整个犹太教的历史。在犹太人的心目中，信奉某一个人是救世主并不是什么异端邪说，尽管像一系列事件所证实的那样，这种观点后来被证明是大错特错了。甚至那些拒不相信这些事件的人们也会在犹太教的信徒群众的包围之中受到潜移默化的影响。譬如，纵然伊便民派（Ebionites）一直渴望着人类的救世主耶稣的归来，但许多年来，他们仍然被认为是好的犹太人。而那位曾提出国王希西家（Hezekiah）就是救世主这种观点的《塔木德》研究者（也是一位拉比）也并没有被看成是一个异教徒，虽然他的观点被认为是奇谈怪论。故而纳曼尼德的话是正确的。他说，基督徒们认为《圣经》中所预言的救世主已经降临这个如此重要的根本性问题，对于犹太人来说并不是真正地同样重要。而重要之处在于，不管是救世主还是任何其他的人都不能被尊崇为上帝。归根结底一句话，"救世主"这个头衔甚至被犹太人视为并非专属于一个人。大卫王朝的每一位国王都有着"救世主"的头衔。毫无疑问，纳曼尼德的观点就是，总有一天会有那么一位最后的救世主来结束历史和终止一切苦难。但是，在这一观点上，并没有造成空前紧张的局势。他既不是要对这种观点以死相殉，也不是要对历史终结的方式持有某种不同观点的某个人实施"绝罚"。然而，他确实强烈地反对如下这种观点，即最后的救世主已经降临，但他又不是为了要改变这个世界，而只是扮演一个为人崇拜的偶像这样的角色。

关于纳曼尼德《维库阿》的种种不同观点

　　在前面的讨论中，《维库阿》这部纳曼尼德本人所写的关于
56　巴塞罗那论争的记述，一直受到高度重视，被看作是一篇关于犹太、基督两教冲突中那些至关重要的争论焦点的真实而深刻的描写。然而，也必须看到，有些其他的观点并不把《维库阿》评价得如此之高。

　　在评价纳曼尼德所做的记述的价值时，你不得不将其与基督教一方的记述相比较。后者是一个官方文件，它是由多明我会修士们拟就，由阿拉贡的国王詹姆斯本人批准的一个正式的记述，同

时加盖有皇家御玺作为证明。这个文件无论是对于论争的基调还是结论的描写，都大大不同于在纳曼尼德的记述中所看到的内容。根据基督教一方的记述，纳曼尼德彻底地吃了败仗。他不得不在某些问题上保持沉默，还常常因明显的前后相互矛盾而当众出丑，并且出尔反尔，忽而否认又忽而承认，最后在混乱中逃离了现场，而没有遵守自己的承诺，在论争结束之后，再接受一个"小范围"的进一步的询问。

毫无疑问，基督教一方简短而又拙劣地拼凑的文件是对论争的一种歪曲。那些辩论的条目被压缩、混杂成为一个问题，论点的连续性和论题的相关性常常都是晦涩难解的。例如，论争中插入了一场关于"三位一体"的讨论，尽管与文件本身在一开始所规定的论题毫不相关。关于这件事，纳曼尼德的记述是这样解释的：论争本身并没有讨论"三位一体"这个题目，而是在论争之后的第八天，在国王及其宫廷阁僚造访犹太教圣堂时所发生的一次争论中谈到过。基督教一方的文件在没有任何解释的情况下插进了一场关于纳曼尼德就是否拥有自称为"拉比"的权利的讨论。犹太教一方的记述把这场讨论写进了它的文本之中，即：在犹太人中间是否仍然存在任何规则或权限，这是一个个总的问题，与基督教关于《创世记》49：10 中所预言的救世主（"细罗"）降临之日，亦即此类规则在犹太人中结束之时这种主张相关的一个问题。在基督教一方的记述中，凡此种种令人困惑的细节只有参考犹太教一方的记述后才能弄明白，而犹太教一方的记述把这场讨论的内容写成了一篇合乎逻辑而又条理分明的记叙文。同时，在这两种记述中所讨论的《圣经》和《塔木德》的真实标题和段落具有一种显著的一致性，因此，我们显然就有了关于同一个事件的两种泾渭分明的记述：一种是混乱不堪的，另一种则是条理清晰的。

基督教一方的记述中还包含着对纳曼尼德论点的某些明显的错误歪曲，每每以一种幼稚可笑的方式减其锋锐，简而化之。例如，他们把纳曼尼德关于许多"阿嘎嗒"段落的象征性的、非文字化表述的解释说成是："他公开声称，他不相信那些引用来反对他的典据，尽管它们都是源自犹太人的古老而权威的典籍，因为，正如他自己所说，它们都是些布道的内容，那些布道先生出于激励民众的需要，常常是谎话连篇。"仅仅因为纳曼尼德对"以赛亚的受难仆人"在某些《塔木德》的阐释中被当作救世主的说法表示赞同，便被转述为他对基督教中所有事例的一种完全接受。这正是在巴黎论争中曾使用过的技巧：把对任何口头引述正确性的形式上的赞同描述为一种对争论中的段落的基督教式阐释的"供认不讳"。

因此，犹太教一方的记述比基督教一方的记述要更为可取得多了。但是，仍然存在这样的一个问题，即犹太教一方的记述，其可信性到底能达到怎样高的程度。尽管它远远不是像基督教一方的记述那样，充满了赤裸裸的偏袒，但其中可能仍然包含着某些存疑的地方。当基督教学者海因里希·丹尼弗勒（Heinrich Denifle）将基督教一方的记述拥立为真理，而将纳曼尼德［以及犹太历史学家格拉伊茨（Graetz）］指责为说谎者时，犹太教学者伊萨多·罗伊博对他的回答是恰如其分、无可挑剔的。[5] 但是，一旦打赢了争取犹太教一方的记述占据更高的真理地位的战斗，犹太学者们也就把他们的注意力转移到自己一方的记述中可能存在的缺陷上来了。在这一点上，他们也说了某些公正的话，但是，在他们追求痛苦的客观性的过程中，有时也不得不使自己屈从于一种受虐狂的快感。这里存在着一种对客观性的错误的理解，即总是把它看成处在两种极端观点之间的一种中庸。然而，真理往往是离一个极端更近一些，为了获得中庸而有意地进行某种机械的操纵，其结果往往会造成歪曲。

这里需要提到的是三位学者的观点，他们对巴塞罗那论争给予了特别的关注。这三位学者是：伊扎克·贝尔、塞西尔·罗斯和马丁·科恩。

伊扎克·贝尔（Yitzhak Baer）

这位优秀学者的论著对于这一时期的研究来说是不可或缺的。在他的《关于拉比耶希尔的巴黎论争与拉比摩西·本·纳曼的巴塞罗那论争》一文中，他坚持并进一步深化了罗伊博对基督教一方的记述所进行的批判，但在同时他也针对犹太教一方的记述提出了一些探索性的问题。当他分析纳曼尼德把自己对所引用的《圣经》和《塔木德》原文的答词写成了一篇精确的记述时，他对这个人是否曾说过那些讽刺而大胆的攻击性言词产生了怀疑。他还提出怀疑，对于救世主在犹太教中的相对不重要这个问题，这个人是不是真的做过如此冗长和如此自由的发言。在文章的末尾，他甚至对纳曼尼德关于论争之后八天在犹太圣堂内所发生的关于"三位一体"的争论的记述表示了更为强烈的怀疑。贝尔认为，纳曼尼德的论据能够使那么一大群基督教学者，甚至包括著名学者雷

58

蒙德·德·皮纳福特在内都无言以对，这件事实在是难以置信的。

　　贝尔还认为，纳曼尼德过分地夸大了他自己在制定有关论争的日程安排中的作用。他怎么可能在一开始的时候提议主要的论题应当是救世主，而后来又坚持救世主对于犹太教来说并不是十分重要的呢？贝尔指出，恰恰相反，救世主的论题和论战所采取的方式（通过考证《塔木德》和《米德拉什》中的段落来进行）对于纳曼尼德来说是迫不得已的，他本来真正想要讨论的是那些更为一般的、哲学上的题目，并且他也一直想方设法试图改变讨论的方向，但没能成功，因而不得不按照人家的意志来进行。然而，基督徒们拒绝对任何会"把基督教信仰中的必然性的内容引入争辩之中"的题目进行讨论，严格地把讨论的内容限制在犹太文献中的所谓有利于基督教一方的证据上。然而，贝尔论证指出，纳曼尼德的记述给人一种犹太教与基督教之间在宽广的范围内就十分繁多的不相一致的哲学问题展开大论战的印象。尤其是，他篡改了议程中的最后一个论题（基督教一方记述中的第四条，也就是犹太教一方记述中的第三条）。在基督教一方的记述中，关于这一论题的正确叙述是这样的："礼仪上的法律被废止了，随着救世主的降临，不得不如此"；而纳曼尼德对此却做了错误的表述："奉行真正宗教的，不是犹太人，就是基督徒。"尽管罗伊博觉得这些程式化的表述并没有多少差别，但是，贝尔却认为它们大不相同。基督教一方的叙述更倾向于将其限制在讨论的范围之内，并且是可以通过引用"阿嘎嗒"段落的方式（就如我们在雷蒙德·马蒂尼的《信念之剑》中所看到的那样）进行讨论的，是为了说明礼仪习俗方面的律法会随着救世主的降临而废止。此外，贝尔论证指出，纳曼尼德给人的感觉是，议程上的最后这一条实际上已经包括在论争的范围之内，然而事实上它却从来也没有被涉及，因为当时国王由于公众动乱的危险而决定终止这场论争。

贝尔进一步论证指出，纳曼尼德在论争中所使用的某些论据并不是完全诚实的。他在提到"阿嘎嗒"时要比他心中真正所感更欠尊重，因为在事实上，正像我们从他的其他著作中所看到的那样，他把它看成是充满了深奥含义的。总起来说，他对基督教采取了一种理性主义的态度，但他对犹太教所持的态度却远远不是这样。贝尔尤其对纳曼尼德关于"三位一体"的那句话，即"显而易见，一个人不可能相信他所不知道的东西"表示疑惑不解。贝尔评论说："难道纳曼尼德的所有学说，从头到尾都与这句话不相矛盾？" 59

贝尔甚至提出，附于《维库阿》开头的那段《塔木德》中的引文（内容是关于耶稣那些门徒在一场用意双关、插科打诨的对话中被驳斥的事）是纳曼尼德故意放在那里的，用以暗示他的犹太读者们，要他们不必对他在基督、犹太两教争端中被迫使用的某些论据过于当真。

因此，贝尔得出结论，虽然《维库阿》在研究论争历史事实方面，是一篇比基督教一方的记述要好得多的指南，但在现代的意义上来说，它仍然像基督教一方的记述一样，只不过是一种宣传品，而不是一部对于事实的记述。它过分夸大了讨论的范围和纳曼尼德在选择辩论题目时所拥有的行动上自由的程度。此外，即使有些内容记录无误，辩论也并非始终代表他的真实思想，而是一种伪装，在某种程度上，只是一种根据当时的场合所采取的伪装而已。

因此，贝尔之所以同伊萨多·罗伊博发生争论，其目的无非是为纳曼尼德所作记述的真实性完全不加批判地进行辩护，同时，也是考虑到对某些讨论的要点不必过于认真。

　　看起来，贝尔似乎是进行了一番均衡的、客观的描述，称得上是一位真正的、科学的历史学家。然而，他的某些论点具有非常令人怀疑的成分。纳曼尼德在论争中确实说过某些尖锐而又大胆的话，这一点已经为灾难性的后果所证实。当他那本关于论争的记述出版［是应杰罗那的主教（Bishop of Gerona）的请求而写成的］以后，纳曼尼德由于发表了"亵渎神明的言词"而受到多明我会修士们的追捕。目前尚存的一份詹姆斯一世的特许证书，是于 1265 年 4 月 12 日在巴塞罗那签发的。在这份特许证书中，国王叙述了他是如何受理多明我会修士们的这次控告的。当时，纳曼尼德［当时称作波纳斯特拉格·德·波塔（Bonastrug de Porta）⑥］受到传唤，面对着国王和一个基督教教士组成的法庭回答对他的指控。他回答说，在他与帕波罗［即保卢斯（Paulus）］的论争中，国王本人允准他可以说"他想说的任何东西"。至于说到该书的编纂，纳曼尼德抗辩说，他仅仅是应那位杰罗那的主教的请求写成的而已。不过，正是由于该书的编纂，国王才对他宣布了两年流放这样宽宏大量的判决。对那些多明我会修士们来说，这是一个绝不会满意的判决。重要之处在于，在针对这一事件的指控中并没有出现对辩论的任何歪曲。他们并没有指称纳曼尼德把他在论争时未曾发表过的"亵渎神明的言词"加进了他的记述之中。恰恰相反，诉状清晰地陈述了那些在论争中和在记述里都曾出现过的同样的"亵渎神明的言词"： *quod in Domini nostri vituperium et tocius fedei catholice dixerat quedem verba et etiam de eisdem librum facerat*

（面对我们的主和整个公教信仰的指责，他说了那些话，甚至编成了那一部书）。只是到了后来（1266 年），当那些仍在追捕纳曼尼德的多明我会修士们把教皇也牵扯到这一事件之中后，"说谎"的指控才首次传扬开来。尽管此时的所谓"谎言"到底是针对论争中那些事件说的，还是存在于当时论争中所陈述的那些主张之中，而后又在记述中予以重复，这都是不清楚的。

因此，贝尔似乎并没有充分地考虑到纳曼尼德在论争中所用言词的挑衅性的特点。假如他在回答某些有关"阿嘎嗒"段落的问题上或多或少地受到限制，而没能从基督教的缺陷着手进行演讲的话，那么，他何以会受到"亵渎神明"的指控，就是难以理解的了。此外，多亏国王的那纸特许证书，对纳曼尼德关于他被国王授予特别的许可而自由发言的陈述给予了完全的确认，否则的话，当时的情形必定会受到那些细心的历史学家们的极大怀疑。

至于说到贝尔所指称的那个"前后矛盾"，即纳曼尼德一开始选择救世主作为辩论的主题，而后来又主张救世主并非是犹太教中的一个基本要素这个矛盾，就贝尔而言，这个"矛盾"只不过是一种思想上的混乱罢了。救世主理应是论争的中心论题，因为他在基督教中是极为重要的，尽管他在犹太教中并不是那么重要。不妨打这样一个比方，设若我们建立了一个以逾越节吃"无酵饼"（matzah）*这种犹太教风俗为思想核心的新宗教，设若这个新宗教的追随者们声称在《塔木德》中含有支持这种专属于"无酵饼"

---

*　犹太食品，是一种由面粉制成、未经发酵的饼。根据犹太习俗，犹太人在逾越节期间不得保留和食用面包及一切发酵过的食品。——译者

的无可比拟的重要性及其在宗教中的核心地位的证据，那么，在犹太人和新宗教的追随者之间如果发生一场论争的话，则必定是关于"无酵饼"的，而不会是任何别的什么东西，尽管犹太人必然会抗议说，"无酵饼"对于他们来说乃是一个相对不重要的概念。毋庸置疑，辩论的内容应该是精确地集中在这样的一个问题上，即"'无酵饼'到底重要到怎样的程度？"——恰如巴塞罗那论争主要是集中在这样的一个问题上，即"救世主究竟重要到怎样的程度？"在这个浅显的问题上过分花费精力似乎是没有什么必要的，假如不是其他的学者们一再重复贝尔的思想混乱的话。

61

所以，在受托为论争提出一个日程表的情况下，即使纳曼尼德并不把救世主看作是犹太教中的基本内容，他选择救世主这样的主题也是完全可能的。不然的话，要想找到一个双方共同感兴趣的主题来讨论几乎是不可能的。因为这个主题毕竟是犹太教的一个方面，而基督徒们对于这个方面又是最为关切的，并且他们还把它作为其宗教的核心内容。然而，值得一提的是，纳曼尼德并没有说是他独自一人选择了这个议题，而是取得了双方的一致同意。纳曼尼德说由他来制定讨论的主题，只不过是指应当讨论那些具有极端重要性的议题而已；从这一点来推测，他的意思无非是说，那些宗教实践中的一般性问题，如法定的安息日和节日，或是禁吃食物的问题等，都应该排除在讨论的范围之外。说纳曼尼德在选择日程表上拥有一定的决定权似乎不一定是不可能的。至于说到犹太教一方的记述与基督教一方的记述（基督教一方的记述称日程表是由帕波罗·克里斯蒂亚尼制定的）之间在这一点上存在的差异，尽管丹尼弗勒对此大讲特讲，但正如罗伊博所说，

它似乎并不值得讨论（但是，贝尔不同意这一说法，他认为，在
选择这样一个议程的问题上，不管是所谓过高地估计纳曼尼德的
作用，还是所谓他做出这种选择的不可能性，这两个方面都有着
十分重要的意义）。

　　尤为重要的是，贝尔坚持认为纳曼尼德隐瞒了自己的真实观
点，或者说是"没有显露出他的全部心迹"。关于这一点，在巴黎
论争中肯定存在着这方面的迹象，当时，很难相信拉比耶希尔真
的会认为在《塔木德》中没有任何地方提及过基督教的耶稣。然而，
那时还有更多的至关重要的事。当数车的《塔木德》卷册准备付
之一炬的时候，你怎么忍心对拉比耶希尔的这点巧妙掩饰予以谴
责呢？期望所有关于《塔木德》的文献都完全没有对基督教含有
敌意的言词（特别是正当基督教的文献充斥着对犹太人和犹太教
的谩骂的时候）是一种不合理的要求。所以他对此根本不必要作
出一种完全真诚的回答。但是，在巴塞罗那论争时，并不存在这
样的压力，不存在任何东西阻止纳曼尼德说出他的心中真正所想。
例如，他不说"阿嘎嗒"方面的材料不具有权威性，而只是对论
争时出现的对每一段个别的"阿嘎嗒"的阐释逐一进行论辩。事
实上，他的的确确使用了这种战术，他说的"阿嘎嗒"并不具有
权威性就是如此。对于每一个辩例，他都是提出两种可供选择的
论证：（1）我不接受这段"阿嘎嗒"文字上的真实性；（2）即 62
使有谁要把它看成文字上是真实的，也不能证明你所说的就能证
明它。不管是哪一个辩例，论据（2）总会是一种充分的回答。那
么，如果他不认为它既真实又重要的话，为什么他又使用了论据
（1）呢？

真实的情形是，纳曼尼德对于"阿嘎嗒"内容的次要性和非权威性的性质，在表达上要比他面对一群犹太听众时多少有点儿更直截了当一些。不过，这并不是蓄意掩饰，而是为了适合他的听众的理解能力，因为你不能期望他们能理解犹太人对于"阿嘎嗒"所持态度的全部的精妙之处。对一群未受教育的听众来进行解释，大谈特谈什么在犹太人的心目中，"阿嘎嗒"既被贬低又受吹捧，什么它被认为没有任何实际的重要性，然而它却是在犹太教中所能找到最深奥的真理的思想库等这一大套玩意儿，是一件很困难的事。天主教的教义最好的阐释到底是来源于何处呢？是源于阿奎那（Aquinas）的《神学大全》（*Summa*），还是得自但丁（Dante）的《神曲》（*Divine Comedy*）呢？显然不是来自诗行词句之间，尽管它也许包含了一种比《神学大全》更为深奥的对天主教教义的论述。对于纳曼尼德来说，"阿嘎嗒"是适于个人沉思冥想的一个焦点，是打开神秘玄义的一把钥匙，但是，它却不是某种可以在论争中供引用的东西。试图用这种方式来使用它就是错误地理解了它的本质，因而，想对他的基督教听众来灌输这些东西是徒劳无益的。

贝尔抱怨罗伊博对中世纪的论争者们过于苛刻了，因为按照现代的科学心理去纵观整个辩论过程，就会发现它是处于一种非常幼稚的水平。然而，不幸的是，贝尔也受到了这种看法的感染。他没有能够意识到纳曼尼德所持见解中的辩证法的特点。贝尔在涉及"阿嘎嗒"内容时所使用的"非此即彼"的方法，在他分析纳曼尼德的"唯理论"时又出现了。纳曼尼德或者是一个理性主义者（像他在论争中所"自命"的那样），或者他就是一个神秘主义者。贝尔忽视了两者兼而有之的可能性。

犹太人为他们的信仰有着较高的理性而自鸣得意，这在犹太、基督两教争端中是一件再平常不过的事。这种论调在每一部犹太教辩论家的文献中都可以找得到。当纳曼尼德批判基督教的不合理性时，他并不是故作某种姿态，而是紧步萨阿迪亚（Sa'adiah）、迈蒙尼德、犹大·哈列维、大卫·基米以及其他许多人的后尘而已。然而，这些思想家中没有一位会坚决主张犹太教中的任何事物都能用理性来证明是正确的。他们的真正主张是：在犹太教中，没有一件事物是能够用理性来驳倒的，并且在犹太教中根本不存在不合逻辑或矛盾的地方。另一方面，他们坚决主张，基督教的教义确实包含有这种不合逻辑和荒谬的东西，在关于"三位一体" 63 和"道成肉身"的教义中尤其如此。在这些教义里，一个命题往往被表述成是相互矛盾的，有的地方甚至连一些算术定律也加以嘲弄。贝尔把纳曼尼德描绘成"他用的所有的手段不外乎信仰"，而忽视了他的个性中理性主义的一面：他关于《塔木德》的作品的强烈的逻辑性，他对迈蒙尼德的研究，可以肯定地说，他批判过他（迈蒙尼德），但也从他那里学到了许多东西。纳曼尼德甚至坚持认为，相信犹太教中包含着众多超出人类理性范围之外的成分是一件合理的事情：为什么上帝的启示用纯粹人类的术语就可以完全理解呢？虽然人类的理性总是受到一定的限制，不过这毕竟是上帝赐予的一件礼物，带有上帝自己所具有的那种理性的性质。所以，对于人类理性来说，在它能透彻理解的某些事物上犯错误是不可能的，譬如那些逻辑学的基本规则，所以，离开了这些规则，任何陈述都无法靠神授的灵感来产生。纳曼尼德对于理性的偏爱，在他写成的所有文字中，甚至包括他关于神秘主义的作品在内，都是显而易见的。在论争中，他对理性的热情激昂的坚持，和他对建立于非理性基础之上的"道成肉身"教义的抨击，都是与他的总的观点完全一致的。[⑦]

至于说到他的表述，也就是那句令贝尔大惊小怪的话——"一个人不可能相信他所不知道的东西"——则必须拿到论据的上下文中来看。当时，纳曼尼德刚好批判了"三位一体"的教义，说它包含了逻辑上的谬误，这时有人告诉他说，甚至天使也难以理解"三位一体"。在这样的一种情况下，纳曼尼德说，天使不会相信"三位一体"这种东西。谁都不会相信在逻辑上能够被驳倒的东西。纳曼尼德的意思并不是说逻辑是我们唯一的知识之源。他相信，知识可以通过道听途说，或是通过启示的方式，或者有时甚至可以通过直接的神秘体验而获得。当然，这种道听途说指的是那种可靠的道听途说，是由传播内容的神性根源作为证据所证实的。但是，所有这些获得知识的方法都有各自评判的标准。按照自己的标准，谁都有权利说"我知道"。假如这种标准还没有达到，他就不能说"我知道"，故而他也不能说"我相信"。贝尔硬把"相信"这样一个现代的定义非历史地加之于纳曼尼德，因而使得它比"知识"更加苍白无力。对于纳曼尼德来说，"相信"意味着一个人坚定地坚持、忠诚地拥护某种东西，而他知道这个东西是真实的。

为力求做到所谓"客观"，贝尔甚至对丹尼弗勒与纳曼尼德在犹太教圣堂内关于"三位一体"的辩论的记述所进行的诋毁表示支持。贝尔写道："丹尼弗勒在涉及'三位一体'的教义以及他在经院哲学家的著作中所找到的关于这种教义的阐释这类事情上毕竟是靠得住的；他评价认为，纳曼尼德在这种问题上的论据完全是'一派胡言'（*unverstand*）。"实际上，丹尼弗勒所作的批判是这样的："纳曼尼德写道，他提出反对基督教'三位一体'的教义是建立在一种'四位一体'的必要性之上的，这个'四位一体'就是'上帝、智慧、意志、力量'（*deus, sapientia, voluntas, potentia*）。后面的三位乃是偶然的品质。对于这种胡说八道，他所得到的唯一答案就是，'三位一体'是最为神秘的事物，它甚至远远超越了天使的理解能力。犹太人回答说，没有人会相信他所不知道的东西，难道这也错了吗？因此，天使们也不会相信'三位一体'这种玩意儿。根据纳曼尼德的记述，在这样的一种孩子气的回答之后，所有的出席者是如此困惑不已，以至于没有人再说一句话。"

这是对纳曼尼德论据的一种彻头彻尾的滑稽模仿，事实上，这个论据是不好反驳的。在犹太人的圣堂内，雷蒙德·德·皮纳福特曾论证指出，"三位一体"可以从智慧、意志和力量的属性方面来理解。对此，纳曼尼德予以有力的回击。他说，任何试图从属性方面来理解"三位一体"的想法都是注定行不通的，因为这将会破坏"三位一体"中三位人物的独立性而将之视为具有多种属性的一个人。纳曼尼德继续说，并且，即使你可能看不透这一点，那么，为什么一个人会仅限于有三种属性？为什么只有智慧、意志和力量这三种可以被看作是上帝的重要属性的候选属性呢？如果我们能有一个具有多种属性的"三位一体"，则我们就能同样容易地拥有一个"四位一体"，只是加上一种"本体"（substance）的属性就行了。（在这里，丹尼弗勒误解了纳曼尼德而使用了"*deus*"

这个词，作为一种对纳曼尼德所提出的第四种属性的译意。纳曼尼德说的是一个短句，即 *davar she-hu'eloah*，意思是"一个神性的本体"。）为什么不再加上"生命"这种属性来进一步造出一个"五位一体"呢？毫无疑问，"生命"对于上帝来说，恰如智慧一样地不可缺少。⑧事实上，纳曼尼德通过他的两个论据来反驳以属性为根据的关于"三位一体"的理论，他论证指出，依此理论，不管是"三位一体"的独立性还是其三重性，都是无法保持的。这两个论据一经出现，那些基督教作者们也强烈主张以此来反对这种属性的理论。因此，丹尼弗勒指称纳曼尼德的论据是胡说八道和孩子气，实在是离题太远了。

丹尼弗勒还认为，纳曼尼德把智慧、意志和力量这三种神的属性看成了"偶然的品质"，这也是对他的一种误解。恰恰相反，65 纳曼尼德非常清楚地说过，"就造物主而言，智慧并不是一种偶然的品质"。纳曼尼德对此做了精辟的论证，他说，正因为智慧、意志和力量并非是偶然的性质，而是基本的属性，所以，它们才不能与上帝自身的存在分开而将其加在相互分离的人物身上。他继续论证指出，退一步说，假如它们确是偶然的性质，那么根据想象，它们便可以从它们本质上所属于的那个存在中分离出来，这就会使它们成为太过短暂和短命的品质，以至于无法提升到神性人格的地位。（国王的论证显得要比皮纳福特更不内行，他将其比拟为酒及其所具有的颜色、味道和气味的性质，从而把自己置于不值一驳的境地。）

当然，皮纳福特在这一点上并不是没有据理一辩的可能性。他完全可以这样回答：根据上帝的智慧、意志和力量而得出论点并不是要作为"三位一体"的一种证据，而仅仅是作为一种不完整的类比，用以说明统一性存在于多样性之中是完全可能的。这种灵魂之能力的类比，奥古斯丁和其他的神学家们早就曾经使用过，并且还总是伴随着一个提醒，即这种类比是不完整的。诸如此类的种种类比无非是想说明"三位一体"的教义并非是荒谬的，因为人类灵魂通过类比显示，个性乃是一种与多样性中的统一性这个悖论纠缠在一起的神秘现象。因此，关于属性的论证基本上是一种辩护性的论证，并不是为了劝使任何人相信"三位一体"教义的真实性或逻辑上的必要性，而只是为了对它进行辩护，以免被指控为缺乏逻辑和荒谬不经。

但是，重要的是应该注意到，与丹尼弗勒的看法正好相反，在其记述中，纳曼尼德并未大言不惭地声称，他曾在犹太人圣堂里发生关于"三位一体"的争论时把他的基督教对手们弄得哑口无言。他说，是帕波罗·克里斯蒂亚尼的同伙"让他保持沉默"的。换句话说，克里斯蒂亚尼非常愿意继续进行辩论，但被他的"同伙"劝服而没有这样做（这些同伙就包括雷蒙德·德·皮纳福特在内）。到底他们为什么决定不再继续进行辩论，这是一件值得推敲的事情；正如纳曼尼德已经弄清楚的那样，这绝不会是"不想再说什么了"的意思。在他的记述中，纳曼尼德只在一个地方说过，他的对手被弄得哑口无言，而这个场合恰好就是在帕波罗被引用迈蒙尼德的一段他无法找到的引语（可参见第 133 页）这个问题弄得困窘不堪的时候。事实上，纳曼尼德的记述是独树一帜的一篇记述，一扫在这类记述中通常有的那种胜利之后的夸夸其谈。所以，丹尼弗勒武断地认为，"*Auf seine blödesten Entgegnunge Lässt*

Nachmani den Gegner Christiani verstummen" ［纳曼尼德曾一再声称他驳得他的对手（克里斯蒂亚尼）哑口无言］，这一点是毫无根据的。

因此，贝尔对纳曼尼德关于论争的记述试图作出一种"平衡的"评判的想法是一种严重的误入歧途。他低估了纳曼尼德的忠诚和智力。虽然不得不承认，纳曼尼德在记述中没有表达出他关于"阿嘎嗒"的全部思想，这只是因为对他来说，有必要使问题简单化从而使一群非犹太教听众可以理解他的思想。在纳曼尼德关于"三位一体"的论据这个问题上，贝尔实在是过于胸有成竹了，以至于无法接受这就是丹尼弗勒的"那个强有力的要点"。至于贝尔提出，纳曼尼德在其记述的开头写进了《塔木德》中的一段引语，是为了暗示人们不要把他的论证完全当真，对于这种看法，在后面的内容中将给出《塔木德》中的引语本来并不是属于纳曼尼德原作的一部分这一观点的理由（见第 97~101 页）。

塞西尔·罗斯（Cecil Roth）

塞西尔·罗斯关于巴塞罗那论争的文章也同样竭力回避争吵以及与犹太、基督两教之间论战的气氛的话题，而这种气氛却正是海因里希·丹尼弗勒和伊萨多·罗伊博文章的特色。罗斯因而采取了一种不带情感的腔调，并且力求在纳曼尼德与帕波罗·克里斯蒂亚尼（或者像他那样称之为帕波罗·克里斯蒂亚[9]）之间保持着相当不偏不倚的敬意。不过，他评论说，"从人性的和文学的观点来看，希伯来文的文件是大大地优于与之相对应的拉丁文文件"。他把纳曼尼德关于论争的记述称为"一份人性化的文件；

其中偶尔闪现的幽默，加上超乎寻常的勇气，以及时隐时现的引
人注目的个性，使得它生机益然"。然而，他还得出结论说："仅
仅根据成功或失败来推断争论的结果是不可能的。两个对手是根
据完全不同的前提来构思的，并且就像是影子战，虽然结果是双
方东倒西歪，但这只是幻象，实际上并没有真打。这是因为，关
于《圣经》中诸多文句的适用性和《塔木德》中种种传说的重要
性的讨论并未影响两种信仰中任何一个的合法性。"

　　然而，为力求做到不偏不倚，罗斯有时反而歪曲了争论的主
题。例如，在论争一开始的时候，由于帕波罗·克里斯蒂亚尼宣称，
他要根据《塔木德》来证明基督教的真理性，纳曼尼德当时质问
他：如果编纂《塔木德》的拉比们是基督教真理的证人的话，那么，
他们为什么仍然是犹太人呢？这是对帕波罗·克里斯蒂亚尼整个 67
辩论方式的一种根本性的反驳，并且还要求他做出答复（毫无疑
问，这个答复自然由某位能够在《塔木德》的修订过程中营造出
双层理论的人物所提供）。然而，帕波罗只能回答说，"这些冗
长的陈述无非是为了在论争中投机取巧"。罗斯发现，口气冗长"似
乎确确实实是犹太拉比们的失败"——这一评语后来得到了进一
步加强，他说，纳曼尼德"似乎始终沉溺于一种啰里啰唆，这对
论争本身并没有什么好处"。这就不是不偏不倚，而是又偏又倚了。
帕波罗·克里斯蒂亚的这种奚落的话，是出于他没有能力做出一
种有针对性的理智回答，但看起来似乎真的是一个合理的论据。
实际上，啰里啰唆并不是纳曼尼德的错。在他的所有的文献中，
包括他的《维库阿》在内，对论点的阐述一向以简明扼要而为人
称道。在他关于"哈拉哈"的作品中，他的简洁倒成了一个笑谈，

并因而使得有人专门编写阐释其方法学的著作。[10] 说实话，这只不过是因为他所记录的自己在论争中的言论比他的对手们的言论更为详细一些罢了，故而相比之下，有时便显得帕波罗看起来好像更加简明扼要一些。在记录一场自己参与过的争论时，这是一种自然的，并且是一种不可避免的倾向。

在纳曼尼德坚持救世主在犹太教中的次要地位与他选择救世主这个题目作为论争的中心议题之间的所谓矛盾这个问题上，罗斯同贝尔一样，犯了那种混淆的错误。他紧步贝尔的后尘，也怀疑纳曼尼德是否在讨论关于"三位一体"这个问题时曾成功地反驳了那些声名卓著的学究们。他认为，那些学究们的更具说服力的论据肯定是纳曼尼德从记述中删去了。

总的来说，罗斯给出了论战过程的一个完整的梗概（有几处重新整理的地方尚存疑问），但是却削弱了戏剧性的痛击和惊人的见解力所产生的效果。对他来说，在犹太教同基督教之间根本就不存在真正的冲突，仅仅是一场影子战而已。

同时，从罗斯如下的评论中可以发现一些颇有意思的东西：

指望从这些产生于七个世纪之前的记录中找到一个真实性的标准是荒谬的，在今天同样的情况下，它也是难得一见甚或（可能是）难以证明的。因此，毫无疑问，在某种程度上，每一位作者所记录的都不只是所说的那些东西，而且还有他想说而未说的那些东西；一种或许根本就没有人注意的嘟嘟哝哝的巧辩常常被描绘为成功地证明了一个论点，而由于没有听清或是由于认为不重要而对某个问题无法置答却被解释成被驳得哑口无言。

然而，在谁赢得了巴塞罗那论争这个悬而未决的问题上，我们需要说的是：从任何未加演义的意义上来讲，纳曼尼德从来没有声称过自己赢了。他给人们的印象是，一个人徒劳地试图将论争转向那些对于他的对手们来说最为难以理解的概念上，而他的对手们必定不会接受失败，甚至不能容忍任何对他们所持观点的信心上的贬低。纳曼尼德肯定曾声称在其论据优于对方的意义上获得了胜利，但这只是一个留待后世评判的问题。只有在基督教一方的记述中，我们才能找到他们声称自己一方获得了显而易见的、决定性的胜利，而犹太教的那位出席者被驳得哑口无言，并且使得自己的宗教狂同伙们大丢其脸等诸如此类的词句。认为任何一方都没能说服另一方，这种说法其实是一种不真实的妄断。然而根据传言，则完全是另一回事儿，正如罗斯想说而未说的那样，实际上是任何一方都不比另一方更令人信服。说到底，若说这位当时最伟大的《塔木德》研究者不能在一个有关《塔木德》的问题上提出令人信服的论据，反而是一件非常奇怪的事。纳曼尼德（除了当时他关于"三位一体"的言论之外）都是在他自己所熟悉的范围之内，并且这个范围也在他的对手们所选择的议题的领域中拥有绝对的优势。

马丁·科恩（Martin A. Cohen）

在一篇文章中，马丁·科恩对纳曼尼德关于论争的记述进行了更为强烈的抨击。同他所说的基督教备忘录中那种"简明扼要、冷若冰霜的语言"相反，他高度赞扬了该记述文字上的优美，但却认为，我们应当提高警惕，不要把犹太教一方的记述视为可靠的东西而盲目接受："对于纳曼尼德的记述的读者们来讲，与基督教版本中的那种平淡无奇和简短精练（原文如此）的表达手法恰恰相反，他们所面临的唯一的危险就是他在叙述中的那种令人眼花缭乱的写实主义，这使得他们看不到其中的诸多缺陷，并且妨碍他们谨慎地利用这个底本来重构……当时的那些事件。"

　　科恩论证指出，纳曼尼德实际上在论争中失败了。通过对纳曼尼德所作记述的字里行间仔细研读，同时在某些要点上用基督教一方的记述对它进行补遗之后，科恩做出结论，纳曼尼德在谋略上被帕波罗·克里斯蒂亚尼挫败了，因为后者对纳曼尼德本人的著作和观点都曾做过一番仔细的研究，因此有针对性地选择了自己的论据。帕波罗·克里斯蒂亚尼（科恩称他为保罗·克里斯蒂安）十分清楚，纳曼尼德主要是对发生在 13 世纪 30 年代的关于迈蒙尼德的大论战中的反迈蒙尼德主义者们表示同情，并且他还是一位利用"阿嘎嗒"文献作为其神学诡辩体系的基础的反理性主义者和神秘主义者。因此，帕波罗在面对"阿嘎嗒"材料中那些能够证实救世主作为一种超自然的存在并且同时作为早已存在的个体等这些基督教的观念的段落时，他要比纳曼尼德处于更为有利的地位。只是在不得不用"绝望的一步棋"的情况下，纳曼尼德才拒绝承认"阿嘎嗒"内容的权威性，并且自命为一个理性主义者。

　　科恩论证指出，纳曼尼德在论争日程的问题上没有发表任何意见，而是由多明我会修士们根据他们自己的目的而精心安排的。

纳曼尼德几乎没有任何妄动心思的自由，并且根本不允许他有采取攻势的机会。为了针对纳曼尼德而把议程安排得很紧，并且处心积虑地选择那些会使他陷于不利地位的论题，多明我会的修士们有把握使得纳曼尼德被"击败"。此外，科恩发现，由于这些因素，纳曼尼德常常因前后混淆和相互矛盾，以及拒绝承认自己曾表明的观点，而被人抓住把柄。

尔后，科恩又分析了这样的一个历史性问题，即多明我会修士们何以会得到国王的批准与合作而发动这场论争。他的结论是，国王当时是在利用正在上升的多明我会的势力来抵制高层贵族阶级施加在他身上的压力，因为在当时，他同这一阶层几乎濒临内战的边缘。通过一场针对犹太人的论争，由多明我会修士们来精心筹划这样一个胜利，无疑会对他的这种政治目的有所助益。因为这样可以提高多明我会修士们的威望，从而使他们成为国王的更为强有力的同盟者。纳曼尼德本人在某种意义上参与了这一阴谋，因为他自己非常清楚，事件的整个过程都已经为基督教一方的获胜一步一步地做好了安排，而他的参加只是为了帮助国王，因为国王曾承诺将以保护其王国中的犹太人的利益作为回报。那些犹太人自然不会过分在意基督教一方的胜利，因为他们知道，在这种不公平的条件下，他们的拉比是不得不参加的，因而纳曼尼德才会为了他自己的这个社会群体的未来幸福而甘愿忍受个人的羞辱。对于在论争过程中所发生的力图早日结束议程的那件事，科恩的解释是：这是由于贵族阶层和高级教士们警惕着多明我会势力和威望的提高（假如允许论争有一个成功的结局的话）。虽然科恩承认这种情节设计在某些方面证据不够充分，但他认为，

70

他的这种理论就论争的根源和过程来说，比原先的种种分析要更讲得通一些。原先的分析都把论争看成仅仅是一种辩证法的操作，而忽视了政治上的来龙去脉，并且只是看到《维库阿》作为一篇犹太教一方获得胜利的记录这种表面上的价值。

科恩的文章中指称纳曼尼德在论据上前后混淆和相互矛盾的那一部分内容可以有把握地予以否弃。所谓的前后混淆与相互矛盾是根本不存在的，这是科恩自己缺乏理解力的表现。此外，科恩故意将纳曼尼德是否成功地说服了他的对手们这个问题同他的论据是否具有内在的正确性这个问题混为一谈。在论争中，有时纳曼尼德的某个卓越有力的论据往往无法对他的对手们造成什么打击，这是常常出现的场面，但却被认为是他的论据被驳倒的证据。

科恩的论证的一个例子，可以引述如下的一段："纳曼尼德最终承认，犹太拉比的传统说法证实了保罗关于救世主已经降生的断言，但他又想保留余地，坚持虽然救世主已经降生但仍未来临的说法。他孤注一掷地试图通过与《圣经》中提到过的大洪水以前那些长寿的杰出人物进行类比来解释救世主的长命，但是，却没有能够成功地说服任何人，使得他们相信救世主远在一千多年以前就已经出现在尘世间，但却迄今没有使自己显现过。"纳曼尼德从来也没有在任何问题上"承认"救世主已经降生；他反复地申明，他并不相信这一点。但是，在另一方面，他也并不是势不两立地反对他已经降生了的观点。述及救世主在圣殿被焚毁之时降生的"阿嘎嗒"段落，其字面上的阐释至少是一种可以接受的（即使是靠不住的）阐释，并且他还准备对其文字真实性的假设进行论证。显而易见，这种论证风格（"我不相信命题 A，但是，即使它为真，也不能证明你的论据"）对 13 世纪的基督徒们来说是过于难以捉摸了，并且对于科恩博士来说，也同样是过于难以捉摸了。基督教的备忘录是这样说的："在被无可辩驳的证据和权威性典籍驳倒之后，他承认基督或救世主生于一千年以前。"而科恩博士则对他们这种缺乏理解力的说法随声附和，他说："纳曼尼德最终承认，犹太拉比的传统说法证实了保罗关于救世主已经降生的断言。"

至于说到纳曼尼德关于救世主即使已经降生但仍未"降临"的主张的这样一种论据，也没有什么值得"孤注一掷"的。归根结底，犹太人一直相信某个非常类似于以利亚的人物。就是说，他生于两千年以前，现在仍然活在人世，并且最终将扮演一个救世主时代的领袖角色。救世主是否已经降临的问题并不是十分重要的，因为很显然，他还没开始他作为救世主的使命。正如纳曼尼德所论证的那样，帕波罗·克里斯带亚尼想利用一本凌乱不整的《米德拉什》（即使就其字面上的阐释）中所叙述的救世主已经降生的事实这一企图，对于基督教来说，也是一种甚为无力的论据，尤其是运用到那位在圣殿被焚毁之前 70 年降生的耶稣身上时就更是如此。 71

科恩继续说："因为有了充足的时间来仔细考虑这些事情，在论争的下一次会议上，纳曼尼德于是一开始就宣布，救世主一直生活在伊甸园中。他几乎没有意识到，即使是这样的一种陈述，他也将在继之而来的辩论中为此付出巨大的代价。然后，纳曼尼德又开始变得自相矛盾，他先是绝对否认曾相信救世主已经降临，继而又徒劳地力图将辩论转移到对耶稣的救世主身份的认证这个问题上来。"对这段话进行详尽的评论可以说是几乎没有必要的，但是，应该注意的是，先是断言纳曼尼德"自相矛盾"，接着又指称他"徒劳地力图"说服他的对手们，何以会出现这种不同层面问题间的转换呢？其实，纳曼尼德并没有哪怕是丝毫的自相矛盾，但要说他曾徒劳地力图说服他的对手倒是相当真实的。帕波罗·克里斯蒂亚尼认为，由于"证明了"救世主早已存在，他就完成了某件十分重要的事情，至少根据犹太教的观点是如此。当纳曼尼德提出这一点到底与耶稣有什么关系这个问题时，他所得到的答复是：这个问题是不能接受的，因为讨论的主题只是救世主是否已经存在。科恩好像觉得，这是一个击败纳曼尼德的非常聪明的战术。然而所谓击败了他，仅仅是在他由于没有充分的理由将其从程序上取消这个意义上来说的。帕波罗的战术就是"证明"某些东西是完全不重要的和无价值的，说这些东西对于基督教一方在耶稣问题上的断言并不具有真正的意义，然后再采取进一步的行动，看起来就好像他取得了一个伟大的胜利。在这里，科恩再一次采用了基督教备忘录中所用论据的那种风格，那就是把纳曼尼德的每一次"承认"欢呼成为对于基督教主要原理的认可，而它们之间本来却是毫无逻辑上的联系。

　　要对科恩所有的混淆和误解进行仔细推敲将是冗长乏味的，如上所述只能算是其中的一个不大不小的样板。他坚持认为，纳曼尼德对于"阿嘎嗒"材料所采取的态度与其真正的观点相反，这同贝尔的主张颇为相似。科恩试图通过对"喀巴拉"（纳曼尼德正是其伟大的追随者）与"阿嘎嗒"之间相互关系的描述来支撑他的论点。"我们一次又一次地发现，文字上为人们所接受的'阿

嘎嗒’在 13 世纪‘喀巴拉’的朋友与敌人中间起到了必不可少的
证据的作用。"毫无疑问，"阿嘎嗒"对于"喀巴拉"信徒们来说
是十分重要的，但是，要说"阿嘎嗒"始终为他们"在文字上所接受"
却是远远不够真实的。在这方面，更像是一个采用非文字化的阐
释风格的问题。一个迈蒙尼德主义者可能会按照亚里士多德的哲
学思想，用比喻的方式来阐释一篇"阿嘎嗒"，而一个"喀巴拉"
主义者或许又会根据"神人感应论"，用比喻的方式（或者说用
象征的手法）来阐释同一篇"阿嘎嗒"。说实话，的确有某些"阿
嘎嗒"的段落被纳曼尼德以及其他一些"喀巴拉"主义者根据字
面上的意义来进行阐释，而抛弃了理性主义的那种比喻性的阐释。
这些段落指的就是那些关于伊甸园、地狱以及其他类似主题的段
落。在另一方面，有许多"阿嘎嗒"的段落，理性主义者是根据
字面上的意义来阐释的，而"喀巴拉"主义者却又采用了象征的
手法来阐释；所以，这两种人之间的分界（并不像科恩所描述的
那般鲜明）并非取决于他是否拘泥于文字上的意义。

整体上来讲，理性主义、"喀巴拉"主义和"阿嘎嗒"之间
的关系问题要比科恩所想象的要远为复杂得多。有一种"喀巴拉"
主义型的理性主义，纳曼尼德本人就是其代表之一。依照这一思
维框架，理性本身被神秘地看作是一种神性的流溢。这是一种必
要条件所要求的，而又为"喀巴拉"主义者特别是纳曼尼德所承
认的观点，也就是说，犹太人应该研究《塔木德》和"哈拉哈"
方面的内容，以及其中包含的全部严密的逻辑性和理性主义的
方法。

因此，对于纳曼尼德来说，没有理由公开放弃他原来的观点，

当时他曾宣称他不接受某些"阿嘎嗒"段落的文字上的真实性。同时，他谨慎地指出，甚至在与基督徒们讨论这些问题时，其字面上的意义被他所舍弃的一个段落或许会具有"从圣哲们的秘密（misitrei hahakhamim）中得来的某种其他的阐释"。对于纳曼尼德来说，这后半句话就包含着"喀巴拉"的思想。当面对一个"阿嘎嗒"的段落时，纳曼尼德觉得他自己可以随意地对其进行阐释，甚至可以任意地指称尚存争议的某个段落毫无价值（尽管后面的这种选择权很少得到运用，因为存在如此众多的阐释模式，似乎根本就用不到它）。

　　科恩文章中关于论争的政治上的来龙去脉的说法，还是能够站得住脚的。情形很可能是：在同意了多明我会修士们关于进行一场论争的要求之后，国王玩了某种不够光明正大的政治游戏，试图通过这种游戏获得教皇的支持，来与反对他的那些蠢蠢欲动的贵族们相抗衡。然而，我们可以看到，在论争刚刚结束之后，国王对多明我会的那帮修士不假词色，而科恩的解释则说当时他和他们闹翻了。

　　至于科恩的更深层次的论点——认为纳曼尼德本人之所以故意地同国王的计划合作，是以国王将友好地对待阿拉贡的犹太人这一承诺作为回报的——这仅仅是一种想入非非罢了。其实没有必要对纳曼尼德的合作感到不放心，因为他不得不服从传唤。此外，纳曼尼德之所以不遗余力并不是为了合作，因为他曾试图在第三天后中断论争。科恩巧妙地处理了这一难题，他说，纳曼尼德诚挚地对国王袒露了他为人所迫不得不中断论争的企图——他自己并没有中断的愿望！诸如此类的花招是那种双重间谍的惊险小说中才有的，是不真实的。

在对论争是一个"犹太教的胜利"这种观点进行攻击时，科恩所攻击的只是一个影子而已。只有在后世子孙的眼里，这个影子才会显现出来。科恩说得一点也不错，当时，整个的事态安排得按部就班，看来就好像是基督教一方胜利了。纳曼尼德的最为有力的论据被看作是不相干的而搁置一旁，他向其对手们提出问题的请求遭到了拒绝，其中之一就是他想对有关"受难仆人"的那一段进行说明的请求。但是，所有这一切在纳曼尼德自己所作的记述中都是平铺直叙的。在使得他的对手狼狈不堪或是使得他们承认失败的意义上，他赢得了胜利，但他并没有做任何的矫饰。他描绘了一幅"预备香饵钓顽熊"的图画，在这幅图画里，犹太人被折磨得烦恼不堪而不得不做出毫无意义的"承认"，然后，再赋予这种"承认"以欺骗性的意义。基督教的备忘录则以令人钦羡的方式表达了基督教一方论争的目的和基调，声称这是一个彻头彻尾的胜利。

即使在这样的一个背景之下，纳曼尼德还是想方设法进行了几次小小的讽刺性的抨击，尽管整个过程的全部设计都偏向基督教一方，但当时还是弄得帕波罗·克里斯蒂亚尼叫人看起来有些愚蠢可笑。其中之一就是帕波罗无法在迈蒙尼德的著作中找到有关救世主之死的段落。纳曼尼德大大欣赏了帕波罗在这个问题上的困窘之态，尽管他非常清楚在迈蒙尼德的著作中确实存在这么一段，不过不是在他的对手正在寻找的那个地方而已。纳曼尼德的这个小小的成功是颇有价值的，至少根据如下的事实来看是如此，那就是说，假如帕波罗能够找到他要找的那个段落的话，他就会完全不合逻辑地继续运用它来"证明"有关耶稣之死的某些东西。说救世主将终有一死（也就是说迟早会终老而死）和说他将会被钉在十字架上处死是完全不同的两回事。此外还有一点，纳曼尼德本人已经弄清，就是他自己也认为，依照迈蒙尼德的意思，救世主大概是终有一死的。所以，即便帕波罗能够找到当时讨论的那一段，纳曼尼德也丝毫不会因此而感到沮丧。然而，从能够避免帕波罗愚蠢可笑的错误阐释而又可以目睹他即使连找寻自己千方百计想要歪曲的段落这样一项最简单的工作都无法完成这个角度来讲，这实在是一个令人欣喜的宽慰。然而，即使是这样一个瞬间的喜剧性宽慰，科恩也是从贬抑纳曼尼德的意义上来理解的。⑪

不得不承认，贝尔、罗斯和科恩想要贬低纳曼尼德在巴塞罗那论争中的形象的企图是彻底的失败。尽管在论争中存在着诸多不平等的条件（不过比起其他的那些论争来说还是要相对公平一些），纳曼尼德还是想尽办法代表犹太教一方针对基督教的立场观点作了某些具有深远意义的论述。当时，他的对手帕波罗·克里斯蒂亚尼企图把辩论限定在一些枝节问题上，以便能够抓住纳曼尼德的把柄，从而在他"承认"了其重要性和相关性之后可以大做文章；而纳曼尼德则一直试图把辩论转向具有真正重要性的问题上，以便通过这些问题展示出犹太教与基督教之间的根本性差异。因此，纳曼尼德提出了一套系统化的论述：关于救世主在犹太教中的地位，关于救世主的时代性质，关于犹太人对基督教原罪教义所持的态度，关于理性在宗教中的地位，关于"阿嘎嗒"与"哈拉哈"

两方面内容之间的关系，等等。所有这些问题，都被证明对于后来的犹太思想家们具有十分重要的意义。而他能够在如此无望的环境之下做出如此多的贡献，正是他杰出品质和勇气的最好证明。并不是说他所使用的论据都是最好的，当论争结束之后，他自己也肯定意识到了这一点，但他却愿意把这些内容全部记录下来，这恰恰因为它们是夹杂在争吵的喧闹之中。当你考虑到在进行辩论时，他很难保持对于思想清晰来说所必需的那种平心静气，他是处于来自可怕的多明我会修士的迫害的恐惧之中，充满了对自己所在社区可能受到暴力围攻的担忧，他能够以如此冷静和幽默的态度来进行辩论，实在是难能可贵的。基督教一方针对他所采用的主要论据之一就是上帝遗弃了犹太人，他们不再拥有独立自主的权力，而是在异国他乡受人奴役；而基督教王国则恰恰相反，它形成了一股巨大的世界性力量，得意于权力和财富的荣耀，显然享受着上帝的恩宠。非常奇怪的是，这种论据竟然出自一群主张把受难和受辱同人类的圣徒与救星的命运相联系的这种宗教的追随者。纳曼尼德通过现身说法向人们展示，犹太教尽管充满着不幸，但其精神依然是高尚的。

《维库阿》，即纳曼尼德本人为历史上一个空前绝后的事件所作的记述，其文学上的价值在某种程度上受到了所有读过、写过它的人的一致赞赏。它的生动鲜明和充满魄力，使得它本身在关于宗教论战的文献中占有一席之地。它避免了所有的褊狭琐碎，力求体现现实性，给人一种黑白分明的感觉，同时，它又体现出自己的个性和社会方面的压力。然而，如果你小看了它所记录的那场冲突的重要意义的话，则这一著作作为经典的真正地位就会被弄得模糊不清了。这完全不是一群无足轻重的人，为了毫无意义的争端而至死靡他的一次搏斗。在人类历史上一个处于高潮的时刻，犹太历史上最伟大的人物之一，应邀在一种毫无宁静气氛可言却充满激烈争吵的情况下，写下了这篇记述。在这篇记述里，纳曼尼德不只是在用他学识渊博的文字向我们讲述，更是作为一个活生生的人，以及犹太文化、传统和价值的化身在向我们讲述。任何削弱历史事实重要性的想法，都不再是"客观"，而是变成篡改了。

3 关于《维库阿》的原本

《维库阿》的首次印行是出现在瓦根塞尔（J. C. Wagenseil）的汇编《燃烧的撒旦之箭》（*Tela Ignea Satanae*）里（1681，Altdorf）。这本由瓦根塞尔汇编集的副标题充分说明了它的作者的动机："犹太人反神性基督和基督教的隐秘与恐怖之书"（*Arcani et horribiles Judaeorum adversus Christum Deum et Christianam religionem libri*）。瓦根塞尔还把《维库阿》的一个拉丁文译本收录在书中。他所参照的希伯来文原本乃是一个很不理想的版本，其中充满了不可靠的增补内容，有些是摘自巴黎的耶希尔的《维库阿》，而有些则是属于德意志犹太人所编辑的著作中的内容。瓦根塞尔很清楚他这个文本的缺陷，并且曾试图对其进行修正，但没有多大的效果。后来的许多对于巴塞罗那论争的误解都是因为对瓦更塞尔的原本不加批判地予以接受所致。例如，丹尼弗勒的评论就是以这个原本为根据的，所以，他因其中的内容所造成的印象吃了不少苦头。这种印象就是：纳曼尼德在他的记述中对帕波罗·克里斯蒂亚尼大肆进行辱骂，而他的发言往往以无礼的称呼作为开始。然而，所有这一类的内容在较好的文本中都是不存在的。

另一个好得多的文本是 1710 年的君士坦丁堡版本［其

中包括了其他的论争，这本书的名字是《势在必行的论战》
（*Milhemet Hovah*），为一位不知名的作者所编］。这一文本后
被摩西·施泰因施耐德（Moses Steinschneider）用来作为其科学
版本（1860，Stettin/Berlin）的基础。他同时还利用了他所发现
的两件手稿，一件是存于莱顿（Leiden）的手稿，另一件是在萨
拉瓦尔（Saraval）发现的手稿。后来的编著者们，包括马格里奥
斯（R. Margoliouth；约 1925 年，Lemberg）、艾森斯坦（J. D.
Eisenstein；1928 年，纽约）和迦弗尔（H. D. Chavel；1963 年，
耶路撒冷），他们的编写工作都是以施泰因施耐德的版本为根据的。

　　这里仍然存在着这样的一个问题，即施泰因施耐德的版本与
纳曼尼德所写的原本到底相近到怎样的程度。施泰因施耐德认为，
被君士坦丁堡版本、莱顿手稿和萨罗拉瓦手稿均用作根据的那件
已经遗失的手稿成书不会早于 1600 年（尽管他在这一点上的推断
或许是值得怀疑的，参见第 131 页注释）。按照最为乐观的估计，
我们这些手稿的可靠性能够追溯到 15 世纪，也就是在原本写成之
后两个世纪。在两个世纪的时间里，许多的增补和改动会慢慢地
融进原本之中。

　　由于《维库阿》的希伯来文的版本并非纳曼尼德所编纂的唯
一版本，因而这件事情本身更加复杂了。众所周知，他最初是应
杰罗那主教的请求而撰写关于那次论争的记述的（见第 98 页）。
当时，纳曼尼德为了这位神职人员阅读上的便利，也许不会用希
伯来文，很可能是用拉丁文或西班牙文（加泰隆语）写成的。那么，
关于希伯来版本的问题，就不仅仅是一个它是否仍然是纳曼尼德
所写成时的样子的问题，而且还有一个它是否与现在已经遗失的、

为那位主教所写的原本相一致的问题。对于纳曼尼德本人是否写成了希伯来文，甚至也不能完全肯定；可能的情况是：他只是写成了非希伯来文的那个原本，而后来又由另一个人翻译成了希伯来文。事实上，希伯来文与非希伯来文的版本之间的关系以及它们编写的顺序上存在着许多的可能性。

现下的这次翻译和评注的目的无非是为了再现纳曼尼德所写的原始记述的原貌。它并不仅仅是依照施泰因施耐德所编写的文本进行翻译的，也并不像原来的文本那样宝贵和必不可少。兹将所得到的结论以及获得这些结论所使用的原理总结如下：

（1）纳曼尼德写成了两种《维库阿》的文本，为主教所写的一种用的是拉丁文（或加泰隆语），为他的同胞犹太人所写的一种用的则是希伯来文。

（2）在我们的文本中，其中的某些段落在纳曼尼德最初所撰写的文本中并不存在，无论是希伯来文还是非希伯来文的文本中都没有。这里所指的是那些有关争吵和超出论争主题之外的内容的段落。尚存疑问的段落有三个，主要的一个是关于论争一开始的那一段（重点参见第 97~101 页以及第 117 页注释，其中对这个问题，尤其是同多明我会修士们在 1265 年的诉状中所提出的针对《维库阿》的指控的关系以及他们对尚存争议的段落保持沉默等问题，都进行了详尽的论证）。

（3）《维库阿》的希伯来文版本显示出缺少修订和编纂匆忙的痕迹。关于这个问题的证据（它能够很容易地与复制者们的笔误和增补区别开来）在于其中引用《圣经》和《塔木德》中语句时的随意和不精确性的通病（如果说有些地方还准确的话，大概

78　也是由一位官方的复制者进行了修订）：有时，很多短句粘在一起（重点参见第 136 页注释），《塔木德》中的短语也有少量的误摘，并且在《圣经》的引语中也出现了些许无缘由的错误。这诸多错误可以归咎于纳曼尼德本人，以及他在匆忙之中出版了他的希伯来文版本，因而没有机会对其进行修订这个可能的事实。所以，这些错误，由于是原始文本的一种本来的面貌，也就不需要刻意修正了。在迦弗尔关于《维库阿》的评注的参考文献的栏目中，便可以看到引语中存在的那种随意和不精确性的充分证据。

（4）有些复制者由于不能完全理解纳曼尼德的某些论据，因误读而在原文中造成了某些错误。在第 120 页和第 145 页上就可以找到这样的例证。在这种情况下，我们评判的标准是：（a）论据中失去了说服力，以及（b）通过一个简单而又似乎合理的修正而加强说服力的可能性。

（5）由于复制者们的一时疏忽而在原文中造成了诸多讹误，其中绝大部分已由施泰因施耐德以及后来的编辑者们予以指明。

4 出席巴塞罗那论争的主要人物小传

拉比摩西·本·纳曼(Rabbi Moses ben Nahman,亦即纳曼尼德、纳曼尼、拉班、波纳斯特拉格·德·波塔、摩西·戈隆迪)

他是当时那个时代西班牙的首席拉比,是约拿·戈隆迪(Jonah Gerondi)的堂弟,所罗门·本·亚伯拉罕·阿德莱特(Solomon b. Abraham Adret,即拉什巴)的老师,1194年生于杰罗那,曾作为一名内科医生以行医为生。

1232年,他曾作为迈蒙尼德的哲学著作所引起的争端中的调停人,试图达成双方的和解。

还是在1232年,阿拉贡国王詹姆斯一世就一项重要的公共事务,即最具势力的阿尔康斯坦蒂尼家族(Alconstantini Family)对于加泰隆尼亚犹太人居住区(Catalonian Jewry)的管辖权问题,与他进行过磋商。纳氏的建议是反对批准该家族执政。

在青年时代,他作为一位"哈拉哈"主义者(《塔木德》律法研究方面的专家),因撰写抨击迈蒙尼德和撒拉西亚·哈列维(Zerahia ha-Levi)的著作而一举成名。在他的一生中,写出了大量的关于《塔木德》的中篇小说和专题著作,这些作品被认为对于《塔木德》的研究是必不可少的,并且对后来的学者们产生了相当深远的影响。

在晚年，他用哲学和神学的风格写成了著名的关于《摩西五经》（*Pentatuech*）和关于《约伯记》的评注。他的讲道手稿中有四部得以保存了下来，另外还有大批的诗作和祈祷文，以及各种各样的杂集，其中就包括《维库阿》。

1263 年，奉詹姆斯一世之命出席了巴塞罗那论争。

1265 年，因出版的《维库阿》中含有"亵渎神明的言词"而受到多明我会修士们的审判。后被国王判以轻刑，从而保护他免受更严重的骚扰。

1267 年，教皇克莱门特*四世（Clement Ⅳ）致信詹姆斯一世，要求对纳曼尼德处以重罚。

1267 年，以 70 岁的高龄移居巴勒斯坦（Palestine），后发现了耶路撒冷遗迹，并创立了一个犹太人社区和犹太学院（yeshivah）。

1268 年，他移居阿克（Acre）并作为该犹太社区的拉比继承了巴黎耶希尔（他在巴黎论争之后也已移居巴勒斯坦）的衣钵。

1270 年，死于阿克。

他的孙辈中有一位名叫利未·本·戈肖姆（Levi b. Gershom，即拉尔拜格）的学者，后来成为中世纪造诣最为精深的犹太思想家之一（他更广为人知的名字是利奥·希波留或戈森尼德）。

帕波罗·克里斯蒂亚尼（亦即波留斯·克里斯蒂安、帕波罗·克里斯蒂亚、保罗·克里斯蒂亚）

犹太名字不详［保罗（Paul）是皈依基督教的犹太人所通常采

---

*　一译"克勉"。——译者

用的一个名字〕。他是塔拉斯康（Tarascon）的拉比以利以谢（Rabbi Eliezer）的门徒，蒙彼利埃人。皈依之后，加入了多明我修会，并曾在普罗旺斯向新皈依的教徒们讲道。后受聘于雷蒙德·德·皮纳福特为那些从事对犹太人进行传教活动的多明我会修士讲授希伯来语。然后，受法兰西的路易九世（Louis IX）资助在普罗旺斯讲道。正是根据帕波罗的建议，路易九世才在1269年强制犹太人佩戴"犹太人识别牌"。

在1263年的巴塞罗那论争之后，帕波罗巡回于阿拉贡地区各犹太社区之间，在各地的犹太圣堂进行强制性的布道活动。他得到了教皇的特别赞助和支持，教皇曾于1267年致信阿拉贡的詹姆斯一世，对帕波罗在实施对《塔木德》的审查制度这一事件中所表现出的能力和所做出的贡献倍加赞赏。

大约在1274年，他死于西西里（Sicily）的托尔米那。

雷蒙德·德·皮纳福特（约1180~1275年，1601年被追认为圣徒）

1230年，被任命为教皇格利高里九世（Gregory IX）的忏悔神父，教皇曾指派他将罗马教皇的教令函件汇集编纂成为一册的任务，这就是大家所知的《格利高里教令集》，这是一部重要的宗教法规资料。

1232年，在阿拉贡设立了审判异端的宗教法庭（即宗教裁判所）。

1238年，被任命为多明我修会的总长老，并把该会的法规编集成册。1240年，他作为总长老退休，以便专门致力于向穆斯林和犹太人传教。他对雷蒙德·马蒂尼（Raymund Martini）产生了很大影响，对托马斯·阿奎那（Thomas Aquinas）写作《反异教大全》（*Summa Contra Gentiles*）一书也产生了一定的影响。

81   1264 年，领导了一个专门调查委员会，负责对《塔木德》中的"亵渎性的言词"进行审查。

1265 年，参加了因出版记述而引起的对纳曼尼德进行的审判。

阿拉贡国王詹姆斯一世（大征服者基米·埃尔、征服者詹姆斯，1208~1276 年）

他于 1234 年同匈牙利安德鲁二世（Andrew II）的女儿尤兰达（Yolande）结婚（与他的前妻离婚）。

1230~1235 年间，征服巴利阿里（Balearic）群岛。

1238 年，征服瓦伦西亚（Valencia）的摩尔人城邦。

他对犹太人保持着一种相对自由的政策，以图把他们吸引到他的王国中来，并雇用他们去驻防前线要塞。他任用了一批犹太人作为高级官员，包括瓦伦西亚省的执政官犹大·德·拉·卡瓦莱里亚（Judas de la Cavalleria）和巴塞罗那的执政官本温尼斯特·德·波塔（Benveniste de Porta）。然而，在他的忏悔神父雷蒙德·德·皮纳福特的影响下，他颁布了反犹太人的立法，但是在贯彻这些法律时又表现得犹豫不决。

他是一个有着高大身材和充沛体力的人。他时而漫不经心，时而投机取巧；时而有宗教的狂热，时而又沉溺于迷信。他有着许多的情妇和一大群私生子，并能够无视教会的种种责难，做到宽宏大量地对待他们。然而，在与教会当局发生的一次激烈争吵中，他竟然割掉了杰罗那主教（就是请求纳曼尼德写作关于巴塞罗那论争记述的那位主教的前任）的舌头。早先的时候，当詹姆斯以亲族血缘关系为由而与他的结发妻子离婚［这是一件与英格兰的亨利八世（Herry Ⅷ）离婚案异常相似的私通事件］时，曾遭到了罗马教皇的谴责。詹姆斯写过一部自传，通常被认为是一部文学史上的经典之作。

5　托尔托萨论争（1413~1414 年）

　　就规模和场面之壮观而言，最为伟大的一次论争莫过于托尔托萨论争了。一反过去只是进行几天的惯例，这次论争持续了 21 个月的时间，会议*的总次数达到了 69 次之多。基督教的一方不再只是用一个简短的公告来予以纪念，而是一部卷帙浩繁的"备忘录"或是会议记录的问题，后由罗马教皇的公证员按逐次会议的顺序予以整理，在帕西奥斯·罗佩斯（Pacios Lopez）的版本（1957 年）中竟超过六百页；然而，在犹太教的一方，只是由参加者之一的波纳斯特拉克·代斯梅特里斯（Bonastruc Desmaitres）做了一篇简短得多的记述，其中仅仅包括前面的五次会议（在本书中已翻译成文）和另一个更为支离破碎的记述。

　　若说巴塞罗那论争是在一位国王的主持下进行的，托尔托萨论争则是由一位教皇，即本尼迪克特**十三世（Benedict XIII）主

---

　　*　此处将各次断断续续的论争场面译作"会议"，是因为这次论争无论就其性质还是举行的形式而言都更像是一次精心组织的双边会议，只不过会期和议题由单方面随意决定罢了。由官方安排做现场记录的举动也说明了这一点。基督教一方的会议记录一方面表现出这次论争的真实和公平的性质，另一方面却又力图摆出"双边会谈"的架势。然而，会议进程的真实情况却绝非如此，可参见本书有关这次论争的相关内容。——译者

　　**　一译"本笃"。——译者

持召开的。不再是像过去那样仅仅邀约一位拉比作为犹太教一方的代表，本尼迪克特这一次召集了所有的阿拉贡和加泰隆尼亚犹太社区的代表，其目的完全是为了这些地区的犹太人的整体皈依。场面布置得极为铺张，为红衣主教、大主教和主教们准备了70个座位，每一次会议期间所提供的一应设施足以接待近一千位罗马教皇宫廷的高级神职人员。

　　托尔托萨论争中展示了难以计数而又饶有兴趣的诸多方面的东西，包括历史的、神学的和个人的等方面。要对其进行完整的描述本身就需要大量的篇幅。然而，仅就犹太、基督两教之间的冲突中所呈现的大量争论焦点而言，它并没有为巴塞罗那论争增添多少新的玩意儿。以前曾提出过的一些论据又一次被提了出来，只不过基督教一方阐述得更为详尽一些而已。这是由于基督一方的发言人戈罗尼默（希尔罗尼莫斯）·德·桑塔·费〔（Geronimo de Santa Fe）他原来是一位犹太人，名叫约书亚·哈罗基（Joshua Halorki）〕是一位比帕波罗·克里斯蒂亚尼更为老于世故的人，在犹太学识方面要比后者造诣更为渊博。在犹太教的一方，那些发言人深受来自纳曼尼德的影响，他们常常不得不求助于此人的一些观点。但这并不是说，在托尔托萨论争中那些犹太教一方的发言人没有一点儿自己的东西可说。他们确实在某些方面深化了由纳曼尼德曾制定的总体轮廓中的一些观点。在论争的现场，有些时候会回荡起犹太人激昂、无畏的声音，确切地阐述了犹太教的基本立场。然而，总起来说，除了它的奢华之外，托尔托萨论争与巴塞罗那论争相比，乃是一个小得多的事件。在这里，你看不到巴塞罗那论争中的那种戏剧场面和高贵气派。

83

　　关于这一点，存在着许多现实的原因。举行托尔托萨论争的环境是非常恐怖的。正像犹太教一方的记述中所清晰表明的那样，犹太教一方的代表们一直在为他们的生命担忧。在不久之前，也就是在 1391 年，犹太人在西班牙的地位遭到了沉重的打击，从那以后便一蹶不振。当时，曾发生了对犹太人的大规模的迫害和屠杀，从卡斯提尔（Castile）开始，然后蔓延到阿拉贡和加泰隆尼亚。这种大屠杀是由那些基督教的宗教狂热分子利用庄稼人和手艺人的迷信行为进行煽动而引起的。许多著名的犹太人社区，包括杰罗那那样的社区——纳曼尼德的出生地，都被摧毁了。负责法律和秩序事务的非宗教当局对此事的反应迟钝而冷淡。对于西班牙的国王及其贵族政府来说，犹太人不再是必需的了。他们作为资产阶级和行政官僚的作用被其他的群体所替代，从而为教会的狂热者们打开了方便之门。数个世纪以来，这些狂热者只不过拘于国王们所奉行的机会主义路线，一直无法向犹太人下手，未能将他们推向灭亡或强制施洗罢了。

　　1391 年的危机是过去了，但是政治形势却发生了变化。许多重要的领导人被杀害了，大群的犹太人被强迫施洗，假如他们胆敢回到犹太信徒的行列中去，或是任何一个犹太人怂恿他们回去的话，那么，只要宗教法庭一声令下，等待他们的就是死亡。（尽管教会法规并不赞成强迫犹太人皈依的方式，但是，一旦他们如此被动地皈依过来之后，则他们的皈依就将在法律上被认为是有效的，因而任何拒绝接受这种皈依的企图都会被看成叛教而受到宗教法庭的惩处。）

　　在更为晚近的时期，在西班牙的犹太人中间还爆发了另一场危机。阴险的狂热分子文森特（威森特）·法雷尔［Vincent（Vicente）Ferrer，后被追认为圣徒］，由于遭到了一群自施鞭刑以赎罪罚的宗教信仰者的围攻，而煽起了一众暴徒的反犹狂潮。他对西班牙各国的国王们的影响，以至于能够说服他们正式通过反犹的法律，并取消了犹太人的诸多权利而把他们贬黜到贱民的地位。然而，当时最主要的目的还是要迫使犹太人就范而皈依基督教。文森特·法雷尔的势力是如此的强大，他甚至成了一个制造国王的人。在 1412 年把费迪南（Ferdinand）推到阿拉贡的王位上的选举中，他具有决定权。结果，费迪南对文森特·法雷尔的行为不加任何的限制，并默然同意了反犹太人的立法以及作为法雷尔主要杰作之一的"强迫皈依"（*Conversos*）这种迫害犹太人的方式。

文森特·法雷尔一直隐蔽在托尔托萨论争的幕后，正是因为他，戈罗尼默（约书亚·哈罗基）才皈依了基督教。他还以另一种方式隐蔽在后台，因为当托尔托萨论争进行的时候，文森特·法雷尔正在一些城市之间进行一次旅行，而这些城市便是那些被召集来出席论争的犹太拉比的家乡城市，后来他们便莫名其妙地退出了论争。原来是他对这些群龙无首的犹太社区进行了恫吓，并千方百计地胁迫他们皈依基督教。凡文森特·法雷尔所到之处，总是伴随着一群反犹太人的暴徒在聚众闹事。

犹太拉比们正是在这种终日为他们自己、他们的家庭和他们的社区担惊受怕的气氛之中出席了托尔托萨论争。犹太教一方的首席参加者之一，拉比阿斯特拉克·哈列维（Astruk Halevi）在如下的文字中充分表明了这一点（根据关于论争的拉丁文"备忘录"中的记录）：

84

　　即使我们只是以完全不了解情况作为理由，在这次论争中也不应做出不利于我们的决议。因为尽管亚里士多德曾说过，无知并不能免除罪恶，但他说这句话指的仅仅是不可原谅的无知。但是，像我们现在的这种无知却有着许多可原谅之处。我们背井离乡；我们的财物日渐减少，几乎完全被毁坏了；由于我们的远离，我们的社区正在遭受着巨大的破坏；我们不知道等待我们的妻子和孩子们的命运会是什么；在这个地方，我们的生活难以为继，甚至缺少食物，还不得不付出超乎寻常的花费。为什么在与生活于极端的富裕和奢侈之中的戈罗尼默及其同僚们进行论争的时候，这些饱受不幸灾难的人都要对自己的论争负责呢？

对于拉比阿斯特拉克的这种控诉，戈罗尼默做了这样的答复：

　　作为一位其他人都应当奉为典范的老师，本当显示出坚韧不拔的精神，从而能够经受住不幸的灾难的打击。由此可知，一个正直有德行的人应该能够经受磨难而毫不退却，正如亚里士多德在他的《伦理学》中，以及所罗门在他的《箴言》第 12 章中所说的，"正直的人永远是矢志不移的"。而你，拉比阿斯特拉克，既然自命为一位老师，理应为其他人做出一个坚韧不拔精神的榜样，而不应被你的妻子的思念或是任何其他的磨难所左右。并且即使由于非精神方面的原因，你受到了诸如此类事物的影响，这种作用也不可能持续很长时间的，因为感性必定要被理性所战胜，而理性在不幸的逆境中要比在优越的顺境中更加纯洁。

在这样一种危险云集、地位没落的多灾多难的背景下，托尔托萨论争中的犹太拉比们的精神境界并不像巴塞罗那的纳曼尼德那样高尚是毫不令人惊奇的。无论是在直接冲突中，还是在我们曾在纳曼尼德的回答中所感受到的那种对深受热爱的教义的辩词中，都没有丝毫的欣喜可言，有的只是令人厌倦的、使人难以忍受的辩护。基督教一方所使用的技巧之一，就是通过一再重复和长期拖延的战术，把它的犹太教一方这个反对派搞得精疲力竭。有好几次，当犹太人被指责为"搪塞推诿"（*variatio*）时，教皇便命令整个论争再从头重新开始。在巴塞罗那论争时所使用的留待论争结束之后再撰写记述的花招，在这里用到了论争的现场。因此，假如拉比们说，某些人从字面的意义上来理解《米德拉什》中关于救世主已经降临的叙述，那就会招致起哄，从而作为对救世主已经降临这种话的完全认可，而根本不顾拉比们的一再申述，其实他们自己并不赞成这种阐释。

在如上的情况下，要说犹太拉比们（他们中有些人的才能并不比纳曼尼德本人差多少）还能保持什么斗志，那只会令人感到惊异。偶尔，他们也会忍不住爆发出一两次能显示其能力的反击。譬如，当教皇本尼迪克特详细地阐述犹太教信仰的不合理性（有关此点，顺便说一句，任何一位在场的拉比都是难以承受的，因为他们已经为指明这一点付出了不小的代价），指责有关救世主早已存在，并且就在伊甸园中，业已超过了一千三百年，正在等待着降临尘世的时刻这一说法时，拉比阿斯特拉克就忍无可忍地指出，基督徒们相信关于他们的救世主的许许多多离奇的东西，因此，他们也就不能因为某些犹太人相信关于他们自己的救世主的一件离奇的东西而抱怨。正是因为教皇为这一反驳而勃然大怒，才使得犹太教一方的所有当事人为他们的生命感到惶恐不安。

在托尔托萨论争中，犹太教一方辩护案的特征之一，就是清楚地显示了犹太人士气大大降低的格调。这里所指的是那种对于宽容政策的渴求，这是在关于宗教信仰问题上的理性论证被指称为无效的情况下的一种无奈之举。纳曼尼德最引为自傲的一点在于，他认为犹太教的理性成分是大大地优于基督教的，为此，他使出浑身解数，以一种坚定的基本态度来进行论证。他并不是奢求他的宗教感情能够得到更为温和的尊重，但这种根本性的刨根问底的质问是会伤害这种感情的。在托尔托萨论争中，我们听到了一种祈求宽容的呼声，这种所谓宽容在某些方面来说是反理性的和近蒙昧主义的，但是在其他的一些方面来说，这又与那些关于各种不同的宗教传统的神圣不可侵犯性的现代概念惊人地相似。拉比阿斯特拉克仍然是这种立场的代言人：

> 我要说的是，要严格禁止任何关于一种宗教原理的论争，只有这样，一个人才不会背离他的宗教原理。这样看起来，似乎只有科学可以作为辩论和论证的题目；而宗教和信仰应当心甘情愿地服从于忠诚，而不是论证。唯其如此，他才不会放弃它。当我们声明，"我们不知道"，并且停止争论，对每一位宗教的追随者来说，我们这样做无疑是对的……更

进一步说，我们并不是绝对地说我们不知道更多的东西；我们这里的意思是说，我们前面所做的种种论证已经足够来回答戈罗尼默长老提出的那些问题了，而在目前，我们不再需要知道更多的东西。所以，鉴于这一类的无知，我们根本就不应该看成是被打败了：首先，因为我们的声明是属于信念，而我们坚持对这个信念的忠诚；其次，因为就所提出的问题而言，知道更多的东西对我们来说是完全不必要的。

拉比阿斯拉克在这里的意思是说，关于宗教的论争进行到这里便可以到此为止了。这样下去，到最后论争者们必定走到某一点，到这一点后便再也没有什么东西可说了，这是因为对一方或双方来说，此时往往已经触及了关于信仰中最基本的原理，而这种原理往往是浅显自明的公理而使人再难以提出疑问了。到这时候，说"我并不知道任何其他的东西了"是很有必要的。拉比阿斯特拉克可能一直仅仅指的是，若是一个人一遍又一遍地重复着一个有效的论据而又在他的听众之中没有产生说服力，他就没有必要再去一遍又一遍地重复它了。在一场辩论中，当基督教一方始终"令人作呕地"（ad nauseam）坚持重复同一个问题，而把犹太教一方的答复看成冥顽不化或是缺乏理解力的证据时，这无疑是一种稳妥而有效的态度。但是，在绝望的情况下，出于使论争早日结束的目的，拉比阿斯特拉克不得不设法通过某种更温和一些的方式来处理此事。他所找到的方式就是确切地阐明一种宗教自治的理论，并且每一种宗教都有其超出辩论的范围之外的基本原理。他宣称，甚至辩论中显而易见地驳倒了一个论据也不能证明什么：

"居住在撒拉森（Saracens）土地上的一个基督徒可能被一位非基督教徒或撒拉森斯人驳倒，但这并不能说明他的信仰被驳倒了，只是他本人缺少知识而已。"言外之意的推论就是，犹太人根本不指望驳倒基督教，因为这件事到头来仍旧是那种"驳不倒的信仰"一类的事。也就是所谓的信仰宽容的理论，在这种理论之下，各种宗教能够和谐共存，大可不必自以为是地相互抨击。这样，直到有一天，上帝会通过使这一个或是另一个宗教的期望得以实现而做出最后的裁判。

这是现代相对主义者和种族主义者们所采取的一种态度，但它当时却为对不合理性的指控打开了方便之门。阿斯特拉克要求结束基督徒对犹太人生活上的干涉，但他似乎指的是犹太人并不愿意接受辩论的方式。戈罗尼默立即抓住了所提供给他的这一机会。他在整个论争中的最为动人的发言，就是公开表明了宗教信仰的理性化，以及论证出一个人的信仰中最基本的信条的必要性。自此，形势急转直下。现在反过来了，是基督徒在崇尚理性，而犹太人倒成了拥护盲目信仰了。"任何一个人要支持一种宗教，"戈罗尼默宣称，"如果他是居于领袖地位的话，就该说出坚持他的信仰的理由……从犹太人所说的来看，可以推知，一个人由于坚持一种美好的信仰便永远不能同坚持一种错误的信仰的另一个人达成共识，这样也就无法使得他从错误回到真正的信仰，因为这样的共识不通过论争将是难以达成的。"纳曼尼德大概会赞成这番话中的每一个字的。然而，现在戈罗尼默所持的理性主义的态度却无法与教皇在一开始所作的声明相一致，当时他说，"我把你们请到这儿来，并不是为了让你们证明我们的两种信仰哪一种是真的，因为对于我来说，我非常清楚我的信仰是真的，而你的信仰已经被取代了"；并且在当时，犹太人不断地被告知，集会的目的不是论争而是接受训诲。犹太人被丢在那里成了十足的理性主义者，并且愿意接受所有的论据，而基督徒却可以处于一种稳固而又毫无异议的地位来进行论证。

不管怎样，尽管戈罗尼默关于理性的有力抗辩只不过是一面之词，但犹太人如此毫无性格地遁入一种不合理性的信仰教义却是一种失去了信心的标志。甚至上面所提及的阿斯特拉克那番著名的反驳，要换成纳曼尼德，他是绝不会那样做的。因为这就等于是说："请允许我们的不合理性吧，因为你们更加不合理性。"犹太教一方的发言人的种种表现同样说明他们失去了信心，他们一再托词说自己无知又无能，由于过度的疲惫不堪，再加上急于避免那些笑剧式的程序，使得他们总认为已经差不多了，尤其是在当时那种难以忍受的旷日持久的论争快要临近结束的时候更是如此。但是，即使在一开始的时候，犹太人就曾抱怨，他们无法应付戈罗尼默那种三段论式的诡辩推理风格，因为他们对此很不熟悉。在迈蒙尼德、纳曼尼德和戈森尼德的时代，任何一个犹太教的辩护者都会为做出这样的抱怨而感到羞耻的。因为在当时，犹太人在每一个哲学或科学的领域内都是先驱和大师。中世纪的最后一位犹太思想家是哈斯代·克莱斯卡斯（Hasdai Crescas），他是一位哲学家和"哈拉哈"主义者，也是一位亚里士多德和迈蒙尼德学说的激烈抨击者，他死于 1412 年，恰恰是托尔托萨论争的前一年。假如他能活着参加这次论争的话，就不会出现"无能"这样的托词了。

正是到了这个时候，以占统治地位的亚里士多德和阿维罗依主义哲学为基础的理性的自信才得以在基督徒中间建立了起来。针对来自基督教的排山倒海般的布道宣传，犹太教正在实施一种"后卫战"以维护旧制。但是更具破坏性的，却是日益增长的对犹太人已经变为整个基督教进步的文化社会中的一片"落后的飞地"这种状况的深信不疑。在这一时期，许多的犹太人皈依了基督教，但这并不是出于宗教上的理服，而是因为只有这样做，他们才能进入一个有着更多的理性和文化机会的群体——这种诱惑的出现在欧洲历史上还是第一次。同时，在这种过于自信的、虽不能说是自鸣得意的基督教的所谓理性之中，存在着许多富有欺骗性的东西。经院哲学进入了它的最为无所作为和夸夸其谈的阶段，它很快就要遭到文艺复兴时期思想家们的根本性批判〔就是哈斯代·克莱斯卡斯所预期的那种批判，他对皮科·德拉·米兰德拉（Pico della Mirandola）有着直接的影响，因此最终也影响到伽利略（Galileo）〕。

在托尔托萨论争中，我们可以找到一大堆繁琐哲学的例证，而戈罗尼默所采用的辩论风格则是其中最为糟糕的。并且他本人也就成了新一代机会主义的犹太叛教者中的一个典范。就在论争刚刚开始的时候，戈罗尼默就宣布，他的所有论据都将采取三段论的形式，如下面的这个例子。大前提：实现了预言的那个人就是救世主；小前提：耶稣实现了预言；结论：所以耶稣是救世主。戈罗尼默宣称，现在所需要的只不过是证明这个小前提而已。或许正是这个愚蠢的三段论法，才提醒了犹太人同声抗议，说戈罗尼默采用了他们所不熟悉的逻辑方法。若是让纳曼尼德听到这种话，他将会对此付之一笑。

因此，在托尔托萨论争中，犹太教一方的代表们发动的连珠炮式的抨击中[特别是以撒·阿布拉瓦内尔（Isaac Abravanel）的发言，他是一位西班牙大驱逐时期的犹太领袖和思想家]也有着某些实质性的东西。但是，如果过分强调这些抨击，那你就大错特错了。犹太代表们的短处是他们那个时代与当时西班牙的犹太民族所面临的那种紧张局势的产物。他们不能像一位迈蒙尼德或是一位纳曼尼德那样，从一种"放之四海而皆准"的真理高度来讲话，然而，他们却对犹太教本身非常精通。因此，一旦机会允许，他们就会做出精彩而勇敢的回答，其中有些在阐述的系统性上甚至比纳曼尼德还要强一些。正如伊扎克·贝尔在论述托尔托萨论争的最精彩的那一章中所指出的那样："像以撒·阿布拉瓦内尔这样的人，虽然他后来批评犹太教的论据软弱无力，但其实并没有阅读有关辩论的真正记录，他们的信息资料是从不准确的来源获得的。"

教皇在一开始就限定了论争的目标：是为了根据《塔木德》中的某些段落来证明基督教关于救世主的教义的真理性。戈罗尼默针对《塔木德》明确制定了一种双层理论，而帕波罗·克里斯蒂亚尼仅仅是曾暗示过这种理论而已。如果《塔木德》中包含着基督教的真理，那么为什么它也包含着许多反基督教的东西呢？还有，为什么（正如纳曼尼德曾经质问过的那样）那些编纂《塔木德》或者在其中被提到过的那些犹太拉比仍然对基督教的信仰无动于衷呢？答案就是：《塔木德》可划分为两层含义，一层是可靠的和古老的，其中包括对救世主本质的真实的感性认识，以及有关他的降临和在十字架上受难的史实；另一层就是后来加上的装饰外壳，是从对基督教的敌对情绪以及顽固地拒绝承认其真理性的认识中逐渐演化而产生的。

戈罗尼默还特地为基督徒和犹太人对于上面谈到的那种《塔木德》具有两个层次的假定所持的几种可能的态度而发展了一种有趣的理论。他的观点就是，可以允许基督徒们有区别地看待《塔木德》中哪些是真的哪些是假的；而犹太人则不得不把整个一部《塔木德》中的所有东西都囫囵吞枣般地吃下去，包括那些自相矛盾的内容，以及一切的一切。不允许他们拒绝接受《塔木德》中任何同他们的基本宗教观点不相一致的部分，甚至可以使用对那些段落重新阐释的方式，从而使之与犹太教的普遍信条相一致。就有那么一次，戈罗尼默甚至威胁犹太人，如果他们不能足够认真地对待《塔木德》的话，就要告发他们信奉异教！自巴黎论争之后，基督教一方的态度会出现这种转变，实在是一件出人意料的事，因为在那时，犹太人信奉的《塔木德》曾被宣布为异端邪说。

然而，犹太教一方的发言人在怎样信奉自己的宗教方面并不是那么易于接受基督教一方的指挥。他们能够举出许多先例，来说明他们并不一定非要按照文字上的意义接受《塔木德》的“阿嘎嗒”部分。他们甚至比纳曼尼德还要明确地指出，《塔木德》包含着许多观点，它们是分属于每一位拉比的，并且由于这些观点中有许多是相互对立的，因此要把它们整个接受下来是不可能的，除非是出于对它们的一体尊重。他们还指明了许多“阿嘎嗒”段落中的诗意的和象征的特点，这一点也要比纳曼尼德更为明确。在此处，托尔托萨地区犹太社区的一位拉比〔在题为《两教争端》（*Shevet Yehudah*）的记述中并没有提到他的名字，但在那篇较短的希伯来文记述中所用的名字是所罗门·迈蒙（Solomon Maimon）]的话值得引用一下，他曾插话（针对《米德拉什》中关于救世主降生在圣殿被焚毁的那一天的说法）说："这番话（《米德拉什》所根据的就是这番话）是因为圣殿被焚毁而用来安慰他们（犹太人）的，也就是告诉他们，他们将仍然能够恢复到他们过去所处的状态……它的意思是说，在圣殿被焚毁的那一天，上帝产生了创造一位救世主的想法……"这番话确确实实参透了《米德拉什》的真正含义，在文字上给人们的微妙直觉，就是刹那间就把这次辩论提高到了超越分裂教派之间不和的高度。

因此，犹太学者们要求对于任何可能被引用的"阿嘎嗒"材料中的段落行使他们自我判断的权利，并且拒绝继续充当强加于他们的那种对其字面上意义一无疑问的绝对接受者的角色（即使什么才是文字上的意义的这个问题，也并不像戈罗尼默以及早先的帕波罗·克里斯蒂亚尼所设想得那般明确）。在托尔托萨论争中，事情由于一桩事实而变得复杂化了。这件事实就是，戈罗尼默把许多在巴塞罗那论争中没有引证过的所谓的《米德拉什》中的段落弄到辩论中来了，而犹太教一方的发言人否认它们具有任何的有效性和真实性。当时若不是夹缠着一些骚扰的话，有些情节似乎本应该是喜剧性的。

有那么一次，戈罗尼默曾引用了一个有关基督神学的段落，据称是出于一篇有名有姓、颇有影响的《米德拉什》，但实际上引用的却是雷蒙德·马蒂尼的《信念之剑》。拉比阿斯特拉克当即指出，这一段是假造的，为了证明这一点，他还出示了一个具名的真实原文的副本。对此，戈罗尼默采取了一种颇为滑稽的做法，

先把副本从他的手中抢过来，而后又假装从它里面读到了他所说
的那一段。在另一次会议上，戈罗尼默争辩说，当他提到一个其
存在尚有争议的段落的时候，他没有义务非要出示他断定在其中
91 能找到这一段的原文来证明这个段落的存在；恰恰相反，这项义
务是属于犹太教一方的参加者的，他们应该查阅他们自己的文献，
直至找到这个存有争议的段落为止——如果他们无法找到它，就
应该看作是他们无能的证据。这哪里是什么真诚的论争，只不过
是一种蛮横无理的拷问折磨罢了。事实上，戈罗尼默从来未曾出
示过哪怕是一个原文尚存争议的副本，尽管他无时不在承诺，在
下一次会议上他就会弄出一个来。

在要求那些犹太拉比对《塔木德》和《米德拉什》中的每一
个字——甚至其中那些他们从来没有听说过的内容——都表现出
一味的忠诚的同时，戈罗尼默自以为可以通过他那个关于《塔木德》
的双层理论，以两种完全相反的方式来加以应用：证明基督教的
教义是真理，同时也揭示出《塔木德》中的教义堕落的和亵渎神
明的本质。

论争的最后的几次会议涉及第二种方式。1240 年在巴黎论争
中由尼古拉斯·多尼所加给《塔木德》的所有罪名被又一次重新
提了出来，另外又加上了一些戈罗尼默的额外指控。因此，马拉
松式的托尔托萨论争成为集过去所进行的两次论争的两种作用于
一体的一次论争，即：为了基督教自身的目的而利用《塔木德》，
同时证明《塔木德》是亵渎神明的、反基督教的和污秽不堪的。
但是犹太拉比们已经有了足够的经验教训，他们采取了沉默。由
于在论争的前一阶段，他们已经拥有了其对手使用不公正手段的

大量证据，也由于随着论争的日渐深入，他们遭受到越来越多的傲慢的凌辱，因此，他们拒绝再就这些摘出来供人谴责的《塔木德》中的段落进行辩论。当然，他们不能说出他们这种拒绝的真正理由，所以他们就发表了一个声明，说鉴于他们自己的无能和无知，他们已经无力为《塔木德》辩护了，但是，他们却十分自信地相信，自然会有更能胜任的人能够回答所有对《塔木德》的指控。正是出于这一点，他们希望结束这次论争。这次论争持续了 21 个月，经常是长时间的休会，而在休会期间，又不准许那些犹太教一方的参加者们回家。最后的一次会议，开会的地点竟然从托尔托萨转移到了圣马提奥（San Mateo）的一个村庄［主要是由于教皇，或更确切地说，是那位并未按教规选定而自称的伪教皇（anti-Pope），即本尼迪克特感到在托尔托萨有些不安全了］。犹太学者们的沉默理所当然地被基督徒们看作是一种彻底的失败。教皇和阿拉贡的国王发布了一项联合声明和一系列的法令，对《塔木德》进行谴责，并责令对其进行审查，同时，制定了把所有的 92 犹太人都贬黜到贱民地位的新的法律。因而在整个的王国之中，犹太人受尽了残忍的折磨，许多社区被彻底地毁灭了。

　　然而，在早期的几次会议上，也曾出现过真正意义上的对话。当时，犹太拉比们能够以前后连贯、合乎逻辑的形式发表他们的观点。关于犹太教的救世主理论的几次会议，在澄清犹太教与基督教之间的基本差异方面甚至是颇有价值的。这些会议在后来的犹太思想家们的作品中，尤其是在约瑟·阿尔博（Joseph Albo，他在论争中曾扮演了一个相当重要的角色）的《论基本原则》（’Ikkarim）一书中结出了丰硕的果实。拉比们从纳曼尼德在巴塞罗那论争中的观点出发，同时也根据哈斯代·克莱斯卡斯的著作，坚持认为，在基督徒和犹太人之间关于救世主这个主题上的整个辩论一直都是失衡的，因为救世主在犹太教中远远没有在基督教中那么重要。尽管犹太人信奉救世主的降临，但是他们不相信救世主与灵魂的拯救有丝毫的关系。即使对他们来说，救世主早已降临（这一点对基督徒来说具有压倒一切的重要性）这件事已经得到了证明，但这似乎并不是关系十分重大，这是因为对于犹太人来说，"救世主"的定义是截然不同的。约瑟·阿尔博本人有一次就曾跳起来说，救世主是否已经降临的问题同他信仰犹太教毫不相干。对于犹太人来说，生存的意义存在于每一个个体心灵深处的精神奋斗之中，通过包含在《摩西五经》中的道德教诲的帮助，这种奋斗并未超出个体自身驾驭的能力范围，也就不需要任何的救星把个体从他所处的危境之中拯救出来。至于救世主，他的作用就是为了表明：奋斗就标志着成功，并且这种成功并不只限于个体的层次上，而是达到了全社会的和世界共同体这样的高度。可能存在着许许多多的救世主，他们标志着人类发展史上的各个不同的阶段。

事实上，犹太教一方那些发言人之间在关于救世主的问题上也存在着某些不相一致的地方。有些人说，信奉一位正在降临的救世主是犹太教的一个根本的信条，而其他一些人则不以为然。戈罗尼默试图利用这种不睦来说明犹太教一方的发言人是不诚实的或是不胜任的，或两者兼而有之。但是，这种争执在犹太教的范围内部是完全可以允许的，这正是犹太教的非教条性质的一个显著的标志。这样的一种争执可以在具有对等权威性的犹太拉比们之间发生，但绝不会相互指责为异端邪说。当然，这样的情形不

会在基督教中发生，因为其教义是由全基督教的立法班子会议制
定的，而他们早就规定，对于持异议者一律革出教门。在犹太教中，
并没有能够颁布这种正统决定的官方机构，并且在任何的情况下，
在这类问题上的观点可以自由地保留。戈罗尼默拒绝承认，正是
这种关于教义信仰上的性质，在犹太教中和在基督教中是全然不
同的。例如，他热衷于引证迈蒙尼德的权威性，因为此人曾经为
犹太教制定了关于信仰的"十三条原则"。不过，尽管迈蒙尼德
受到了极高的尊崇，但任何一位犹太拉比都不会把他看成一位具
有决定性的权威。出席论争的每一位拉比都认为，自己也像迈蒙
尼德一样，同样地有资格宣布什么东西对犹太教是必不可少的。
戈罗尼默要使基督教和犹太教在"信仰"的概念上等同起来的企
图还体现在他关于"阿嘎嗒"内容的地位的论证之中。他论证说，
"阿嘎嗒"毕竟比拉比们的话要可靠一些，因为只有在"阿嘎嗒"
的材料中才能找到关于神学的论述。他还质问说，如果不是在"阿
嘎嗒"中，在哪里还能找到犹太教的神学？答案就是，这种基督
教意义上的神学，在犹太教中根本就找不到。犹太教中只存在一
些富有诗意的东西以及神学上的思辨，但是绝不会有任何东西值
得犹太人跃跃欲试地要把人捆在柱子上烧死。*

　　因此，托尔托萨论争并不是每一次会议都不允许犹太教一方

---

　　* 此处暗指宗教法庭判处"异端"的主要死刑执行方式之一——火刑柱死刑。
这是一种最残忍的死刑，宗教法庭常常用这种"火刑"公开处决那些所谓的"宗教异
端"领袖和科学先驱。广为人知的例子如文艺复兴时期的意大利哲学家、科学家布鲁诺
（1548~1600 年），因接受、宣传和发展"日心说"而被宗教法庭处以火刑，烧死在罗
马鲜花广场上。——译者

的发言人就犹太教的观点明确而直接地发表看法的，并且他们还很好地利用了这些会议进行了具有永久价值的陈述。然而，作为整体来看，这次论争除了它的过分宏大的规模以及那种体现基督教与犹太教之间重大对抗的外表之外，只不过是一个令人痛苦而又十分悲惨的事件而已。虽然基督教一方费尽心机，力图保持一种注重温和劝服的印象，但论事实际上是在一种恐怖与死亡的气氛之中进行的。文森特·法雷尔的那些疯狂的同伙横行乡里，煽动平民卷入了反犹的狂热之中。在这样的一种气氛之下，众多的犹太人屈服了，并接受了基督教的洗礼，然后被带到在托尔托萨举行集会的大厅里，面对着那些出席会议的犹太拉比，声明他们接受了基督教。在论争结束之后，甚至发生了更加难以计数的洗礼。当然，某些人是受会在阿拉贡王国宫廷中被委以高位这种承诺的诱惑。甚至唐·威德尔（Don Vidal），他曾在托尔托萨论争的早期阶段当过犹太教一方的首席发言人——在拉丁语里叫作"阿伦加"（arenga），居然也皈依了基督教，并且成了一位高级官员。西班牙犹太人的士气遭到了沉重的打击，这并不是因为宗教叛徒戈罗尼默在托尔托萨论争中针对他们的宗教所提出的任何论据，而是由于犹太人的地位在总体上的每况愈下，再加上阿维洛依主义者的怀疑论的侵蚀，后者使得从一个遭人鄙视的犹太教到一个同样是遭人鄙视的基督教这种犬儒式的变迁变成了一件轻而易举的、纯粹算计个人利益的事情。

在托尔托萨论争中，甚至外在的壮观在某种程度上也是一个骗局。本尼迪克特十三世并不像他所装扮的那样，真的就是天主教的教皇，而仅仅是三位对这一职位提出要求的竞选者之一。在当时，他只不过正在策划如何战胜他的竞争对手罢了。毫无疑问，本尼迪克特把这次论争视为实现他的教皇之梦的一种手段。然而，在这一件事件中，他并没有获得成功。在比萨（Pisa）公会议上，然后又在康斯坦斯（Constance）的宗教会议上，他所提出的要求都被否决了。但他绝没有接受这些会议上的决定，并且一直到死仍然只是一位伪教皇（mini-Pope）*，躲避在他的帕尼斯科拉（Peniscola）城堡中，在那里他有自己所谓的红衣主教团。当他 1424 年去世之后，这些红衣主教们组成了一个他们自己的小型教会宗派，为本尼迪克特那个荒谬可笑的小教廷选定了两位竞争候选人。托尔托萨论争中的一代教皇就这样结束了他的一生。

然而，由本尼迪克特同费迪南的合作所表现出的这种教会和政权之间的联盟形式却悲剧性地得以延续了下来。正是由于国王们的支持，西班牙的犹太人才能够逐渐建立起他们辉煌的文化，尽管他们曾一直受到来自教会的敌视。早先的时候，那些国王之所以支持他们，是因为需要这些人的才华和能量。但如今，在西班牙，犹太人已经不再有什么用处了，因为他们的学生**已经从他们那里学到了足够的东西。他们在西班牙余下的时间里，直到 1492 年他们最终遭到极为残酷的驱逐，实际上是一篇日甚一日沉重的悲剧故事。

纵观托尔托萨论争的整个过程，自始至终屹立着一个纳曼尼

---

* 此处"伪教皇"是站在犹太人视角而言的，原文亦有"分立教皇"或"对立教皇"的意思。"教皇宫"位于法国东南部的阿维尼翁，与罗马教廷"分庭抗礼"。——译者

** 此处指基督徒。——译者

德的形象。这个形象在过去的那个充满幸福的时代的映衬下显得尤为突出，他说过的话一再地被那些出席这次论争的犹太拉比所引用。在巴塞罗那论争中，纳曼尼德曾是一个陷于绝境的人，但是他的精神仍然是高尚的，是一位不因侮辱和压迫而屈服的犹太人。在托尔托萨论争中，处于低潮和蒙羞时期的犹太拉比们所表现出的以苦为乐的勇气仍然是值得我们钦佩的，但是，中世纪犹太、基督两教对话中的伟大人物，一位代表着希望和勇敢的人物，仍然是纳曼尼德。

第 II 部分

巴塞罗那论争：原文

6 《维库阿》导读

关于《维库阿》的开篇部分

按照施泰因施耐德版本的排印，《维库阿》开头的段落是这样写的：

> 我们在《法庭篇》（Sanhedrin）中读到，"我们的老师曾教导我们：耶稣有五位门徒，即马太（Mat'ai）、纳凯（Nak'ai）、尼泽尔（Nezer）、布尼（Buni）和托达（Todah）。他们把马太带来，他就对他们说，'马太要被处死吗？《圣经》上不是说，"马太要来并且会在上帝面前看到他"吗？'他们回答，'是的，马太必须处死，因为《圣经》上又说，"马太就要死了，他的名字也要湮没无闻了"。'

> "然后，他们又带来了纳凯，他对他们说，'纳凯要被处死吗？《圣经》上不是说过，"你们不要杀死纳凯和正义的人"吗？'他们回答，'是的，纳凯也必须处死，因为《圣经》上还说，"他将在秘密的地方处死纳凯"。'

> "然后，他们又带来了尼泽尔，他对他们说，'尼泽尔也要处死吗？《圣经》上不是说过，"尼泽尔会子孙兴旺"吗？'

他们回答，'是的，尼泽尔也必须处死，因为《圣经》上又说，"把你们像一位可恶的尼泽尔那样从坟墓中扔出去"。'

"然后，他们又带来了布尼，他就对他们说，'布尼也要处死吗？《圣经》上不是说过，"布尼是我的第一个孩子，啊！是以色列人"吗？'他们回答说，'是的，布尼也必须处死，因为《圣经》上还说，"看吧！我要杀死你的布尼，你的第一个孩子"。'

"然后，他们又带来了托达，他对他们说，'托达也要被处死吗？《圣经》上不是说过，"这是送给托达的《诗篇》"吗？'他们回答说，'是的，托达必然处死，因为《圣经》上也说，"不管是谁，只要屠杀了托达，都将给我带来荣耀"'。"

拉比所罗门（Rabbi Solomon，即拉什）这样写道："他们（耶稣的门徒们）与罗马政府过从甚密，这就是为什么犹太拉比们不得不对他们每一句的诡辩式的论证做出答复的原因。"所以，同样的道理，我写下这些文字，作为对弗雷·保罗刚愎自用的回答，他在我们的国王陛下以及他的那帮术士和顾问面前当众出丑，真是愧对他所受的教育。愿国王的荣耀日升，他的王国繁荣昌盛。

98　　这里所援引的《塔木德》中的段落，其大意是描写"耶稣的五个门徒"是如何被犹太当局处死的。因为每一位都是以诱供的方式被处死的，所以他便想方设法通过引用《圣经》中包含那个门徒名字的一个双关语这样的一句话以求得宽恕。然而，在每一件案子里，当局总是能够用另一句其中同样双关地包含着被定罪

的死刑犯的名字的引语凌驾于他的引语之上，只是这种引语是一种含蓄地宣告有罪而不是判定无罪罢了。很显然，整个段落是一篇幻想离奇的作品，充满了令人怀疑的意味，是想用来作为一种对基督教宣传的强烈抗议。编写这一段落的时间大约是在公元250年。

令人奇怪的是，从来没有人对作为《维库阿》开场白的这段内容的可靠性提出过质疑。基于对该段是否是纳曼尼德原著的一部分的怀疑，我们在眼下的译本中将其删掉了。如下就是作出这一决定的理由：

（1）纳曼尼德关于巴塞罗那论争的记述是应杰罗那的主教，即加泰隆尼亚（Castellnou）的彼得（Peter）的请求而写成的。所以，这部著作的第一个版本所使用的必定不是拉丁文就是西班牙文（加泰隆语）。不管是主教还是多明我会的首脑们都会迫不及待地阅读它。因此，纳曼尼德绝对不可能在他的记述中写进一些与论争的主题无关的、十分唐突的和具有煽动性的东西。

（2）1263~1264年间，正是纳曼尼德撰写《维库阿》的年份，当时正在对《塔木德》中反基督教的内容进行一项调查，这是由教皇和西班牙的多明我会修士们发起的，并由某些纳曼尼德在论争中的对手，即雷蒙德·德·皮纳福特、雷蒙德·马蒂尼和阿诺德·德·塞加拉（Arnold de Segarra）等所负责的一次调查。"犹太人一方"长达一年半的"艰苦努力"（贝尔语），终于使得詹姆斯一世撤销了他原先对《塔木德》进行审查和删改的法令，但是，多明我会修士们反对《塔木德》的运动仍在持续着。在这样一个微妙的时期，纳曼尼德却同时使用非希伯来文和希伯来文两种文字开始写作，而所用的又正是那些可能接受审查和被删改的《塔木德》的内容中的一部分，以这种方式来故意地加剧冲突，这件事情本身实在是令人难以置信。

（3）在论争的整个过程中，纳曼尼德一直十分谨慎，避免直接地提及耶稣被犹太人通过司法程序处死（如他自己所构想的）这一事实。当时，他曾偷梁换柱地把耶稣说成是"被人杀害"的，并且曾受到"他的敌人的追捕"。然而，这里在《维库阿》的开头，他显然以最为直截了当的方式指明了是对耶稣的那些最亲近门徒进行了的所谓司法判决——尽管基督教的传统说法也并未因此而对犹太人进行谴责。

（4）恰如贝尔所论证的那样，《维库阿》的这一部分与其余部分的唯一的关联或许就是，作者希望以此来提醒他的读者们，不要对他在论争期间针对犹太教一方所提出的某些论据过于当真。但是，前面已经论证过（见第61~63页），假如纳曼尼德对自己的所有论据都是完全当真的话，那么该部分就会变得全然地不相干，并且成为一种误导了。

（5）当多明我会的修士们对纳曼尼德关于论争的记述提出抗议时，他们非常清楚地申明（见第60页），该记述包含了原先在论争中就曾发表过的"亵渎神明的言词"。然而，他们并没有抗议说他在其书面的记述中又添加了更多的亵渎神明的言词。虽然用沉默来进行争论是很危险的，然而，若插进颇为唐突的一段内容，又恰恰把它插在最前面，似乎极有可能会激起对方特别的愤慨。此外，纳曼尼德在其自我辩护中，曾面对国王抗辩说，他只是在其记述中重复了他在论争时所说过的那些话而已，当时，国王曾赋予了他可以自由发言的特别许可。不过，如果他真的糊里糊涂地额外加进一些"亵渎神明的"东西的话，那么，可以肯定地说，那些多明我会修士们实在是失去了这个千载难逢的大好机会。然而，很显然，国王对纳曼尼德关于所说过的真正"亵渎神明的言词"的辩护表示认可，并且仅仅对他未经国王许可就发表了书面的记述（尽管他这样做是应杰罗那那位主教的请求）而对他进行了（轻微的）判决。

可以说，这段内容在为杰罗那的主教所写的该记述的第一个版本中是不存在的，这似乎是一个无法避免的结论。但是，现在就出现了这样一个问题：这段内容是什么时候加进去的呢？人们并不清楚《维库阿》的希伯来文版本，这个现在仅存的版本是在什么样的情况下写成的？到底是纳曼尼德自己写成的，还是出自另一个人的翻译？是在与西班牙文（拉丁语）的版本大致相同的时间写成的，还是在若干年之后写成的呢？要绝对肯定地回答这些问题是不可能的。但是，应当存在着这样的可能性，即希伯来文的版本是在论争发生之后若干年写成的，并且是出自另一个人而不是纳曼尼德的翻译。在希伯来文的原文中存在的某些迹象表明，这可能是由一位时常不能完全理解纳曼尼德的论据的某个人写成的。纳曼尼德在1267年就离开了西班牙前往巴勒斯坦，并且，在西班牙文（拉丁语）的版本的出版和他离开前往巴勒斯坦这段时间间隔内，他一直受到多明我会修士们的严重骚扰，并且不得不在审讯机构面前公开露面几次。因此，他既没有时间也没有兴趣来着手写作该记述的一个希伯来文版本，更何况它已经为他惹下了如此多的麻烦。

100

　　所以，一种站得住脚的答案就是，希伯来文的版本是在论争发生之后 10 到 15 年间写成的，当时正是施加在《塔木德》上的压力有所缓和的时候，也正好是纳曼尼德本人躺进他在巴勒斯坦的坟墓的时候。

　　按照这种观点，有这样一位虔诚的翻译家，不管这个人是谁，由于他对纳曼尼德关于"阿嘎嗒"的某些表述中的大胆袒露感到有些惊恐，总觉得（就像一些现代的评论家那样）他不能把它们的意思表达得过于认真，才出于为犹太读者的利益的考虑，加进了那些针对耶稣门徒的诙谐的问答。

　　在另一方面，《维库阿》主体部分的希伯来风格说明，它与纳曼尼德其他著作中的希伯来风格异乎寻常的相似，并且总体来说，它实在是过于明晰而生动了，以至于不像是出自一位临时雇佣的翻译者之手。那么，对于我们上面的这个问题，最可能的答案就是，纳曼尼德确实曾为他的记述写下了一个希伯来文的版本。这个版本可能直到他死后若干年才得以流传开来，这时才由某个人加进了开头的那段内容并进行了重新编辑。他之所以这样做，既是为伟大的纳曼尼德屈尊与基督徒们的争吵进行辩解，也是为了对纳曼尼德本人对"阿嘎嗒"内容进行解释时过分任意性的自我表现寻找借口。同样地，还是这位编辑者，他在编译纳曼尼德的原文时犯了几处理解上的错误，并且还另外加进了两个很短的段落。像在开头的那段内容的情形一样，这两段同样展示了那种无缘无故、毫不相干的辩论术（见第 117 页和 123 页注释）。

　　但是，是不是还存在这样的可能性，即纳曼尼德本人在将其关于论争的记述翻译成希伯来文之后，又加进了开头的那段内容呢？

否定这种可能性的主要原因，乃是加进来的这段内容与这本书的其余部分在语气上不相一致，它属于一种完全不同的论辩风格——交谈中的相互嘲弄一类。这种风格在有关《塔木德》的文献中确实是极为少见的，但在公众文明建设的水准上或许能有一席之地。很难相信，纳曼尼德会在完成了一部如此充满超然冷漠的理性主义和崇高情感的杰作之后，还会恰恰在它的开头加上这样一段引言而破坏了他的整部作品的基调。更何况，正如上面所论证过的，当时一项关于《塔木德》中反基督内容的调查还正在进行之中呢。《维库阿》的希伯来文的版本必定受到基督教一方的希伯来语言学家诸如帕波罗·克里斯蒂亚尼和雷蒙德·德·皮纳福特的仔细检查，并且纳曼尼德心里必定也非常清楚，该书肯定会遭到这样的审查。那么，他怎么会故意地恰恰在他的希伯来文的版本的开头加进这样的一段内容呢？

101

7 纳曼尼德的《维库阿》：译文与评注

论　争（译自纳曼尼德的《维库阿》，
施泰因施耐德编，1860 年）

　　国王陛下命令我在巴塞罗那他的宫廷里，当着他本人及其顾问们的面，同弗雷·保罗（Fray Paul）举行一次御前论争，我回答说："如果允许我想说什么就说什么[①]的话，我将遵照国王陛下的命令行事。"我是想因此而得到国王的许可，以及皮纳福特的弗雷·雷蒙（Fray Raymon of Pennaforte）和当时在场的他那些朋友们的许可。

　　弗雷·雷蒙·德·皮纳福特回答说："倘若你不是无礼吵闹，那当然可以。"

　　我对他们说："我想，我不一定非要服从你们对此的评判[②]，而只是想就论争中的问题自由发言而已，这就正如你们爱说什么

---

① 允许我想说什么就说什么

关于纳曼尼德被赋予可以随心所欲发言的特别许可的另一处确认，可参见第 I 部分第 59 页。

② 我想，我不一定非要服从你们对此的评判

而不是"我的愿望并非是要与你们的规则相悖"（兰金语）。

就说什么是一样的①；我自认为有着充分的理解能力，足以做到像你们一样，仅就论争的问题有节制地发言，只不过要让它能够按照我自己的情况自由斟酌罢了。"结果，他们都同意了我关于自由发言的要求。

根据这一点，我回答说："现在，这里有一场非犹太人与犹太人之间的论争，是一场关于两种宗教中那些对于宗教信仰来说并非十分重要的、有关宗教习俗方面的许多问题的论争②。今天，在这个庄严的法庭上，我愿意仅就对论证十分重要③的那些问题进行论争。"

他们异口同声地说："你讲得一点儿不错。"因此，我们达成了一致意见，首先就救世主的议题发言，即是否像基督徒所信奉的那样他已经降临，还是像犹太人所信奉的那样他尚未降临；在此之后，我们将讨论救世主是真正神性的，还是完完全全是一个男人和一个女人所生的凡人；再后，我们将讨论是否犹

103

---

① 正如你们爱说什么就说什么是一样的

并不是"像你们所坚持的那样"（兰金语）。

② 两种宗教……宗教习俗方面的许多问题的论争

希伯来文是 *minhagei ha-torot*，兰金忽略了复数形式，而翻译成"律法惯例"。纳曼尼德并不是想讨论诸如奉行星期日还是星期六作为安息日这样的宗教习俗方面的差异。基督教也拥有包含自己的 *minhagim*（宗教礼仪）的"律法"。这样，对于纳曼尼德的话来说，就比为犹太教所独有的那种关于 *ha-torot* 的翻译要更为贴切得多了（或许暗中指的是成文书面律法和口头律法）。

③ 对论证十分重要

希伯来文是 *she-kol ha-din talui ba-hem*。兰金将其翻译为"宗教作为一个整体基于其上"：*din* 的意思绝不会是宗教，尽管其相关词 *dat* 的确具有这种意思。在 *din* 的各种各样的意思中，用在这里最为恰当的意思应是"论证"，虽然它的意思也有可能是"结论"。

太人仍然拥有真正的律法，抑或是否基督徒们还在奉行着这些律法。①

　　然后就由弗雷·保罗开场。他说，他要根据我们的《塔木德》来说明，由预言家们所证实的救世主已降临了。

　　我回答说："在我们对此进行辩论之前，我希望你能先就这个问题的可能性向我提供事实根据。因为自从弗雷·保罗在普罗旺斯*以及其他许多地区四处游说以来②，我就曾耳闻，他一直在散布某些诸如此类的东西，并且我对此感到非常惊讶。让他先回

---

　　①　是否犹太人仍然拥有这些真正的律法，抑或是否基督徒们还在奉行着这些律法

　　这里译作"律法"这个词的原文是 torah，它也可以翻译成"宗教"。译义的选择颇为重要，因为贝尔（1930~1931 年，第 183 页）曾经论证过，犹太教一方同基督教一方的记述之间在此处存在着巨大的差异。后者将论争的这一条款叙述为："quad legalia sive ceremonialia cessaverunt et cessare debuerunt post adventum dicti messie"（在救世主降临之后，律法的和礼仪的东西终止了并且必然终止）。贝尔论证说，纳曼尼德在这里是将论争点描述得比其真正的意义所在更为广泛了一些，故而掩盖了他在选择日程表中的次要角色以及日程表受到限制的性质。无论如何，这一点是基于将 "torah" 翻译成了"宗教"而不是"律法"来说的。在这里必须译作"律法"这一点，可以从"奉行"（osim）这种措辞上看到，是优先于"信奉"（ma'aminim）来使用的。还有，mahazikin 这种措辞，其意思是"抓住不放"或是"仍然拥有"，当使用在犹太人的身上时，就说明这里所争论的问题乃是犹太人法律的和礼仪的规定是仍然有效，还是已经被废止了。因此，纳曼尼德关于这一论争条款的描述，若是翻译无误的话，是同在基督教一方的记述中所看到的描写完全一致的。

　　*　法国一重要地区。——译者

　　②　自从弗雷·保罗在普罗旺斯……四处游说以来

　　施泰因施耐德写的是 she-ha-melekh be-provinzia（"国王在普罗旺斯"），而艾森斯坦令人信服地将它修正为 she-halakh be-provinzia。兰金的错误之处是用"在普罗旺斯"替代了"普罗旺斯"，这已经由罗斯和其他一些人指了出来。当时是法兰西的路易九世委任帕波罗在普罗旺斯四处旅行进行传教布道活动的。

答我这样的几个问题：他是不是想说，《塔木德》中的圣哲们都相信耶稣是具有救世主身份的；并且他们也相信，他不仅仅是一位凡人，而是像基督徒所认为的那样，也是一位真正的神性人物呢？耶稣的事件发生在第二圣殿的时期，并且他出生于而且被杀于圣殿被焚毁之前，而像拉比阿基瓦（Rabbi Akiva）和他的朋友们这些《塔木德》的圣哲却是出生在焚毁事件之后，这些事实难道不是众所周知的事情吗？还有，编纂《米西那》的那位拉比以及拉比拿单（Rabbi Nathan）①也是出生在焚毁事件之后的若干年，那就更不用提拉弗阿什（Rav Ashi）了；他编写了《塔木德》并且是该书的执笔者，而他是生活在圣殿焚毁事件之后大约 400 年②。如果这些圣哲相信耶稣的救世主身份，并且相信他本人及其信仰和宗教都是真的的话，如果他们写下这些东西，而弗雷·保罗就说根据这些东西可以来证明什么的话，如果是这样，为什么他们仍然保留着犹太教原来的这种宗教和实践形式呢？这仅仅因为他们是犹太人，并且仍然信奉着犹太教，生是犹太人，死为犹太鬼，他们、他们的儿子们、他们的学生们都听信从他们自己的口

---

① 拉比阿基瓦……那位拉比以及拉比拿单

在这里，提及拉比阿基瓦不仅仅是作为一位著名的拉比，而是一位在《米西那》的形成过程中曾起过重要作用的人物，其汇编（即众所周知的"拉比阿基瓦的《米西那》"）是《米西那》最后定形的一个重要来源。而"那位拉比"（即拉比犹大王子）被大多数的中世纪作者看作是我们现在的这部《米西那》的编者，但是，《塔木德》中的一个段落（b BM，86a）在这部著作中将拉比拿单同这位拉比联系在一起，并且还提到了"拉比拿单的《米西那》"。

② （圣殿）焚毁事件之后大约 400 年

莱顿手稿中是"耶稣之后 500 年"。

中说出的每一句话。为什么他们没有像弗雷·保罗那样皈依基督教呢？这位保罗先生刚刚从某些人的言谈之中听说基督教才是真正的信仰，然后就乖乖地去了，并按照他们的话成了皈依者。然而，他们，以及那些从他们的口中获得教诲的学生们，仍然像我们今天的这些犹太人一样生生死死。他们正是这样的一些人，他们教导我们懂得摩西的宗教和犹太人的宗教，因为我们今天所做的每一件事，都是遵照《塔木德》，遵照从《塔木德》写成的那一天起，直到现在我们所一直奉行的《塔木德》的圣哲们规定的那些传统和习俗。《塔木德》的全部的目的所在，无非是教导我们如何实践《摩西五经》，以及我们的祖先在圣殿时期是如何按照先知们的教导，按照我们的先师摩西（愿他安息）的指引来实践它的①。如果他们信奉的是耶稣和他的宗教，为什么他们不像这位对他们的话比他们自己理解得还要深刻的弗雷·保罗先生那样做呢？"

弗雷·保罗回答说："这番冗长的陈述②是打算在论争中投机取巧。然而，不管你说什么，你还是要先听听我说的话。"

我就对着听众席说："这是他将要发表毫无实际意义的讲话

---

① 以及我们的祖先是如何在圣殿时期……来实践它的

兰金（第180页）在此处有误解，而开始了另一个句子："正是出于这种考虑，当圣殿肃然矗立着时，我们的远祖才接受了先知们的指引……"此处的要旨似乎是说，《塔木德》是在告诉我们，我们的祖先是如何奉行先知们的训谕的。

② 这番冗长的陈述

参见第Ⅰ部分，第67页。

的一个再明显不过的证明 ①，但我还是要听听他到底要说什么，因为这也是国王的意思。"

他是这样开场的："《圣经》中说（《创世记》49：10）：'权杖必不离犹大（Judah）……直到细罗（Shiloh）来到。'细罗就是救世主，并且先知们的意思是说，在那位接续他继续前进的救世主降临以前，犹大家族将一直拥有这种权力。如果是这样的话，如今，当你们没有一条单一的君主权杖或是一位唯一的统治者时，作为犹大的后裔并拥有统治者身份权力的救世主必定已经降临了。"

我回答说："先知的意思并不是说犹大的王国会没有任何中断地一直延续下去，而是说绝不会永远离开他（犹大）而永远不再拥有。他的意思是说，不管什么时候，若是以色列人真的有了一位王室的统治者，这个人必定是犹大部落的一位成员；如果他们的王国由于罪孽在短期内失去了权柄，那么当复兴时，还是要回到犹大家族的手中。我所说的这些话的证据在于，在耶稣之前许多年，王室的权力从以色列人手中失去了，尽管不是从犹大家族的手中失去的，并且还有很多年，王室的权力是既从犹大家族的手中也从以色列人的手中失去了。因为在巴比伦大流放

---

①　我就对着听众席说："这是一个……再明显不过的证明"

兰金（第181页）的这番话（包括那句引导性短语 *va-'omar aleyhem*）是针对弗雷·保罗说的。然而，因为它出自纳曼尼德之口，又加上那句引导短语并不作为这番话的一部分，其意义就远不止这些了。请注意，这个句子里的引导性的动词是一个因果动词。在此处以及《维库阿》中的其他一些地方，每当纳曼尼德要导入一篇演讲而又想求得一种特别的戏剧性强调语气时，他总是喜欢使用这种《圣经》式的风格。

的七十年中，根本就不存在什么王国，既没有犹大的王国，也没有以色列人的王国，并且在第二圣殿时期，也只有所罗巴伯（Zerubbabel）和他的儿子们统治了一个有限的时期，从那以后

106　的 380 年间，直至发生圣殿焚毁事件[①]，都是在哈斯蒙尼家族的祭司及其忠实奴仆[②]的统治之下。不言而喻，当人们都加入了流放的行列时，根本就不存在王国，因为如果没有人民，也就没有国王。"

---

① 从那以后的 380 年间，直至发生圣殿焚毁事件

兰金译为："这样，从此之后经过了 380 年，境况依然如故，直到圣殿被毁，一片废墟，当时哈斯蒙尼的祭司王朝及其附属国成了王者。"这是错误的。hurban 这个词指的是公元 70 年的圣殿焚毁事件，而不是安提奥查斯主显节[*]期间的"将神物用作俗品"。纳曼尼德的意思是说，犹大家族在所罗巴伯王朝之后的时期一直未再（即"停止"，'amdu）产生国王，因为在这一时期出现的每一位国王都不是犹大的血统，而是利未（亚伦祭司）的血统。因此，所谓的"停止"并不是随着耶稣的降临才开始的，而是要早得多。380 年这个大约的数字，即从亚历山大大帝即位到圣殿被焚毁，是来自口头流传下来的犹太教的资料。这个时期包括：希腊人统治期，180 年；哈斯蒙尼家族统治期，103 年；希律家族统治期，103 年，总计为 386 年。现代历史学家或许会将这一时期估为 400 年（公元前 330 年至公元 70 年）。参见 Seder 'Olam Rabbah 第 30 章："拉比约西（Rabbi Yose）说：'圣殿时期的波斯王国连续了 34 年；希腊王国，180 年；哈斯蒙尼王国，103 年；希律王国，103 年。'"根据犹太教口头流传下来的关于圣殿被焚毁的日期，可以算出是公元 68 年，而不是公元 70 年。

* 1 月 6 日纪念耶稣显灵的节日。——译者

② 哈斯蒙尼家族的祭司及其忠实奴仆

并不是"及其附属国"（兰金语）。这里所指的并不是与哈斯蒙尼国王同时代的任何从属国国王，而是指紧接其后的希律国王，因为依照《塔木德》的传统说法，希律一世原本是哈斯蒙尼家族的一个奴隶或是仆人（见 b BB, 3b）。因此，纳曼尼德在对《创世记》49：10 所作的注释中，也使用了同样的措辞"及其奴仆"，非常明确地指的是希律家族："上帝使得他们的仆人去统治这些国家，他们便将它们毁灭了。"关于这一节的完整注释尚有待商榷。

弗雷·保罗回答说①："在所有的这些时期，尽管他们没有国王，但他们却有统治者。正因为如此，在《塔木德》中（b Sanh.，5a）是这样解释的：'君主的权杖将不会离开犹大'——这正是指那些巴比伦王国的流放者的首领们，他们用一根权杖统治着人民；'……是一个在他的眼皮底下的统治者'——这些人指的是希勒尔（Hillel）的后裔，他们公开地教授《摩西五经》。今天，你并不具有那种在《塔木德》中众所周知的'圣职授任'（semikhah）②，并且那种统治者身份的形式也已经停用了，另外，你们之中眼下没有一个人能够真正地称得上'拉比'。至于说到你被称为'大师'的事实 ③，这实际上是一个错误，而你自己使用这样一个称号就更

---

① 弗雷·保罗回答说

在这里，保罗实在是糊涂透顶（参见罗斯，第 125 页）。他认为，流放者首领们（Exilarchs）的统治期是"巴比伦之囚"阶段和第二圣殿时期，而实际上他们的统治期是从公元 70 年的圣殿焚毁事件之后直至公元 13 世纪。如果纳曼尼德能采纳这种论点的话，他就会利用保罗的论据反过来攻击保罗，可以向他证实流放者首领们的统治期在耶稣降临之后又持续着若干个世纪。然而，纳曼尼德并不希望用这样的方式来看待这一论点，因为他有他自己的一套论据。他认为，根据《创世记》49：10，那些流放者的首领并不是什么"国王"或是"统治者"，而仅仅是一伙拥有极为有限的权力的官员罢了。

② 圣职授任（semikhak）

仅仅在巴勒斯坦实行过双手叠放这种圣职授任的仪式（参见 b Sanh.，14a："在圣地*之外的地方并没有圣职授任这种东西"）。为了标明这一事实，巴比伦的拉比们被称之为"拉弗"（Rav）而不是"拉比"（Rabbi）（b Sanh.，13b）。不过，这仅仅是一个形式问题，用来显示对以色列这块圣地的尊崇而已，并不会因此而影响到巴比伦那些拉比们的司法权力。所以，保罗的论点是无效的。

* 指巴勒斯坦。——译者

③ 至于说到你被称为"大师"的事实

并不是"不管眼下你本人能被称作什么"（兰金语）。

是不诚实的表现。"[*]

107　　我颇含嘲弄地模仿着他的腔调回答："这与论争本身无关，并且即使有关，你所说的也不是真实的。因为'大师'并不等同于'拉比'，而是相当于'拉弗'（Rav）这个词，并且在《塔木德》里，'拉弗'这个头衔是用于那些并没有被授任圣职的老师们（b Sanh., 13b）。但是，我承认，我并不是一位真正的'大师'，或者甚至也算不上是一个一流的学生。"我是以非常谦虚的口气^①说这番话的。然后，我又回到原来的题目上，对他说："让我告诉你，我们尊敬的先师们（愿他们安息）并没有想把上面的那句话解释为其他东西的意思，而只不过指的是真正的国王身份而已。麻烦之处就在于，你无法理解'哈拉哈'（即律法方面的）中的那些内容，你只不过懂一点'阿嘎嗒'方面的皮毛，一直在这上面瞎忙活罢了。圣哲们所提出的题目是这样的：根据律法本身严格的字面意义，一个独自充当法官的人并不能免除支

---

　　* 一般来讲，"拉比"是指较为普通的犹太学者，相当于"老师"；至于"大师"，是一种翻译上的处理，用以突出那些拥有最高学术地位的犹太学者。关于"大师""长老"和"拉比"这些称谓，请参见第222页"基督教一方关于托尔托萨论争的记述"中的注释。——译者

　　① 以非常谦虚的口气

　　并不是"以纠正他的方式"（兰金语）。此处的这种表达方式意味着一种自律，而不是在训导别人。参见前面曾用过的措辞方式 be-derekh musar，前面曾翻译为"以较为节制的方式（有节制地）"（第102页）。

付损害赔偿金的义务 ①（如果他做出了一个法律上的错误判决的话），除非是他获得了王子或者国王的特别许可。圣哲们决定，在流放时期，既然存在着一部分具有王室血统的人，如巴比伦王国的流放者首领和以色列的纳西（*Nasi*）*，他们被那些不信犹太教的国王们授予了某些权限，应当允许他们行使颁发特许证和授任圣职的权利 ②（b Sanh., 5a）。在耶稣时代之后，这种传统的做法在那些研究《塔木德》的圣哲之间风行了四百多年 ③。但是，

①　并不能免除支付损害赔偿金的义务

兰金翻译为："要让任何一个人免除对惩罚的付金，除非是当局收到了王子的付金时，才会如此。"这是一个误解。这并不是一个免除某位被告受罚的问题，而是免除法官受罚的问题，假如他做出了错误的判决的话（参见 b Sanh., 5a：拉弗说，"如果一个人想要充当法官，而又想在错判的情况下免受惩罚，他就必须从管理流放者的首脑机关那里获得一种特许证"。），在这里，纳曼尼德的主要论点是说，仅仅是出于这种有限的目的，流放者首领才被认为拥有某种律法上的权力；就《创世记》49：10 中的含义来讲，他们并不是真正的国王。

*　希伯来语的意思是"亲王""统治者"等。在远古时代，主要用来称呼家族族长、部落首领或一国之君、政治领袖。公元 425 年，罗马当局宣布废除族长制，中止犹太教公会的存在，这一时期纳西的权威也告终止。但是，这一称呼却一直延续了下来，现在多用来称呼那些具有领袖地位的人，如以色列人仍称自己的国家首脑为"纳西"。——译者

②　应当允许他们行使颁发特许证和授任圣职的权利

兰金又一次胡说八道，"当局除了授任圣职，还拥有一种（特别的）权限"。问题是，最高统治者颁发法官特许证的这种权力是授给流放者首领们的（而不是像兰金所认为的那样，那些流放者的首领自己获得了充任法官的权力）。

③　在耶稣时代之后，……四百多年

"实际上是公元 670 年，就是第 50 世纪的 119 年（犹太纪元的 419 年），也就是拉比大王子的儿子希勒尔（犹大三世）的时期，'大法庭'（Sanhedrin）在以色列这块圣地上被废除了，专门从事这方面研究活动的人也就未再继续下去。"［见纳曼尼德的论著《论公正》（*Sefer ha-Zekhut*）中有关 Gittin 4 的论述］犹太纪元 4119 年也就是公元 359 年，而根据纳曼尼德的推测，耶稣死于大约公元前 100 年。

这并不因而就意味着，那些《塔木德》的圣哲们的观点 [1] 就是说，

108　那句话的意思是永远存在着某种属于犹大家族血统的人的'权杖'，
或者某种永远属于犹大家族的'统治者'，而是说，先知们曾把
以色列的王位许给了犹大家族，这是一个完全的国王身份的允诺。
然而，正如我所提到过的，这期间可能中断了相当长的一段时间，
因为在巴比伦大流放的时期，他们根本就没有什么'君主的权杖'

---

[1]　这并不因而就意味着，那些《塔木德》的圣哲们的观点

　　对纳曼尼德在这一点上的论证，需要做一些澄清。以"这并不是《塔木德》的圣
哲们的看法"开始的这句话，乃是造成混乱的根源，大概需要修正。例如，*ki ein da'at
ḥakhmei ha-talmud she-yihyeh tamid eizeh min shevet mizer'a Yehudah u-meḥokek asher
liyhudah*。

　　乍一看，或许会使人感到奇怪，就是纳曼尼德通过论证来反驳流放者首领和纳西们
实现了《创世记》49：10 中的预言的理论，而弗雷·保罗反而是论证来支持这一理论的。
在这里，纳曼尼德采取了与其他的犹太教卫道士们不同的战术，他们总是试图论证权杖
从来也没有完全地离开过犹大家族，并且犹太教自治的任何残存的形式，不管它是如何
的有限，都应当被视作权杖或是统治的一种延续。纳曼尼德采用了一种更加难以捉摸同
时也是更为易于自卫的战术。他认为，所谓承诺并不是指权杖的连续性，而仅仅是说权
杖有一天还会回到犹大部族的手中。弗雷·保罗认为，他通过将注意力转移到《塔木德》
中的段落上而拒绝采用这种方式，而这个段落把流放者首领们和纳西们看作对有关权杖
和统治者的预言的一种完完全全的实现。对此，纳曼尼德回答说，引证这种《塔木德》
中的观点，并不是用来证实权杖是连续不断的这种理论，而仅仅是在有限的有关"哈拉哈"
内容的上下文关系上为流放者首领们和纳西们颁发法官特许证的权力提供法律上的辩护
而已。即使流放者首领们和纳西们的的确确是用一种有限的方式来作为权杖得以在犹大
部族中留存下来的例证，这也并不是指那篇预言排除了在犹太教的历史上仍然存在着其
他的毫无任何权杖痕迹的时期的可能性。这种无权杖期在过去的历史上时有发生，甚至
在《圣经》时代也出现过，而眼下的这种犹太人无权无势的状况只不过是又一个这样的
时期罢了，丝毫也不能证明救世主必定已经降临。

　　对于有关基督教一方与犹太教一方在有关细罗的预言问题上的论据的详尽论述，请参
见波斯南斯基（A. Posnanski），1904 年，《细罗……救世主的历史》（*Schiloh...Geschichte
der Messiaslehre*）。

或是'统治者'，并且在第二圣殿时期，当祭司及其忠实的奴仆行使王室权力的时候，犹太部族根本就没有任何的权力，甚至连一个流放者首领或是一个纳西那样的权力都没有，因为所有这类的权力都是属于有祭司身份的国王及其法官和官员们，或是属于他们所选定的某个被授予这种权力的人。"

然后，热那亚的弗雷·皮埃尔（Fray Peire de Genova）① 说："说得一点不错，因为，《圣经》中只是说，'君主的权杖'并不是一直失去，但也并没有否认出现一个空位期的可能性［即所谓众口一词的'难以预测的变化'（*Vagare*）］。"

我就对国王说："请看，弗雷·皮埃尔做出了与我所说的相同的结论。" 109

弗雷·皮埃尔说："我并不是做出了这样的一个结论，因为七十年的巴比伦大流放在历史上只不过是很短的一段时间，并且有许多人还会记得第一圣殿时期的情形，因为这都已经写在《以斯拉书》里了。这个时期可以称之为一个中断期，或是一个'难以预测的变化'。但是，既然你已经在这种无权力的状态之中待了一千多年了，那么，［'君主的权杖'（sceptre）］显然是完完全全地失去了。"

---

① 热那亚的弗雷·皮埃尔

他属于方济各修会。某些人认为，他在此处代表纳曼尼德一方插言，是方济各修会与多明我修会之间抗衡的一个信号（参见科恩，第 186 页）。后来，还是这位热那亚的皮埃尔在中止论争的动议上扮演了一个首倡者的角色（参见本书第 69 页）；还有，像此处一样，当他对纳曼尼德的支持感到窘迫为难时，他便急不可耐地退了出来。

　　我说：“现在你正在违背你自己所说过的话①，因为对于一种可以回来的东西，本身就根本谈不上‘永远失去’，并且先知的话也并没有长时间和短时间的区别。进一步说，我所引证的那些时间间隔是很长的间隔。不仅如此，我们的祖先雅各（Jacob），愿他安息，并不仅仅是把犹大自己的部落的‘权杖’或是‘统治者身份’许诺给了他，而是将对整个以色列的王权②送给了他，正如书中所写的，‘至于你，犹大啊，你弟兄们必赞美你’（《创世记》49：8），以及‘由于犹大胜过一切弟兄，所以君王也是从他而出’（见《历代志上》5：2）。当时，恰如书中所说的，由于所罗门的死，犹大失去了整个以色列这个王国，‘除了犹大支派以外，没有顺从大卫家的’（《列王纪上》12：20）。因此，显而易见，先知的意思仅仅是指‘君主的权杖’不会永远地失去。其实，对于流放时期的情形，使用‘失去’和‘终止’这一类的术语是完全不适宜的，因为并不是犹大的王国已经终止，而是民族本身不再作为民族而存在

---

　　①　现在你正在违背你自己所说过的话

　　兰金翻译的“你现在是我们慰问和安抚的接受者”是毫无意义的。对于动词 naham 加上 hithpael，有某种“重新考虑”的意思，请参见迦斯特洛夫（Jastrow）《〈塔古姆〉辞典》（Dictionary of Targumim），第 895 页。

　　②　对整个以色列的王权

　　纳曼尼德此处的观点是说，尽管在随着所罗门之死而造成的南方同北方王国之间的分裂之后，犹大家族仍然是国王，但是，这在事实上是被承诺的大卫家族对于全以色列人统治权的垮台。因此，空位期应该从这个较早的时期算起，甚至在耶稣时代之间，就曾造成过一个长时间的“中断”（vogare），这就恰恰同弗雷·保罗所说的在耶稣时代之前仅有短暂的间隔的论据相反。

了①。既然先知从来也没有对犹大家族做出过以色列人永远不会加入到流放的行列之中的允诺，故而他可以不必间断地成为统治他们的国王②。"

到此，弗雷·保罗接了过去。他论证说，救世主已经降临这件事，在《塔木德》中已有论述。他从论《哀歌篇》的《米德拉什》③（第2卷第57章）中引用了一段"阿嘎嗒"④："有一个人正在耕

---

①　因为并不是犹大的王国已经终止，而是民族本身不再作为民族而存在了

就字面上讲，"这并不是从犹大部族方面，而是从民族这一方面来考虑的"。兰金没有理解并且做出了一种毫无意义的翻译（"因为流放不只是涉及犹大部族，而是作为整体的民族"）。应当谨记于心的是，纵观这一论据，纳曼尼德在犹大王国和以色列王国之间是区别对待的。所谓"权杖"的预言仅仅适用于犹大（即犹大的部落），并且只是说王权并不会永远地从这个部落丧失而转移到某个其他的部落。当王权不专属于任何一个部落的时候（譬如在大流放时期），犹大家族"权杖"的 hasarah（"终致丧失"）的概念根本就是毫无意义的。这是因为，在这样的情况下，根本就不存在什么"权杖"要丧失。而基督教一方的阐释则恰恰相反，认为"权杖"的预言是适用于全体以色列人，并不仅仅是犹大的部落。

②　故而他可以不必间断地成为统治他们的国王

并不是"并且这是出于他，即犹大在任何时候都可能成为统治他们的君王的原因"（兰金语）。纳曼尼德的观点是，犹大部落的国王地位能够不被间断的唯一的办法，乃是以色列人永远不要经历流放。从来也没有人这样许诺过，故而所谓犹大部落的那种不间断的国王地位也就永远是没有指望的。

③　论《哀歌篇》的《米德拉什》

纳曼尼德的引文要比论《哀歌篇》的《米德拉什》的原文大大地简略了。省略的细节之一就是，救世主的降生是位于圣殿焚毁事件发生时的伯利恒（Bethlehem，从而作为对《弥迦书》5：1说法的一种兑现）。某些评论家曾经提出，保罗在证明耶稣以救世主自居这一论点时确实提到过这一细节，但是，纳曼尼德省略掉这一内容对犹太读者来说无疑会觉得有些混乱。然而，在这里，保罗所论证的救世主的出生这一事件已经发生过了，不论这个救世主是谁。在这一点上，出生地的问题对他的论据并没有多少用处。

④　"阿嘎嗒"

事实上，纳曼尼德更喜欢使用希伯来词 haggadah（"哈嘎嗒"），而不是阿拉米语化的形式 'aggadah（"阿嘎嗒"），但是，为了避免混淆（因为 Haggadah 还具有与逾越节有关的另一种意思），在本书中，通篇都使用了 Aggadah（"阿嘎嗒"），来作为《塔木德》和《米德拉什》中的非律法部分的名称。（这个词完整的阿拉米语形式是 'aggadet'a。）

作，他的牛哞哞地叫了起来。一个阿拉伯人从此经过，对他说：'喂，犹太人，犹太人，解下你的牛，放下你的犁，卸下你的犁头，因为圣殿已经被焚毁了。'他就解下了他的牛，放下了他的犁，卸下了他的犁头。那头牛再一次哞哞地叫了起来。阿拉伯人对他说：'拴上你的牛，扶起你的犁，装上你的犁头，因为你的救世主已经降生了。'"

我回答："我不能相信这篇'阿嘎嗒'①，但是，不管怎么说，它还是证实了我的话。"

当时，这位先生就大叫起来："看吧，他居然不相信犹太人写的东西！"

我就说："说实话，我确实不相信救世主是降生在圣殿被焚毁的那一天。这个'阿嘎嗒'故事要么是不真实的，要么是从圣哲们的奥秘中还可以得到其他的阐释。不过，恰如你引用它一样，我还是要接受它的字面上的意义，因为它毕竟证明了我的论点。请看，它说，在圣殿被焚毁的那一天，在焚毁事件发生之后但是是在同一天，救世主降生了。倘若真是如此，耶稣就不会是你所断言的那位救世主了，因为他是降生在并被处死于焚毁事件之前，事实上，他是降生在圣殿被焚毁之前的二百年左右②，尽管按照你的估算，

111

----

① 我不能相信这篇"阿嘎嗒"

关于纳曼尼德对"阿嘎嗒"方面的内容的权威性所持的态度，参见这一部分，第44页以下。

② 在圣殿被焚毁之前的二百年左右

在这里，纳曼尼德所采用的是《塔木德》中（b Sotah, 47a）的证据，即耶稣是拉比约书亚·本·帕拉西亚（他生活在大约公元前100年的亚历山大·詹尼亚斯统治时期）的一个门徒。那么，很显然，他并没有顺着巴黎的那位拉比耶希尔的思路，因为耶希尔曾在巴黎论争中论证 Sotah 47a 中的耶稣并不是基督教信仰中的耶稣，而是某个另外的耶稣。

这只是焚毁事件之前七十三年的事。"当时，这位先生被驳得哑口无言。

国王的首席政法官圭劳姆长老①（Maestro Guillaume）这时清楚而响亮地说："眼下的论据与耶稣并没有关系②。我们的问题是救世主是否已经降临。你说他仍未降临，但是你们的这本书中却说他已经降临了。"

我对他说："你喜欢使用诡辩逻辑的论辩方式来回答问题，因为这是你们律师的习惯，然而，我还是愿意在这件事情上答复你的所有问题。圣哲们并没有说救世主已经降临（come），而只是说他已经降生（born）③。在我们的先师摩西（愿他安息）降生的那一天，他并没有降临，并且他也并不是一位救星；直到他应上帝之命来到法老的面前，对他说'耶和华这样说，容我的百姓去'（《出埃及记》8：1）之后，他才降临了。救世主的情况也正是这样的，当他应上帝之命来到教皇的面前并对他说，'让

---

① 圭劳姆长老

关于原文中所提到的这位首席政法官在阿拉贡宪法中的重要作用，请参见达尔文·斯威福特（F. Darwin Swift），1894年，《第一位征服者詹姆斯一世的生活与时代》（*The Life and Times of James the First the Conqueror*），第171页。

② 眼下的论据与耶稣并没有关系

科恩论证说（第168页），这种方式是帕波罗·克里斯蒂亚尼整个论辩方法的基础；但是，这一点在纳曼尼德的记述中被弄得模糊不清了，它常常把保罗描写成说的是"耶稣"，而实际上他说的却是"救世主"。然而，这不可能是对的，因为有许多的例证说明，保罗特别地将耶稣论证为救世主，譬如，他对但以理预言的阐释。

③ 圣哲们并没有说救世主已经降临，而只是说他已经降生

参见本书第Ⅰ部分，第71页。

我的子民去吧'，然后，他才是已经降临了。但是，到目前为止，他仍然没有降临，并且更进一步说，他根本就不是什么'救世主'。至于大卫王，在他出生的那一天，他还不是一位救世主，只有当撒母耳对他实施了涂膏仪式之后，他才成了一位救世主。在以利亚应上帝之命对救世主实施涂膏礼的那一天，他才能被称为'救世主'，并不是在这之前就已经是了。在这之后，只有当他来到教皇面前，来赎救我们，这时，他才能真正地称得上是一位已经降临了的救世主。"

112　　尔后，这位先生争辩道："请看，以这句'我的仆人将会日益昌盛……'（《以赛亚书》52：13）作为开始的这一段讲的是关于救世主的死，他的委曲求全，以及他被弄到一堆邪恶的人之中的事情，这些事情同发生在耶稣身上的事情是一样的。你相信这一段说的是救世主吗？"

　　我对他说："根据这一段真正的、浅显的意思*，它在总体上说的只是全体以色列人 ②，也正因为如此，先知们仍然继续这样称

---

① 根据这一段真正的、浅显的意思

希伯来文是 ha-mashma'ut ha-'amiti，并不仅仅是"真正的意思"（兰金语）。纳曼尼德在此处使用了 mashma'ut（相当于比较常用的 peshat），以便同下面所用的 doreshim（"用比喻的方式阐释"，而不是像兰金所译的那样，仅仅是"阐释"）这个词相对比。他说，这一段的浅显的意思所涉及的是以色列人这个整体，但是，拉比们曾经给出了一种"比喻性的阐释"（derashah），将"仆人"解释为救世主。

② 它在总体上说的只是全体以色列人

纳曼尼德根本没有说过这种阐释会在《塔木德》或是《米德拉什》这类材料中找到。他或许是从拉什关于《以赛亚书》的评注里得来的，在那里"仆人"被阐释为"雅各的义人们"。大卫·基米甚至将"仆人的受难"阐释得尤其泛泛，认为它指的是"以色列

呼他们，譬如，'以色列我的仆人'（《以赛亚书》41：8）以及'我的仆人雅各'（《以赛亚书》44：1）等。"

弗雷·保罗说："然而，我将用你们自己的圣哲们的话来证明，这一段说的就是救世主。"

我对他说："有一点是真实的，即我们的先师们（愿对他们的怀念成为对他们的祝福）在多篇'阿嘎嗒'中把这一段比喻性地阐释为救世主①。但是，他们从来也没有说过救世主会被他的敌

人的流放"。中世纪的犹太评注家利用这种阐释的倾向毫无疑问是受了要反击基督教一方将"受难的仆人"说成指的是耶稣的这种阐释的影响，但是，事实上对该段的这种更为泛泛的阐释，把它说成指的是以色列人或是以色列的义人们，已经具有很长的历史了。这一点可以在《塔古姆》（Targumim）中找到，并且奥列金（Origen）也是这样认为的[《驳塞尔苏》（Contra Celsum）第1卷，第55节]："我的犹太对手回答说，这些预言同全体人民有关，被看作是一个个体，并将他们看成处于一种散居和受难的境地，以便能赢得众多的皈依犹太者。"它还可以在后期的论《民数记》的《米德拉什》中找到。对于这一点，大概纳曼尼德并不了解，不然的话，他为了证实其观点时会提及它。参见纽鲍尔（Neubauer）和德莱弗尔（Driver）《〈以赛亚书〉中的"受难仆人"》（The 'Suffering Servant' of Isaiah）（不过，它在早期的资料上是残缺不全的）以及斯特拉克（Strack）和比莱尔贝克（Billerbeck）《〈新约〉评注及其他》（Commentar Zum Neuen Testament etc.）第1卷，第481页。《塔木德》中的一个段落（b Sotah, 14a）认为这一段指的是摩西，而萨阿迪亚·加昂（Sa'adia Gaon）则认为它指的是耶利米。

①　比喻性地阐释为救世主

关于将"受难仆人"阐释为救世主的《米德拉什》史料是 *Yalqut Isaiah* 476 和 *Tanhuma Toledot* 14。较早的史料便是《塔古姆》，不过，它并没有将《以赛亚》53 中的内容阐释成指的是一位受难的救世主，而是把所有有关受难的痕迹都从他们的译本中删掉了。参见戴维斯（Davies, W. D.），《保罗与拉比的犹太教》（*Paul and Rabbinic Juelaism*），第275页，有关约拿单的《塔古姆》部分。

113　人杀害①。你绝不可能在任何的以色列人的文献中，不管是《塔木德》，还是'阿嘎嗒'这方面的书籍中，找到救世主，也就是大卫的儿子②曾被杀害，或是被蒙骗而陷入他的敌人之手，或是他被埋葬在一堆邪恶的人中间这样的内容。这是因为，即便是你们为自己制造出来的救世主，也并没有同一堆邪恶的人埋葬在一起③。如果你愿意的话，我会就《以赛亚书》中的这一段给你一个圆满而详

———————

① 但是，他们从来也没有说过救世主会被他的敌人杀害

在其关于"受难仆人"段落的评注里，纳曼尼德特别地论述了这个问题。他将那些基督徒们认为指的是救世主之死的句子（如"像一只刀俎加身等待宰杀的羔羊"，"他远离众生的土地被残割而死"，"他们将他同邪恶的人埋葬在一起"）阐释成指的是救世主的思想及其意志会在他传教的过程中消亡，并且纳曼尼德声称，这一段的结尾清晰地述及救世主是不会死的。在这篇评注中，纳曼尼德并没有抛弃他原来的观点，即，就其字面上的意义而言，这一段指的是以色列人作为一个整体的受难，但却又企图详细阐述该段以便与在《米德拉什》中找到的比喻性的阐释相吻合，从而说明，即使在这种关于救世主的阐释里，也找不到有利于一位钉在十字架上的救世主这种基督教教义的证明。

② 救世主，也就是大卫的儿子

在这里，纳曼尼德说"救世主，大卫的儿子"这句话时是非常谨慎的，这是为了将"他"与救世主区别开来，这个"他"指的就是约瑟的儿子。普遍认为，他会在救世主即大卫的儿子来临之前不久发生的同以色列人的敌人的战斗中被杀死（参见 b Sukk., 52a）。

③ 没有同一堆邪恶的人埋葬在一起

也就是说，尽管耶稣是同邪恶的人（两名盗贼）一起被处死的，但是他却没有同他们埋葬在一起；因此，基督教一方关于"他们将他同邪恶的人埋葬在一起"的预言在耶稣的身上实现了的主张是没有根据的（参见《马可福音》15：27）。在这一点上，希伯来人只是说"没有被埋葬"。纳曼尼德几乎不可能有耶稣根本就没有被埋葬的意思。兰金只是简单地翻译成"没有下葬"，便使人联想到"这可能是一个对基督教关于耶稣复活的教义的暗示"。纳曼尼德几乎不可能认为复活是一个事实，并且在任何的情况下，根据《福音书》故事，耶稣在复活之前已经被埋葬了。兰金在此处的这种不肯定的推测涉及一个犹太人的传说，可以在《托莱多的耶稣》（Toledot Yeshu）的文献中找到："耶稣立即就被从树上放了下来，然后被扔进了某个长满菜蔬的花园里的一个坟穴之中，生怕会玷污了他们的土地。"被扔进了一个坟穴同被埋葬几乎是没有什么区别的。

细的解释。这里面根本就没有任何有关像发生在你们的救世主身上的那种'救世主被杀害'的内容。"可是他们不想听这种解释。①

　　那位先生又继续说下去："在《塔木德》中有着这样的解释（b Sanh., 98a），拉比约书亚·本·利未（Rabbi Joshua ben Levi）问以利亚：'救世主什么时候降临？'对此，他回答说：'去问救世主自己吧。'他又问：'他在哪里？'以利亚说：'在罗马城门口的那一群病人中间。'他去了那里，并找到了他，还问了他一些问题。果真如此的话，他已经降临了，并且他就在罗马；也就是说，他就是那位统治着罗马城的耶稣。"

　　我回答说："从你所说的来看，他尚未降临这件事难道还不　114
清楚吗？因为拉比约书亚曾问以利亚：'他什么时候降临？'另外，还有这样的叙述：'拉比约书亚曾问过救世主本人，"我的主，您什么时候降临？"'如果这是真的的话，他就尚未降临；尽管根据这些，阿嘎嗒，内容的字面上的意义，他已经降生；但是，我本人甚至连这一点都无法相信。"

　　然后，国王陛下明亮而清楚地说："如果他是在圣殿被焚毁的那一天降生的，这就是说远在一千多年以前——他却仍然没有降临，他怎么会一直没有降临呢？因为在自然界里，一个普通人是无法活过一千年的。"

　　我对他说："讲定的条件是，我不会同您论争，并且您也不

---

　　①　可是他们不想听这种解释

　　纳曼尼德这里在论争中所提出的但被拒绝的有关"受难仆人"段落的解释可以在其《维库阿》出版之后印行的希伯来文版本以及在德莱弗尔与纽鲍尔所著《〈赛亚书〉中的"受难仆人"》（第78页）的译文中关于这一段（hineh yaskil 'avdi）的评注中找到。

得干涉辩论。不过——就古人来讲，就有亚当（Adam）和玛土撒拉（Methuselah），他们都活了将近一千年；还有以利亚（Elijah）和以诺（Enoch），他们活得甚至更长一些 ①——因为生命是掌握在上帝手中的 ②。"

国王又说："但救世主现在又在哪里呢？"

我说："这一点与论争无关，我也不想回答您。但是，假若您能派一位您的巡官出去的话，您或许能在托莱多（Toledo）*的城门口那儿找到的。"我是用挖苦的口吻说这番话的。

然后，他们宣布休会，国王定于下个星期一 ③再继续论争。

星期一，国王去了市里的一个修道院，全市所有的人都集聚在那里，包括非犹太人和犹太人。当时到场的还有主教、所有的神父，以及小兄弟会与布道兄弟会那些宣教行乞修道士 ④的一众学者们。

---

① 还有以利亚和以诺，他们活得甚至更长一些

根据某些史料，以诺"并没有"（《创世记》5：24）成为一位天使（Metatron），尽管一般来说，有关以诺的传说在《塔木德》中有所贬抑，并且甚至有时还表示反对（*Genesis Rabbah*，25：1）。关于纳曼尼德的一般论据，参见第Ⅰ部分第 71 页。

② 因为生命是掌握在上帝的手中的

并不是"他们就是那些同上帝活在一起的人"（兰金语）。

* 西班牙一城市。这是作者在论争时随意举出的论争地附近的一个城市的名字，意思是说，这句话问得有点可笑；同时也是对保罗在前文中关于"统治着罗马的耶稣"的说法的一种讽刺。——译者

③ 下个星期一

并不是"后天（下一天的下一天）"（兰金语）。罗斯（经过修正后纠正了罗伊博的说法）关于这些论争的日期的正确叙述是这样的：1263 年 7 月 20 日即星期五，第一次会议；7 月23 日即星期一，第二次会议；7 月 26 日即星期四，第三次会议；7 月 27 日即星期五，第四次会议；8 月 4 日即星期六，在犹太人的圣堂内发生冲突（讨论有关"三位一体"的内容）。

④ 小兄弟会与布道兄弟会那些宣教行乞修道士

即方济各会修道士和多明我会修道士。

当时那位先生站起来就要发言。

可是，我先对国王陛下说："陛下，请听我说。"但是国王对我说："让他先说吧，因为他是挑战者。"

我说："先让我详尽地解释一下我关于救世主的观点，这样，他才能在回答时不会茫然无措。"

于是，我就站起来发言："'万民哪，你们都要听！'（《弥迦书》 115 1：2）。弗雷·保罗曾问我，先知们所说的救世主是否已经降临，而我说他尚未降临。他引证了一篇'阿嘎嗒'，其中述说在圣殿被焚毁的那一天，也恰好是在那一天，救世主降生了。我说过，我并不相信这一篇内容，然而，它却证实了我所说的话。现在我就要向你解释为什么我说我不相信这一篇内容的原因。大家都知道，我们犹太人有三部典籍：第一部是希伯来《圣经》，我们大家都绝对忠诚地信奉着它；第二部叫作《塔木德》，它是对《摩西五经》以及犹太教的全部经文中所有诫律进行详细阐释的一部书，因为，在这些经文中有'613 条诫律'①，《塔木德》对这些诫律的每一条都单独做出了详尽的阐释，而我们相信对这些诫律

---

① 613 条诫律

参见 b Makkot，23b，在该处，拉弗西姆拉伊（Rav Simlai）被举为这方面的统计权威。形形色色的中世纪学者都曾试图为这 613 条诫律提供一个详细的清单。关于其详尽的讨论，参见拉宾诺维茨（A. H. Rabinowitz），1967 年，*Taryag**，耶路撒冷。纳曼尼德本人就是讨论这个题目的主要参加者之一，并且他还有一本专门研究迈蒙尼德《论诫律》（*Sefer Hamtzvot*）的论著。参见迦弗尔（H. D. Chavel），1964 年，《拉班**著作中的 *Taryag* 诫律》（*Taryag Precepts in the Works of Ramban*），耶路撒冷。

* 即《613 条诫律》。——译者

** 即纳曼尼德。——译者

的阐释；我们还有第三部书①，它被称为《米德拉什》，它的意思是'布道'。这就恰好仿佛是一位主教站在那里做一次布道演讲，而他的听众中有一位是如此着迷，以至于就把它的内容记了下来。至于说到这本书，即《米德拉什》，假如任何一个人乐意信奉它，那是很好很好；但是如果某个人不信奉它，那也没有什么害处②。如今，我们的某些圣哲已经写下了这样的话③，说救世主要直到临近世界末日的时候才会降生；到那时，他会降临，并把我们从流放中拯救出来。正是出于这样的理由，我不能相信这部书中的这一部分所说的'他降生于圣殿焚毁事件发生的那一天'这件事。此外，我们称《米德拉什》为一本关于'阿嘎嗒'的书，而'阿嘎嗒'的意思是'razionamiento'④（故事），这就是说，仅仅是

---

① 第三部书

在这里，纳曼尼德做了简化。《米德拉什》的文献包括各个不同时期的许多著作，纳曼尼德对《米德拉什》地位这个题目进行简化的强烈愿望在这番讲演中从头到尾都是十分明显的，不宜与所谓不真诚混为一谈。

② 没有什么害处

并不是"没有人会伤害他"（兰金语）。

③ 我们的某些圣哲已经写下了这样的话

关于这番叙述，似乎没有明确的史料，但是，在传说中（见于 Pesiqta Rabbati, 36：1）似乎有所暗指，说救世主的灵魂是位于上帝的宝座下面，与"他同时代的子孙"的灵魂在一起，正在等待投胎。

④ razionamiento

这是一个意大利词，意思是"故事"。Haggadah（"哈嘎嗒"）或 'aggada（"阿嘎嗒"）源于一个动词，意思是"讲述"——由此才产生了用于逾越节晚间祈祷仪式的"哈嘎嗒"（故事）这种名称。在这个仪式上要讲述从埃及流传过来的那些故事。纳曼尼德的意思是说，正是"阿嘎嗒"这种叫法显示了《米德拉什》方面的史料所具有的叙事的、再创作的性质，从而与"哈拉哈"方面的内容中的那种难以理解的论据和强烈的实用相对立。

关于一个人与他的同伴相关的故事。然而，我之所以一如你们所 116
愿地按照其字面上的意义来接受那篇'阿嘎嗒'，是因为它明确
地证明了你们的耶稣并不是救世主。正如我在前面已经说过的，
因为耶稣并不是在焚毁事件发生的那一天降生的。恰恰相反，整
个有关耶稣的事件早已经过去了老长的一段时间。如今，您，我
亲爱的国王陛下，提出了一个更有意思的问题，从而制造了一个
难题。这个难题就是，对一个人来说，活一千年是违反自然规律
的。在此，我要把我对于你这一问题的答案讲得更加清楚一些。
亚当就活了近一千年，只差七十年；并且根据《圣经》中所说，
他的死显然是由于他的罪孽，假如他没有犯下罪孽，他会活得还
要长得多，或许永远都不会死①。不管是非犹太人，还是犹太人，
我们都相信，在救世主的时代，亚当所犯的罪孽和所受的惩罚都
将被废除。在救世主降临之后，它也将从我们所有的人身上废除
掉。至于救世主本人的情形，当然是彻底地废除了。因而，他就
是活上一千年，或是两千年，甚至长生不老②都是当之无愧的，
正如《诗篇》中所说的，'他向你求寿，你便赐给他'（《诗篇》
21：4）。至此，这一点现在已经解释清楚了。亲爱的国王陛下，

---

① 或许永远都不会死

纳曼尼德不能肯定是否亚当的堕落会将死神带到世界上来，或者是否亚当最终会死
去，即使他没有吃智慧树上的果子也无法避免。他在其关于《创世记》2：17 的评注里，
曾详尽地讨论这个问题。总起来说，他据此得出了亚当应该是永远不会死的结论。

② 甚至长生不老

此处，纳曼尼德又一次摆出了救世主是永远不会死去，还是最终要死掉这个问题。
这个问题在后来的论争中成为辩论的核心（参见第 130 页与第 I 部分第 74 页），当时，
保罗把这一问题同救世主是否将会被钉死在十字架上的问题弄混了。

您还进一步问我，如今救世主在哪里。《圣经》中说得很明白，亚当就住在尘世间的伊甸园里[①]，并且据说由于他的罪孽，'上帝便打发他出伊甸园去'（《创世记》3：23）。那么，救世主呢，由于他被免除了亚当所受的那种惩罚，他必定还留在伊甸园里。在我所提到过的关于'阿嘎嗒'的那本书[②]中，圣哲们就是这样说的。"

117　　　国王就说："但是，你不是曾说过，按照那篇'阿嘎嗒'的说法，他是在罗马吗？"

我对他说："我并没有说他会永远地留在罗马，而是说他在某一天曾在罗马露过面，因为以利亚曾经告诉那位圣哲，说他在特定的一天，在那里能够找到他，并且他也的确在那里出现过；而且他之所以会在那里露面，是出于'阿嘎嗒'中曾提到过的原因，但我不打算当着这么一大群人的面说出这个原因。"我不希望我对他们抖搂出来的事就是在那篇"阿嘎嗒"中所提到的那件事：

---

① 在尘世间的伊甸园里

在关于论争的拉丁文记述中，也曾使用了一个类似的短语：*in paradiso terrestri*（在人间天堂里）。这是中世纪的一种普遍的信仰，不管是在基督徒还是在犹太人中间都是如此，即在尘世间的某个地方仍然存在着伊甸园（但丁在《神曲》中将它放在炼狱的对面）。根据"阿嘎嗒"文献中的叙述，纳曼尼德认为这一点是真的［参见萨拉契克（J. Sharachek），《中世纪犹太文献中关于救世主的教义》（*The Doctrine of the Messiah in Medieval Jewish Literature*），第190页］。纳曼尼德关于人间天堂的观点见于其对《创世记》3：22所作的评注和 *Sha'ar hagemul* 一书中。

② 我所提到过的关于"阿嘎嗒"的那本书

参见 *Derekh Eretz Zutta* 第1章，另参见本书第129页。

救世主将待在罗马，直到把它毁灭 ①。这就恰如我们在先师摩西（愿他安息）身上所看到的情况是一样的。他在法老的家庭里长大，直到有一天，他反而对后者进行清算，并且将他所有的人民都淹死在海中。同样地，人们所说的战神之王希拉姆（Hiram）也是如此，"故此，我使火从你中间发出烧灭你"（《以西结书》28：18）；还有，以赛亚也说，"牛犊必在那里吃草，在那里躺卧，并吃尽其中的树枝"（《以赛亚书》27：10）；而在 Pirgei Hekhaloth（6：2）中则说，"直到一个人对他的同伴说：'这里就是你的罗马，它里面所有的东西，只值四分之一便士。'他就会回答：'我对此根本就不感兴趣。'"但所有这些话我都是后来私下对国王说的。

---

① 在那篇"阿嘎嗒"中所提到的那件事：救世主将待在罗马，直到把它毁灭

这种说法在任何现存的《米德拉什》史料中都没有出现过。其间似乎存在某些看法上的混乱。这是因为，救世主"于某一天"在罗马露面，而同时他又把大部分时间都花在了伊甸园里，这是与他一直待在罗马直至其毁灭的说法互不相容的。关于《维库阿》的这一部分，还存在着其他的一些问题，因而对于其可靠性便产生了某些怀疑。难道纳曼尼德乐意公开地宣布存在一些他本来不希望公开泄露的"阿嘎嗒"方面的内容？难道他会私下向国王透露那些涉及推翻基督教王国的"阿嘎嗒"的内容吗？在他同国王的私人会见中，唯一可能出现这种场合的一次会见无非是发生在论争结束之后的那一天（见第146页），并且纳曼尼德当时并没有关于进行任何对这类问题进一步讨论的记述。另外，纳曼尼德将一些同救世主毁灭了罗马这件事并没有多大关系的内容罗列在他为杰罗那的大主教用西班牙文或是拉丁文写成的关于论争的记述中会是可能的吗？毫无疑问，在论争发生的当时，他已经说了足够多的、具有大胆性质的话了，大概也并不需要补充其他的、在论争中没有说出来的和他没有经过国王的许可而要特别表达的、具有煽动性的东西了吧？很显然，这一段仅仅是为他的那群犹太读者而写的。因此，这些内容看起来好像是后来被人加进关于论争的希伯来文记述的版本之中的，或是纳曼尼德本人，要不就是（可能性更大一些）某位编辑者，不管这个人是谁。

　　我进一步问他："你同意我的关于'亚当的原罪在救世主时代将得到免除'这种说法吗？"

　　国王陛下，还有弗雷·保罗都回答说："是的，但不是以你所认为的那种方式。事实是，由于对亚当的惩罚，人类才进入了'罪恶之狱'（Gehenna），但是，在救世主耶稣的年代，惩罚被免除了，同时，他引导他们从那里继续向前进①。"

　　我回答说："他们说，在我们的土地上，'那些想要说谎的人会引用那种远得离谱以至于无法查证的证据'②。《圣经》中提到过许多的惩罚，都与亚当和夏娃有关：'由于他们的缘故而受到诅咒……荆棘与刺蓟因而四处蔓生……别人挥汗辛勤劳动，你却大嚼面包……你生于尘土，归于尘土'；而关于女人，则有，'你生儿产女必多受苦楚'（《创世记》3：16）。直到今天，所有这些还仍然是成立的，因而在你们的救世主的时代，那些能真正看得到和感觉到的东西，是没有一件能够得到赎还的。但是，只有'罪恶之狱'，尽管在《创世记》中并未提到过，但根据你们的说法，

---

　　①　他引导他们从那里继续向前进

　　这里的出处是指地狱神圣化的教义。根据这一教义，耶稣在其复活之前的三天里，曾去过地狱，并将那些由于亚当的原罪而被监禁在那里的义人的灵魂解救了出来。这一点并没有包含在宗教信条中（英格兰的教会除外），但是在中世纪，人们却坚定地信奉这一点［参见《尼哥底姆的〈福音书〉》（Gospel of Nicodemus）］。

　　②　那些想要说谎的人会引用那种远得离谱以至于无法查证的证据

　　字面上的意思是，"会把他的证人抛得远远的"。这似乎是一则颇为流行的谚语。兰金翻译为"必须摆脱那些为他做反证的证人"，这有点风马牛不相及。纳曼尼德的意思是说，一个出色的撒谎者不要在一件证人就在旁边的事情上说谎。

却得到了赎还。因为在这件事情上，任何人都无法反驳你罢了①。
‘须要打发你们中间一个人去’（《创世记》42：16）罪恶之狱中，
并且再让他回来，然后告诉大家那里发生着什么！此处，上帝也
根本不允许这种教义变为真实的！这是因为，那种由于他们的祖
先亚当所招致的下地狱的惩罚，是不会加诸义人身上的②，因为我
的灵魂离亚当的灵魂并不比离法老的灵魂更远，并且由于法老的
罪孽，我的灵魂将不会下地狱。真实的情形是，对于亚当所犯罪
孽的惩罚是肉体上的，因为我的身体是来自亚当和夏娃，一旦他
们被判定是不能长命不死的③话，则他们的子孙也就自然而然地
成了寿命有日的了。”

当时，那位先生站了起来说：“我将出示另一个关于救世主　119
时代已经过去了的证据。”

但是，我仍然自顾自地只管说下去。“国王陛下，请听我说。

---

①　因为在这件事情上，任何人都无法反驳你罢了

兰金改换了标点符号的位置，因而变成了：“那么，为了无人能够在这一点上反驳你，
把你们这帮人中的一号送进地狱，他还可以回来并且向你汇报呢！”这样就有点把事情
搅浑了，就是说，在入地狱这类事情上的选择是非常仔细的，因为关于它的这种表述本
身是无从检验的。

②　……下地狱的惩罚，是不会加诸义人身上的

关于纳曼尼德对原罪教义的否认，参见第 I 部分第 51 页。

③　他们被判定是不能长命不死的

在上面所引证的关于《创世记》的评注中，纳曼尼德同样认为这样的观点是可能
的，就是即使亚当没有犯罪，他也是终有一死的。不过，这里的论证并不依赖于这一点，
因为纳曼尼德所说的一切内容，都是指对亚当及其后裔的惩罚是肉体上的，而不是精
神上的。

对于我们所信奉的宗教 ① 来说，救世主这种概念并不是十分重要的 ②。为什么呢？对我来说，您就比救世主要有价值得多！您是个国王，他也是个国王。您是一个不信犹太教的国王，而他是一个信奉犹太教的国王；救世主只不过像您一样，是一个有血有肉的国王罢了。当我在您的领地里遭到流放期间，我置身于那些所谓'不断地指责我们'的人民之中，领受他们所经历的折磨、苦役和耻辱这些苦难时，在我以这种方式为造物主效忠的过程中，我得到了很多很多的东西。因为我甘愿用我的肉体为上帝做出牺牲，从中我能够获得越来越多的、在来世具有生命价值的东西。但是，如果一旦在我的宗教信仰中有了一位统治着全体人民的以色列的国王，那么，对我来说，就再也没有选择的余地了，而只能还是信奉我的犹太教，而我所得到的也就不会像我所希望的那样多

---

①　宗教

这种复合的表达方式在这里翻译为"宗教"这样一个单一的词，其字面上的意思指的是"法律、真理和判断"。纳曼尼德试图根据这种说法表达出这样的一种思想，即犹太教既是一种信念，又是一个公平社会的一种生活方式。很显然，兰金对此感到困惑不解，故而才有了下面这样的翻译："宗教与作为我们犹太人的宗教本质所在的真理"，从而使 'iqqaro 这个词紧挨着前面那个词，如果有必要，就可以用它来替代后面的那个词。

②　对于我们所信奉的宗教来说，救世主这种概念并不是十分重要的

参见第Ⅰ部分第49~55页。在其著作《论救赎》（*Sefer ha-ge'ulah*）中，纳曼尼德说得甚至更加露骨，他说，相信来世以及天堂和地狱，还有相信救世主的降临，都不是犹太教的本质所在，尽管对所有这些东西的信仰已经是根深蒂固的。提到迈蒙尼德，虽然他把相信救世主的降临包括在他的"十三条信仰"之中，但他说（*Melachim*, 12：2）："一个人不应当在探究这一类的题目（关于救世主的题目）上花费过多的时间，并且一个人也不应当将它们看作是'十分重要的'（'*iqqar*），因为它们既不能引导你去爱上帝，也不会使你怕上帝。"

了①。不，犹太人与基督徒之间差异的真正要害便在于您所说的
关于神的那种根本性的东西，一种的的确确令人厌恶的教义。您，
亲爱的国王陛下，是一位基督徒，也是一位基督徒的儿子，在您
的一生中，您所听到的都是那些满脑子都是这种教义的神父们的
说教，他们把这种教义从头到脚地灌输在您的身上，而由于一天
天的耳濡目染，这种教义已经深深地根植在您的心中②。但是，您
所信奉的这种教义，作为您的信念的基础，却难以为理性所接受，
大自然并没有为它提供什么根据，并且先知们也从来没有对它进
行过表述。像这种不可思议的牵强附会，甚至还远不如③我本人
适时适地对此做出的有着充分证据的解释，那就是天堂里和人世

120

---

①　我所得到的也就不会……那样多了

并不是"我的收获就不会如此大幅度地增加了"（兰金语）。在这里，毫无疑问，
纳曼尼德在心中牢记着《米西那》的《先贤篇》4：17中的那句名言："今世的一刻忏
悔与善行要远胜于来世的整个一生。"

②　已经深深地根植在您的心中

应读作 ve-yashav，而不是 ve-shav，不管怎样，如果保留 ve-shav，那么就应该译作
"这就会使你记起"（尽管 'etzel 这个前置词似乎有点不大合适）。兰金错误地将这个
前置词读成了一个动词 'atzilekha，并翻译为"我会再一次将你从习俗和传统的王国里解
救出来"。在任何的情况下，纳曼尼德都不会突然地转到让国王主动地改变宗教信仰这
样的一件事情上来，这是难以想象的事。

③　像这种不可思议的牵强附会，甚至还远不如

希伯来文是 gam ha-pel'e'eyno yakhol le-hitpashet ba-davar ha-hu'。兰金译作"奇
迹本身是无法让人理解的"。然而，萨逊（H. H. Sasson）翻译成"奇迹也不会奇到这份
儿上"［《犹太大百科全书》第6卷，第91页］。这是翻译上的一种对晦涩短语的巧妙
处理。对于这种翻译的更进一步的可能的解释，可以通过与前面的"大自然也没有为它
提供什么根据"相对照。动词 pashat 有一种派生出来的含义是"解释"（因而就有兰金
的译法），但其更为基本的意思是"曲解"，而 hitpael 这个词便更加自然地被理解成一
个反身动词，即"自相曲解"，而不是一个被动语态。

间的造物主凭借着某一位犹太女人的子宫，然后在里面发育九个
月，然后再像一个婴儿那样生下来，而后来就逐渐长大了，后来
就被出卖而落入了他的敌人之手，而这些敌人就判了他死刑并处
死了他，直到最后，就如您所说的那样，他又复活了并且又回到
了他原来的地方。一个犹太人，或是任何一个其他的人，在心理
上是很难承受这一点的①；您所说的话是完全徒劳的，因为这正
是我们争吵的根源。但不管怎样，正如您所希望的，还是让我们
来谈一谈救世主吧。"

弗雷·保罗说："那么，你相信他已经降临了吗？"

我说："不。恰恰相反，我相信并且知道他还没有降临，并
且到目前为止，还没有任何其他的人（先不谈耶稣）曾声称自己
是救世主（或者别人曾对他做出过这样的要求）②或者其救世主
身份对我来说具有相信的可能性③。因为关于救世主，先知是这

---

① 一个犹太人……在心理上是很难承受这一点的

参见第Ⅰ部分第 54 页。

② （或者别人对他曾作出过这样的要求）

并不是 "也绝不会有这种人，在涉及他们自己时会说这样的话"（兰金语）。显而易见，
纳曼尼德并不是在预言救世主将永不降临。兰金误解了动词 she-yomeru 的主语，实际上
这是一个非人称动词。

③ 到目前为止，还没有任何其他的人（先不谈耶稣）……其救世主身份对我来说
具有相信的可能性

所有的评注家都把纳曼尼德在这一点上所说的话理解为，除了耶稣，还不曾有任何
一个人自称其救世主的身份。然而，纳曼尼德不可能说过这种话，因为他非常清楚，在历
史上不乏这类自我标榜者［譬如巴·科赫巴（Bar Kokhba），在《塔木德》中就曾清楚
地提到过，并且后来还在论争中所引用的迈蒙尼德的那一章中讨论过；就是纳曼尼德本
人也曾在其《论救赎》的第四部分里讨论过拉比阿基瓦拥立巴·科赫巴为救世主的错误］。
如果删去这个句子的第二个分句中 'iy（"不"）这个字，就避免了这种不可能的叙述，

样说的，'他要执掌权柄，从这海直到那海，从大河直到地极'
（《诗篇》72：8）。然而，耶稣从来也没有任何的权力，在他的
一生之中，一直在四处逃亡，躲避他的敌人，直到最后，他落在
了他们的手中而无法自救。这样的话，他怎么能够拯救全体以色
列人呢？甚至在他死了以后，他也并没有什么统治权，因为罗马
教廷的权力并不是因为他才拥有的。即使在他们信奉耶稣之前，
世界的大部分就已经在罗马城的统治之下了；而在选择了对他的
信仰之后，他们却失却了许多的行省，并且如今穆罕默德的崇
拜者们比他们拥有着更大的影响力。先知说，在救世主的时代，'他
们各人不再教导自己的邻舍和自己的弟兄说："你该认识耶和华。"

而纳曼尼德的意思就变得清楚了。他所说的是，他不相信所有以往的这些自我标榜者，
包括耶稣在内，也就是耶稣也不算是；就是说，世界不曾经历过救世主更替这一事实，
不仅将耶稣，而且把以往其他的所有自我标榜者排除在外。加进一个"不"字（"对我
来说，要相信其救世身份是不可能的"），可能是出于一位虔奉宗教的编辑者或是抄
写员的误解，他们可能认为，纳曼尼德所说的"对我来说具有相信的可能性"这句话是
过于骇人听闻了，不可能是正确的。在基督教一方的记述中，纳曼尼德也被描述成说的是，
除了耶稣之外没有人曾经自诩为救世主。这可能也是一种对纳曼尼德意思的误解，是由
其陈述"从来也不存在任何救世主身份的自我标榜者，除了耶稣……对他我还可能相信"
中的强调语气所引起的。前一部分乍听起来令人高兴（因为它好像可以使得证明耶稣就
是救世主这项艰苦的工作变得甚为容易），但是却忽视了整个句子的后半句中的结论。
纳曼尼德似乎更倾向于强调的是，除了耶稣之外，曾有过许许多多其他的救世主身份自
我标榜者。罗斯评论说（1950年，第129页）："令人感到惊异的是，他没有回忆一下
《塔木德》中所记载的以救世主自命的巴·科赫巴，或是更为新近的那些人，如在迈蒙
尼德的《致也门书》中所提到的诸如此类的自我标榜者。这种缺乏历史眼光的情形显得
有点离奇，虽然这是属于年龄方面的而不是个人方面的原因。"但是，"缺乏历史的眼光"
并不能解释前面所说的那种对众所周知的《塔木德》中有关巴·科赫巴的原文的忽视。
试参见第211页有关托尔托萨论争的基督教一方的记述中的一个短语，它对如上修正提
供了更好的证明。

因为他们都必认识我'（《耶利米书》31：34）；还有，'认识耶和华的知识要充满遍地，好像水充满洋海一般'（《以赛亚书》11：9）；再有，'他们要将刀打成犁头……这国不举刀攻击那国，他们也不再学习战事'（《以赛亚书》2：4）。然而，自从耶稣时代直到现在，整个的世界一直都充斥着暴力和掠夺，基督徒们成了残暴的嗜杀者，他们要比所有其他的人尤有过之，并且他们还是通奸和乱伦的行家里手 ①。对您，我的国王陛下，还有您的骑士们来说，想要让他们不再学习战事，那是多么困难的事啊！此外，对于救世主，先知是这样说的，'以口中的杖击打世界'（《以赛亚书》11：4）；并且这一点在弗雷·保罗手里的那本关于'阿嘎嗒'的书中就有详细的解释，其中是这样写的（《米德拉什》中的 *Tehillim*，2）：如果有人告诉救世主国王，'某一个省发生了反对您的叛乱'，他就会说，'就让蝗虫成灾，将其毁灭'；或者如果有人告诉他，'某个郡发生了叛乱'，他就会说，'就让野兽遍地，将其吞噬'。而这种事情并未发生在耶稣身上。至于您，只是他的仆人，却觉得最好是让马匹穿盔戴甲（随时准备出征），并且有时'甚至虽有这一切荣耀，也与我无益'（《以斯帖记》5：13）。现在，我将根据先知们所说的话向您出示大量的其他证据。"

---

① 通奸和乱伦的行家里手

字面上是指"裸体暴露者"。并不是"同下流行为没有什么两样的展示者"（兰金语），这种措辞在《塔木德》中频繁出现，乃是源自《圣经》中的"你不可露……的裸体"（例如《利未记》18：6）。

那位先生叫了起来："他的方式就是这样，老是先做一番冗长的演讲。但现在，我倒有一个问题要向你请教。"

国王对我说："少安毋躁，因为现在他是提问者。"这样我就不便再开口了。

弗雷·保罗就说："关于救世主，你的圣哲们说他比天使们更值得尊敬，这是不可能的，除非这里指的是耶稣，因为只有他集救世主和上帝两种身份于一身。"然后他就引证了某篇"阿嘎嗒"中的一段话（*Yalkut Isaiah*，476）："'我的仆人必被高举上升且成为至高'（《以赛亚书》52：13）；这就是说，这种赞美要高于亚伯拉罕，这种提升要高于摩西，其地位要比巡察的天使更高。"

我对他说："但是，我们的圣哲们不止一次地强调这一点，所指的应该是所有的义人，'义人要比巡察天使更为伟大'（b Sanh.，93a）。我们的先师摩西曾对天使说，'在我坐的地方①，你甚至连站的资格都没有'（*Sifre*，Nitxavim，305）。而关于整个以色列人的社会，圣哲们曾说②，'以色列人比巡察天使们更加为人们所敬爱（b Hullin，91b）。但是，这篇'阿嘎嗒'作者的

---

① 在我坐的地方

并不是"在我寓居的地方"（兰金语）。确实不错，动词 *yashav* 的含义可以是"寓居"，也可以是"坐"，但是，用在此处的意思必然是"坐"，因为在这里，"站"和"坐"是相互对应的。

② 而关于整个以色列人的社会，圣哲们曾说

希伯来文是 *u-bi-khelal yisra'el'ameru*。因为兰金并没有真正理解 *khelal yisra'el*，即"以色列人的社会"这种普通的表达方式，因而翻译为"一般来说，以色列人主张"——把以色列人当作动词 *'ameru* 的主语，而将 *bi-khelal* 翻译成了"一般来说"！

意思是：尽管我们的祖先亚伯拉罕（愿他安息）说服异教徒皈依了犹太教，在国民中宣讲对上帝的信仰，并且毫无惧色地与宁录（Nimrod）*争论；尽管摩西所做的比他还要多，因为他处在非常低下的地位，与法老——这位伟大而邪恶的国王——作对，并且在那场用以毁灭他的大瘟疫中也未显示出对他的偏爱，从而把以色列人从他的统治之下拯救了出来；尽管巡察天使们在赎罪这件事情上也是最为热心的，就像所说的，'除了米迦勒（Michael）王子您，这里没有人赞同我去反对这些事'，还有，'现在我要回去与波斯的魔君争战'（《但以理书》10：20）；然而，救世主将会比他们所有这些人做的事情都要多，因为'他高兴遵行耶和华的道'（《历代志下》17：6），并且他将降临尘世并以上帝的名义命令教皇和人类所有的国王，'容我的百姓去，事奉我'（《出埃及记》7：16），他将会在他们身上完成许多的神迹和奇观，并且丝毫也不会惧怕他们；他还要站在他们的罗马城的旁边，直到将其变作一片废墟①。如果你愿意的话，我还可以解释整个的段落。"但他没有坚持让我解释。

　　然后，他又进一步引证了一段"阿嘎嗒"，其中关于救世主是这样说的：他为以色列人祈祷，请求上帝能宽恕他们的罪孽，

---

　　*　《圣经》中的好猎手和国王，他是诺亚的长孙。——译者

　　①　他还要站在他们的罗马城的旁边，直到将其变作一片废墟

　　看起来，纳曼尼德几乎不可能说出这样的话，这似乎是一种毫无必要的挑衅。此外，这也同他前面不愿公开地讲述《米德拉什》中关于罗马未来毁灭的那些言论的做法不相吻合（见本书第117页）。这个分句看起来很可能是由编辑者专门为犹太读者群补加进去的。

并且愿意自己来承受一切苦难，但他又在上帝面前说，"我愿意承受一切的苦难，但有一个条件，就是在我的时代这些日子里，要发生全体死难者的复活；并且不光是那些在我的这个时代之内死去的人，而且还包括所有那些自亚当之后死去的人；并且不光是那些自然死亡的人，而且也包括那些被抛到海里淹死的人，或是被狼或者其他的野兽吃掉的人"（参见 *Pesiqta Rabbati*，36：1）。

"于是，"弗雷·保罗说，"救世主所遭受到的苦难就是对耶稣的处决，他是自愿地接受这种处决的。"

我说："愿这种不知羞耻的人受难！因为这一切都不是耶稣做的。他并没有使自亚当以来死去的人复活，并且他没有做所有这些事情中的哪怕是任何的一件。这一番祈祷说明，他是一个凡人而不是上帝，并且他也并不具有使死者复活的力量。至于这些苦难，它们除了是他自己所亲身感到的痛苦之外什么也不是，而这种痛苦只是由于他的降临延迟了过于长的时间，以及他亲眼看到他的人民被流放，而'他手中无力拯救'（《申命记》28：32）所造成的；他还发现，那些子民所效忠的人是'虚无之神'（《历代志下》13：9），同时拒绝承认他的救世主的身份，并且还拥立了另一位救世主，而这些人比他自己的子民还要受到尊宠。"

他又接了过去说："但以理说，'为你本国之民和你圣城，已经定了七十个星期内 ①，要止住罪过，除净罪恶，赎尽罪孽，引进 124

---

① 但以理说，……七十个星期内

很久以来，《但以理书》的第9章和第12章中的这种神秘的数字计算一直是"末日测算者们"争论的一个焦点。犹太人和基督徒之间争吵的这个题目，可以一直追溯到9世纪时皈依犹太教的波多（Bodo）同帕波罗·阿尔瓦里莱斯（Pablo Alvarez）之间的论战［参见博鲁门克朗茨（B. Blumenkranz），1960 年，第 166 页］。

永义，封住异象和预言，并膏至圣者’（《但以理书》9：24）。‘七十个星期’是一种年份的星期*，指的是第二圣殿矗立了四百二十年，再加上巴比伦大流放的七十年，而‘最圣洁的人’指的当然就是耶稣了。”

　　我对他说：“但是，根据我们的估算，在这段时间之前，耶稣怕不是已经有起码三十个‘星期’以上的岁数了吗？这一点是不会假的，有那些了解他并同他在私人之间过从甚密的同龄人作为见证。并且即使按照你的估算，在焚毁事件发生之前，他也已经活了十个‘星期’以上了。”

　　他说：“这一点也不错。但是，在其中另一节中却又这样说，‘所以应当弄清楚，并且要把这一点与已经说过的话区别开来，以恢复和建设耶路撒冷，以待那位受膏者，即一位王子到来为止’，这里的‘受膏者’和‘王子’就是耶稣。”

　　我说：“这也是一个明显的错误。因为《圣经》中对所提到的七十个‘星期’是这样划分的：从‘一’一直到‘七星期’（v.25），就到了‘受膏的王子’；然后，再用‘六十二个星期’来建造‘宽阔的城池和护城河’；再然后，‘他要为众人制定出一种稳固的盟约’，又用去‘一个星期’（v.27）；这样，数量正好是‘七十个星期’。但是，你称为‘受膏的王子’的耶稣在‘七个星期’结束时并没有降临，而是按照你的推算，远在‘六十个星期’之后才降临的。但是，若是你能根据你的理论为我解释所有的《圣经》

------

　　*　即用星期来计算年份。按照这种"年星期"的算法，七十个星期正好是四百九十年。——译者

中的段落，我就能给你一个相应的答复；因为你无法按照世界上现有的任何方式来解释它。然而，你却不知羞耻地谈论你所根本就不知道的那些事情。但是，还是让我来告诉你，所谓'受膏的王子'乃是所罗巴伯①（Zerubbabel），因为恰如可以在《圣经》中所清楚地看到的那样，他正是在'七个星期'那个时期出现的。"

125

他说："但是，他怎么会被称为'救世主'呢？"

我回答说："甚至居鲁士（Cyrus）也被称为'救世主'（《以赛亚书》45：1），而关于亚伯拉罕、以撒和雅各，也有这样的说法，'不可难为我受膏的人'（《诗篇》105：15；《历代志上》

---

① "受膏的王子"乃是所罗巴伯

所罗巴伯是一位具有大卫家族血统的领袖。他从巴比伦大流放回来之后，曾被波斯国王大流士（Darius）任命为犹太人的地方长官（参见《以斯拉记》2：2，3：2~13，5：1~2；《哈该书》1：1~2：9；《撒迦利亚书》4：9），纳曼尼德关于所罗巴伯是在"七个星期"之后来临的叙述是根据《论创世》（Sefer' Olam）的第27~28章（也可参见 b Shabb., 145b 和 b Yoma, 54a），其中说，所给定的实际时间间隔是五十二年（算作七个足"星期"）。还可参阅拉什关于《但以理书》9：24 的评注，其中也是同样地给定了五十二个星期，但是那位"受膏的王子"却被认定为居鲁士（Cyrus，在《以赛亚书》的45：1 中被称作"救世主"），而不是所罗巴伯。纳曼尼德《论救赎》的第三部分中讨论了他本人与拉什之间观点上的这种差异。帕波罗试图将"受膏的王子"鉴定为耶稣，这实在是不可思议的，因为正如纳曼尼德所指出的，这位王子是在第一圣殿焚毁之后仅有"七个星期"的时候出现的。对于帕波罗来说，更为有利于其目的的内容应是《但以理书》中的9：26："在六十二个星期之后，那受膏者必被剪除，一无所有。"纳曼尼德在《维库阿》中并没有引述这句话，同时他也没有谈到保罗曾提到过它。然而，对于保罗来说，似乎对其加以引用反倒更合适一些，这是因为，它预言了一位救世主会在第二圣殿焚毁之前不久"被砍杀"——的确，这之前的这段时间是过于短了，只有七个星期，但是，对于那些将耶稣之死同圣殿焚毁联系在一起的基督教测算者来讲，这也差不多已经足够了。不过，对于纳曼尼德来说，也就不必要隐瞒提到过这句话，假如已经提到过了的话；因为犹太教的评注家们对它自有他们自己的阐释（参见纳曼尼德《论救赎》的第三部分中有关拉什观点的内容）。这句话中的"受膏者"曾被鉴定为亚基帕（Agrippa）二世，他是第二圣殿焚毁时期的犹太国王。

16：22）。这就是他为什么^①被称为'王子'（而不是'国王'）的原因，因为，尽管所罗巴伯本人在他自己的人民中间值得尊敬和赞美，但他的王国却实在不值得赞美；同样的情况，还有'各民族的王子们^②聚集，要作亚伯拉罕之神的民'（《诗篇》47：9）。现在，如果你和你在场的同伴们希望学点东西，并且还有一点理解的心胸的话，我将用一种清晰明白的阐述方式，根据《但以理书》来向你们解释整个的段落。当着国王陛下以及'所有的人'的面，我要说，除了在该书的末尾，在这一整个段落里，或是在《但以理书》中任何的语句之间，对于救世主的降临，并没有规定一个时间。因为在《圣经》中写得很清楚，尽管在这一段中以及其他的段落中说了这么一大堆东西，他一直都在祈祷^③，以求得到世界末日时的知识；直到最后，他们告诉他说，关于世界末日，在这一节中是这样说的，'从除掉常献的燔祭，并设立那行毁坏可憎之物的时候，

---

①　这就是他为什么

并不是"不只是"（兰金语）。

②　各民族的王子们[*]

纳曼尼德的意思是说，"王子"这个词意味着一种较为年幼的领袖，因而不可能指的是救世主。在他引自《诗篇》的诗句中，着重强调了上帝独一无二的王者地位——故而各民族的国王们便降级成为"王子"了。然而，在两种情况下，"王子"这个词的希伯来文是不同的。在《但以理书》的9：25中，这个词是 *nagid*，而在《诗篇》的47：10中，它是 *nadiv*。就纳曼尼德而言，这似乎是一个小小的失误。兰金试图用《诗篇》对这句话做出贴切的解释是有点离题了（"就所罗巴伯来说，尽管这个波斯王子受到他自己的人民的拥戴，但实际上他是一位以色列人的王子"；以及"在未来的世界上……所罗巴伯将作为一位以色列人的王子出现"）。

*　中译本译为"列邦的君王"。——译者

③　一直都在祈祷

譬如，《但以理书》8：15，9：2等。

必有一千二百九十日'（《但以理书》12：11）。现在，我就要在众目睽睽之下，来解释这句话的含义了，尽管这样对在场的犹太人来说，可能是难以承受的①。这句话说，从日常的烧烤祭品被撤除的时候开始，直到上帝使得曾取代了它（烧烤祭品）的那些令人厌恶的事物废掉——那正是指罗马人焚毁了圣殿②——这期间有一千二百九十年，因为这里所提到的'天数'实际上是年数③，

126

---

① 现在，我就要在众目睽睽之下，来解释……尽管这样对在场的犹太人来说，可能是难以承受的

兰金翻译为"……尽管这句话对今天在场的犹太人来说可能难以理解，但我还是要向这些非犹太人阐述一番"。纳曼尼德所指的并不是任何形式的犹太人同非犹太人之间的对立。"在众目睽睽之下"这种措辞的意思只不过是"公开地"，以便同两句话之前的"所有的人"相呼应（这种表达方式具有一种《圣经》味儿，因此而被用来作为一种修辞的手段，以便将注意力吸引到他所要说的内容的重要性上来，参见《诗篇》49：2）。当纳曼尼德说，对犹太人来说，他对《但以理书》结尾部分的阐释将是难以承受的这句话时，他的意思是说，根据他的阐释，他的所有听众将会不会活着见到救世主的降临，因为从当时开始还得要九十五年才行。

② 直到上帝使得曾取代了它（烧烤祭品）的那些令人厌恶的事物废掉——那正是指罗马人焚毁了圣殿

兰金完全错误地理解了这段话，翻译为"直到树立起那位能使之废除的人，也就是那个曾经撤除了每日的烧烤祭品的令人讨厌的家伙"。纳曼尼德并没有将 la-tet 这个不定式理解为"树立起"，而是"使得如何"或"使得"，故而把《但以理书》12：11中译为："使得令人厌恶的东西废除掉。"

③ 这里所提到的"天数"实际上是年数

紧随其后的语言学上的论证是靠不大住的，因为它们都牵扯到这个复数的 yamim（字面上的意思是"几天"）被用来指"一年"。还没有找到用来指"年"的单数形式 yom 或是用来指"几年"的复数形式 yamim 的例证。假如纳曼尼德仅仅是说，"几天"用在含义隐晦的预言里只是作为"几年"的一个代码词的话，他就会指明，他的基督教一方的对手帕波罗·克里蒂亚尼一直都在论证的正是这个与《但以理书》9：24 的内容有关的东西（当他把一个"星期"作为"七年"的时候）。正因为这样，纳曼尼德在语言的使用上将自己置于任人驱斥的境地，事情也正是如此。有趣的是，当纳曼尼德开始写作《论救赎》时，并没有将重点放在语言方面的"论证"上，而是主要地依靠引用《论创世》和加昂萨阿迪亚的权威性来说明《但以理书》中以"天"代"年"的这种符号象征手法。

就像在'在一整年，必有赎回的权柄'（《利未记》25：29）中，或是在'一年又一年'（《出埃及记》13：10，等等）中，或是在'一年或者十个月'（《创世记》24：55）中所说的一般无二。然后，《但以理书》就说，'能够等待并达到一千三百三十五天的人是幸福的'（v.12），这就又加上了四十五年。这里的意思就是说，在第一天救世主就会降临①，并且他将使得令人讨厌的事物从世界上废除并灭绝掉，而这个令人讨厌的事物就是崇拜不是上帝的东西②；在此之后，他将把分散到各地的以色列人都集聚到'外邦人的旷野'（《以西结书》20：35）上，就如《圣经》中所说的，'领她到旷野，对她说安慰的话'（《何西阿书》2：14），并且他将把以色列人带回到他们原来的土地上，就像我们的先师摩西（愿他安息）这

127

---

①　在第一天救世主就会降临

并不是"到时，救世主将第一个降临"（兰金语）。

②　他将使得令人讨厌的事物从世界上废除……不是上帝的东西

像前面一样，兰金犯了同样的错误："那令人讨厌的东西，就是所崇拜的并不是上帝，也就是那使之荒废的东西，将会滋生出来。"这就要求动词 yiten 要读作 yutan（hophal），并翻译为"他将会生下来"，这是一种最不可能的读法，同时也是一种最不可能的含义。

③　这将用去四十五年的时间

在这里，纳曼尼德是试图说明，为什么在救世主的降临与最终的救赎之间会有四十五年这样一个间隔。他在《以西结书》中"各族人的荒野"这种思想里找到了答案，就是说，救世主的时代，这是一种与摩西时代遍地荒野的类比；当时，在被允许进入"应许之地"*之前，以色列人在这片荒野上彷徨流浪了四十年之久（还可参见 Yalqut Hosea, 518）。在《论救赎》中，纳曼尼德说明了在圣殿焚毁事件之后的 1 290 年（即公元 1358 年）出现的那位救世主，将是约瑟的儿子那个救世主，他将毁灭罗马城，但是，在经历四十年的生涯之后，他也将在高哥人（Gog）与玛高哥人（Magog）之间的战争中被杀死。然后，大卫的儿子这位救世主将会出现，并完成救赎的使命（1403 年）。有趣的是，纳曼尼德在他的《维库阿》中，根本就没有提到过约瑟的儿子这位救世主。其原因很可能是因为他知道帕波罗·克里斯蒂亚尼会抓住这一机会，指出这位救世主将注定身遭横死，

第一位拯救者所做的那样。这将用去四十五年的时间③。在此之后，以色列人将在他们自己的土地上，在他们的主——上帝的王国里，在'他们的国王——大卫'（《何西阿书》3：5）的领地里休养生息，尽情地享受欢乐。所以，能够等到和见到这样的好日子的人才是幸福的。如今，眼下的日期是圣殿被焚毁后的第一千一百九十五年，因此，比《但以理书》中所给定的年数还差九十五年。那么，我们能够期望，到那时救世主（Redeemer）将会降临，因为只有这样的阐释才是牢靠的、适宜的，同时也容易使人信服。"

弗雷·保罗回答说："但是，圣哲们曾经在一篇'阿嘎嗒'中说过（*Yalqut Hosea*，518），'这些额外的天数是怎么回事？在这四十五天里，救世主将会被隐藏起来。正如第一位救世主摩西一样，先是将自己显现出来，然后又被隐藏了起来；因此，这最后的一位救世主也将会先把自己显现出来，然后就被隐藏起来'。那么，在这篇'阿嘎嗒'里，圣哲们所说的'天数'①，说明它所指的是字面上的天数，并不是年数。"

他因而就会把这一点视为耶稣注定要被钉死在十字架上这种说法的一种进一步的确认。虽然死于战事同钉死在十字架上几乎没有什么共同之处，但是，帕波罗肯定将此看作是一个大好的机会，利用它来进行令人厌烦的论证——后来也的确如此，他甚至还论证说，迈蒙尼德关于救世主最后会终老而死的断言是对钉死在十字架上的某种确认。由于是想避免这样一种无谓的争论，纳曼尼德这样做是可以得到谅解的。

* 指《圣经》中上帝赐给亚伯拉罕的迦南地方，也被称为"应许之地"或"希望之乡"，后成为整个巴勒斯坦地区的代称。——译者

① 圣哲们所说的"天数"

兰金译为"无论这些学者在什么地方提到'天'这个字眼，其意思均指的是实际上的天数而不是年数"是不对的。保罗所指的是当时的那个使用"天"这个字的特定场合，并不是想要阐明一种普遍适用的规则。

　　我回答说："《米德拉什》只是简单地援引了《圣经》里《但以理书》的段落中曾出现过的那种表达方式①，因而一再重复地使用'四十五天'这样的措辞，尽管它真正所指的是年数。就正如拉比们所说的，'他采用了《圣经》段落中的语言②'。"

　　弗雷·保罗说："在这个世界上，恐怕没有一个犹太人会不同意，在希伯来文里这个'天'（*yom*）指的是字面上的'天'。只不过他想怎么改变文字的原义就怎么改变罢了。"

　　因而国王便高声下达命令，他们把他们所能找到的第一个犹太人带了进来，然后问他："在希伯来文中，*yom* 这个词的含义是什么？"他的回答是："天。"

　　因此，我就说："国王陛下，在这个问题上，这位犹太人必定是一个要比弗雷·保罗要强得多的法官，但是并不比我好到哪里去。

---

　　①　《米德拉什》只是简单地援引了《圣经》里《但以理书》的段落中曾出现过的那种表达方式

　　兰金的译文风马牛不相及："关于《圣经》的评注（即《米德拉什》）在处理原文与注释时，认为这一段中的'四十五天'所表示的就是同一数目的年'。因此随之而来才有了我们的先师们的教诲：'要密切注意'（字面上的意思是'紧紧抓住'）《圣经》中那些句子的措词方法。"

　　②　他采用了《圣经》段落中的语言

　　阿拉米文是 *lishn'a de-qer'a neqat*。严格说来，在《塔木德》中并没有这样的用法，因此艾森斯坦将"正如拉比们所说"修改为"俗话说"。迦弗尔援引了 *lishn'a de-'alm'a neqat* 这种用法（譬如 b BM，2a），这里尽管仅有一个词不同，但其意思却成了与纳曼尼德心中所想毫不相干的某些东西。然而，在《塔木德》中倒是有一种用法，其意思恰好是纳曼尼德斯需要的，即 *teney lishn'a de-'urait'a*（参见 b Kidd., 2b）。看来似乎是，纳曼尼德虽然想到了这个短语，但却与迦弗尔所援引的用法弄混了。这本来是他能够核对的一件事，但他却没有这样做，这一事实正是《维库阿》是在匆忙中写成的证明（参见本书第 Ⅰ 部分，第 77~78 页）。

在《圣经》里，*yom* 这个词有时指的是'时候'，例如，'击杀一切头生的时候'（《民数记》3：13，等等）。并且它的复数形式（*yamim*）可以用来表示'年数'①，在这里，《圣经》使用它指的就是'年数'。［使用一种不常使用的'年数'的表达方式］是十分必要的，这是因为，《圣经》中的话总是试图隐瞒事情的真相②，如天使曾三番五次地对但以理说，'隐藏这话，封闭这书，直到末时。必有多人往来奔跑，知识就必增长'（《但以理书》12：4）。但是，我所说的是对某个人来说既不知道也不理解的有关智慧上的事情，看来只有傻瓜们替他来进行评判才合适！"

塞古拉的弗雷·阿诺尔（Fray Arnol）清楚而响亮地说："请看，杰罗米把这一段中的'天数'③解释成了'人民的日子'的意思。"

我为他的话感到窃喜不已，就说："你从杰罗米的话中可以　129

---

① 它的复数形式（*yamim*）可以用来表示"年数"

参见本书第 126 页注释。

② ［使用一种不常使用的"年数"的表达方式］是十分必要的，这是因为，《圣经》中的话总是试图隐瞒事情的真相

如果纳曼尼德能将这一论据（事实上它是正确的）作为依据就好得多了，因为《但以理书》的作者在其神秘的预言中十之八九是用"天数"来表示"年数"的。至于保罗所引用的犹太拉比们的说法，认为此处的阐释是按照字面上的几天几天，这无疑是正确的，但是，从犹太拉比们对这种题目进行阐释的自由性和多样性的观点来看，对于纳曼尼德的阐释并没有什么妨碍，因为对此他还有犹太拉比的《论创世》以及加昂萨阿迪亚作为典据的来源。

③ 杰罗米把这一段中的"天数"

在杰罗米关于《但以理书》的注释中，并没有出现这样的评注。确实不错，当时杰罗米明确地将"天数"阐释为字面本义上的天数。弗雷·阿诺尔可能一直指的都是杰罗米关于其他某个段落的评注，而纳曼尼德对此作出了错误的理解，认为他指的是关于《但以理书》12 中相关经句的评注。

发现，这里所说的‘天数’，并不能像在其他的段落中那样，只从它们字面上的意义来理解，并且这也就是为什么他感到有必要做出一番解释的原因。就我看来，他的‘人民的日子’的表达方式指的就是‘年数’，这是来自人民的表达方式，就像‘自从某一桩事情发生之后，到现在已经过去了好多的日子了’这句话，他们的意思说的就是许多年。”

那位先生又接了过去说："他们的圣哲们曾经说过，救世主进入了伊甸园，并且在‘阿嘎嗒’的材料中是这样叙述的：‘救世主何以如此呢？[①] 因为他发现，他的祖先们乃是偶像崇拜者[②]，他就使自己背离了他们的道路，转而来崇拜上帝（愿赐福于他），而正是上帝把他领进了伊甸园。’”

我不由对他付之一笑，然后说："这恰恰证明了我所说的情况，

---

① 救世主何以如此呢？

兰金并不理解引语为何以这句话作为开头，而译作："在‘阿嘎嗒’中，救世主解释了何以如此。"

② 因为他发现，他的祖先们乃是偶像崇拜者

这篇特别的《米德拉什》已经遗失，尽管它显示了同现存的"阿嘎嗒"材料中诸片段的密切关系。关于将救世主归入那些活着进入过伊甸园的人物之列所作的解释似乎是不恰当的。将那四位改宗者中的任何一位列入这类形形色色的名单恐怕要合适得多，他们是亚伯拉罕的仆人以利以谢（Eliezer）、推罗的国王希拉姆（Hiram）、埃塞俄比亚人埃沃德－米利（Eved-Melekh）和法老的女儿碧茜亚（Bithiah）。他们中的任何一位都可以说称得上曾经看到"他的祖先是些偶像崇拜者，并且背离了……他们的道路"。一点不假，救世主的某些祖先可以被称为偶像崇拜者[即那些"在主的心目中行为邪恶的"犹大王国族的君王，如亚哈（Ahaz）和米拿现（Menasseh）]。但是，救世主的祖先也包括一些忠实的国王，如大卫、所罗门、约阿施（Jehoash）、亚玛谢（Amaziah）、亚撒里亚（Azariah）、希西家（Hezekiah）；因此，用一种绝对的方式将他的祖先一概称为"偶像崇拜者"也有失偏颇。那么，《米德拉什》的原本中之所以这样来写，似乎是作为将改宗者中的一位而不是救世主包括在内的一个理由。

既然他是偶像崇拜者的后裔，他就必定是一个彻头彻尾的凡人。上
帝把他背离了他的祖先们的道路并且不再像他们所做的那样一味
崇拜偶像这种行为看作一种美德。对于上帝本人也能这样说吗？"
当时我把他手里的书拿了过来，然后就从头开始向他们宣读"阿
嘎嗒"的内容，以证明书中所写，即有十四个人子活着进入了伊
甸园 ①，其中包括亚设（Asher）的女儿撒拉（Seraḥ）②，法老王   130
的女儿碧茜亚（Bithiah）③。"假如救世主就是耶稣，依照你的想

---

①　有十四个人子活着进入了伊甸园

现存的好多种史料都列出了活着进入伊甸园的人，但却没有一种史料同此处所提
供的译文完全吻合。在 *Derekh Eretz Zutta*（第 1 部）里列出了九个人，包括救世主、
碧茜亚和撒拉。*Yalqut* 中列出了十三位"未尝到过死的滋味"的人（Yalq. Sh.，第 2 卷
367）：以诺、以利以谢、玛土撒拉、希拉姆、埃沃德 - 米利（见《耶利米书》38：7）、
碧茜亚、撒拉、可拉（Korah）的三个儿子、以利亚、救世主和拉比约书亚·本·利未。
而根据同一部史料，有九个人活着进入了伊甸园：以诺、以利亚、救世主、以利以谢、
埃沃德 - 米利、希拉姆、雅阿维茨（Ya'avetz，即拉比犹大王子的孙子）、撒拉和碧茜
亚。如果将雅阿维茨加在前面那个十三个人的名单中的话，就凑够了纳曼尼德所说的那
个十四个人的数目。或许遗失的《米德拉什》部分曾给出了活着进入伊甸园的那些人的
清单。通过《维库阿》而给了我们这样的一个有趣线索的这篇《米德拉什》，大概也同
时列出了关于选择这十四个人中的每一位活着进入伊甸园的理由。然而，《米德拉什》
的文本甚至在此时还是这样的一种讹误百出的样子，这是因为，它为选择救世主指定了
一条错误的理由，正如上面所论证的那样。

②　亚设的女儿撒拉

她成了诸多传说中一个争论的焦点，这是因为，她是在那些所谓"南下埃及"的人
中被提到过的唯一的一个女人（见《创世记》46：17）。人们认为，她逃过了整个流放时期
而活了下来，并且告诉了摩西能找到约瑟遗骨的地点（b Sotah，13a）。她甚至被认为
一直活到大卫王的时期，是一个曾劝说示巴·本·比奇利（Sheba ben Bi-chri）向约押（Joab）
投降的"聪明妇人"（《撒母耳记下》20：16~22）。参见 *Genesis Rabbah* 94：9，以及《约
拿单的〈塔古姆〉》中关于《创世记》46：17 的内容。

③　法老王的女儿碧茜亚

她的名字出现于《历代志上》4：18 中，其中她被描述为莫拉德［Mered，应与《塔
木德》中的卡里布（Caleb）是同一个人］的妻子。

法，他就是上帝，那么，他就不会同女人们一起待在伊甸园里，
这是因为，上帝的‘天是我的座位，地是我的脚凳’（《以赛亚书》
66：1）。上帝不允许有这样的念头！而是像我前面所说过的那样，
救世主正留住在伊甸园里，也就是亚当在犯罪之前所居住的地方，
因为这就是圣哲们在‘阿嘎嗒’中所表达的观点。这样，这个问
题就得到了解释。”

这时，国王陛下站了起来，他们便都离开了。

在下一个星期四，国王陛下把论争的地点安排在他的王宫里，
并且下令论争要秘密地进行①。我们就坐在了挨着王宫门口的地
方。弗雷·保罗以毫无意义的连篇空话作为开场，之后他说：“我
将从他们的一位伟大圣哲那里援引一个证据。在过去的四百年
中，还没有出现过他这样的人物②，他的名字就是埃及的摩西大师

---

①　下令论争要秘密地进行

罗斯（第 132 页）错误地翻译为“国王力求克制”。

②　在过去的四百年中……

四百年的时间长度在某种意义上是一个谜。在这里，兰金认为指的是加昂萨阿迪亚
（Sa'adia Gaon，生于 892 年），他是“迈蒙尼德之前的最后一位伟大人物”。然而，
萨阿迪亚的在世期与迈蒙尼德的在世期之间的时间间隔大约是二百五十年，而不是四百
年。再者，对希伯来文（“在最近的四百年里，还不曾有过像他这样的人物”）的一
种自然而然的理解是，从迈蒙尼德死后有四百年已经过去了。罗伊博（1887 年，第 10
页）将这一点当真了，并且推定帕波罗·克里斯蒂亚尼在此处犯了一个错误：“*Pablo
(p.16 de la Relation) place Maimonides, qui etait a peine mort depuis 60 ans, a 400
ans en arriere*”［帕波罗（关于第 16 页）认定迈蒙尼德活了六十岁，当时已经过去了
四百年］。兰金（见第 168 页注释）批判了这种观点，他说：“帕波罗并不是一个傻瓜，
而是一个极具才能的人，他不大可能持有这样的想法，即关于迈蒙尼德的论争会是关于
一个在四百年前就已死去了的人的事。”兰金的这种说法颇有道理，但不幸的是，他又
进而提出，罗伊博大大地误解了希伯来文的原文，“他的错误看来似乎是由于他认为
kemoto（他的同类）与死亡这个词的用法有关所致”。罗伊博不可能会犯这样一种基本

（Maestro Moses）。他曾说，救世主将会死去，他的儿子和孙子将会继承他而君临天下。因此，并不是像你所说的，他不会以人们通常的方式死掉。"他请他们给他取一本《士师记》。

我面对着他们说："这本书中并不是这样说的①。但是， 131

的错误；施泰因施耐德也不会，他也是将四百这个数字理解成指的是从迈蒙尼德死亡算起的时间。不过，施泰因施耐德认为，"四百年"这个数字是由抄写员加进去的，并且他将这一点作为手稿形成日期的一个标志，据此才产生了君士坦丁堡版本、莱顿手稿和卡拉瓦尔手稿等所有的版本。这个日期大约是公元 1600 年，即迈蒙尼德之后四百年。然而，似乎有点奇怪的是，一个抄写员竟会在帕波罗的讲演稿中插进这样的一个不相宜的数字，而忘记了在他本人与帕波罗时期之间显然有一个超过三百年的时间间隔。最好的解释似乎是该把兰金的解释改写一下：帕波罗只不过是说，迈蒙尼德是自加昂时代以来最伟大的人物，并没有特别指明萨阿迪亚（依照通常的推测，加昂时代始于公元 589 年）。如果这种解释是正确的话，就没有必要认为史料的手稿成于 1600 年这么晚了，尽管它不可能早于 15 世纪［参见施泰因施耐德写于 1858 年的评注，《L-B 科学院希伯来文献目录》（*Catalogus Codicum Hebraeo-rum Bibliothecae Academiae Lugduno-Batavae*），莱比锡，第 275 页］。

① 这本书中并不是这样说的

纳曼尼德并没有否认迈蒙尼德曾持有这种观点，而只不过是说，不会在《论法官》（*Shofetim*，是迈蒙尼德那部伟大法典《米西那托拉》的一部分）这本书里找到。不过，迈蒙尼德在其著作的另一地方的确表达了救世主将终有一死这种观点。请参见他关于《米西那》的评注和 *Ma'amar Tehiyat Ha-metim* 中的第 6 章："但是，救世主将会死去，他的儿子以及儿子的儿子将代替他来实施统治。'他不灰心，也不丧胆，直到他在地上设立公理'（《以赛亚书》，42：4）。在这些话里，已经明确地宣布过他将死亡。他的王国将会持续很长的时间，人们的寿命也将是长的，因为长寿是消除了悲伤与忧虑后的一种必然结果"；"如果在救世主的时代，或在他之前或在他死后……"纳曼尼德的主要观点是说，就犹太教的教义而言，不管你认为救世主是终有一死的，还是长生不老的，都没有实际的意义。这两种观点都可以在史料中找到。保罗试图同时利用这两种观点来证明基督教的主张：用"长生不老"的观点来说明救世主是神性的，而用"终有一死"的观点来说明救世主必定要死在十字架上。纳曼尼德的答案是，不管是终有一死也好，还是长生不老也好，犹太人的救世主都不会符合基督教的观念。如果是终有一死的，他也并不是死在十字架上，而是死于一个长久而繁荣昌盛的统治期之后。如果是长生不老的，则他也不是神性的，而是生活在人间的伊甸园里，同其他有特权的人物如利亚、撒拉和碧茜亚在一起。

我承认，正如我先前曾提到过的那样，我们的某些圣哲的确曾经这样说过。因为'阿嘎嗒'这类书中的观点是这样的：他降生在焚毁事件发生的那一天，并且他将会获得永生。但是，那些采用一种更加文字化方式阐释的人们的观点则是：他将降生在接近世界末日或是赎救日的时候，他将会活得很长但年头却是有限的，他还要很体面地死去，并且把他的王位传给他的儿子。我早就已经说过，我所相信的就是这一点；另外，就是'在这个世界与救世主的时代之间，除了从众王国的奴役之下解脱出来之外，实际上并没有任何其他的差别①'（b Shabb., 151b）。"

132　　　　这时，他们取来了他所要的书，然后他就开始翻找，可是在里面始终没有找到他所说的话。我就把这本书从他的手中拿了过来，并说："请听一听他所援引的这本书中所说的话。"然后我就从那一章的开头向他们宣读："为了全体以色列人的缘故，将来会出现救世主这么一位国王，他将建造圣殿，并且把流散到各地的以色列人集聚起来。"

---

①　在这个世界与救世主的时代之间……并没有任何其他的差别

这是马尔·撒母耳（Mar Samuel）的观点，他是 13 世纪巴比伦理性主义学派的阿摩拉（'amora，根据《塔木德》中的记载，他当时以天文学和医术闻名于世）。他认为，救世主的时代并没有什么奇异非凡之处，只不过当时随着犹太人在他们自己的土地上重新赢得独立，出现了一个和平与昌盛的时期罢了。

塞古拉的弗雷·阿诺尔说："他撒了一个弥天大谎。"①

我说："到现在为止，他一直是一位无与伦比的伟大的圣哲，难道现在他倒成了一个撒谎的人？"

于是，国王这时训斥了他一句："你不该诋毁圣哲。"

我对国王说："他并不是一个撒谎的人，因为我要根据《摩西五经》和先知们的话来证明，他所说的一切都是真实的。救世主的职责就是要集聚'以色列被赶散的人，分散的犹太人'（《以赛亚书》11：12），也就是所说的十二个部落。但是你们的救世主，也就是耶稣，却连一个人也没有集聚起来，他甚至根本就没有生活在大流放那个时期。在耶路撒冷建造圣殿也是救世主的职责，但是耶稣并没有干过任何与圣殿有关的事情，既未参与建造，也未施以毁坏。还有，救世主是要统治人民的，但是，耶稣甚至

---

① 他撒了一个弥天大谎

对于犹太人来说，这一愤怒的回击导致了不祥的后果，因为当时在1263年的8月28日，在多明我会修士们的煽动下，国王发布了一项官方命令，严令查禁《塔木德》，命令还包括要求犹太人交出迈蒙尼德法典中《论法官》（*Shofetim*）部分的所有复制品，然后公开焚毁。所以，科恩（第180页）关于"国王命令没收并焚毁迈蒙尼德的所有作品"的说法是不正确的（参见丹尼弗勒，1887年，第3号文件："*omnes librosqui vocantur Soffrim* [sic]*, compositos a quodam ludeo, qui v ocabatur Moyses filius Maymon egipciachus sive de Alcayre.*"）。这就说明，当时的理由就是《论法官》这一部分中含有亵渎耶稣基督的言词，这无疑指的是那段叙述（第6节，第4段），其中说耶稣和穆罕默德"只不过是为救世主这位国王开辟道路的一种手段而已"。尽管这一特定的段落并没有成为论争的内容，但是，若是纳曼尼德同帕波罗之间的争吵未能发生的话，当时的注意力也就不会集中在《论法官》的内容之上了。所以，帕波罗才会因在这一论题上被纳曼尼德击败而进行报复。实际上，《论法官》中被看作"亵渎神明"的这一段（故而从此便被基督教的审查官正式予以删除）显示了一种值得称赞的对基督教和伊斯兰教的宽容，从而用来作为在全世界普及一神教的一种手段。

连他自己都不能统治。"然后，我就向他们宣读《圣经》中的一段①，这个段落是这样开始的，"我所陈明在你面前的这一切祝福和咒诅都临到你身上"，直到这一段的结束，"耶和华你的神必将这一切咒诅加在你仇敌和恨恶你、逼迫你的人身上"（《申命记》30：1~7）。然后，我就为他们解释说，"你们的敌人"这种措辞指的就是基督徒们，而那句"仇恨你们的人们"则指的是以实玛利（Ishmaelites）的后代（即穆斯林），也就是曾迫害过我们的两类人。弗雷·保罗对此没有回答一个字。进行到这里，他们便休会了。

第二天，也就是星期五，他们在王宫里安排好了一排排的座位，"王照常坐在靠墙的位上②"（《撒母耳记上》20：25），那是他的御座。那位主教也到场了，还有许多的贵族君主，包括塞弗罗（Cervello）的吉莱斯（Gilles）和贝尔加（Berga）的皮埃尔（Peire），还来了许多的骑士，以及该城中方方面面的人物，甚至包括一些

---

①   然后，我就向他们宣读《圣经》中的一段

向基督徒们宣读这一段和对他们使用"你们的敌人"这种措辞，并对穆斯林使用"仇恨你们的那些人"这种措辞听起来并不可信。这一段是不相干的，因为其中的内容并没有提到救世主。这是一种毫无理由的攻击，纳曼尼德在论争中不应该老是这样。这一段可能是由纳曼尼德加进希伯来文记述中的，但更可能是编辑者干的。很可能，甚至"他没有回答一个字"，这句无来由的话也是后来加进去的。纳曼尼德声称曾使得他的对手哑口无言，这恐怕是唯一的一次；在另一方面，他的对手也可能多少有点儿被他（帕波罗）没能在迈蒙尼德的书中查到这一段时的神态弄懵了（参见第Ⅰ部分，第65页）。

②   王照常坐在靠墙的位上

兰金翻译为"他的御座位于墙边一个凹进去的地方"，并没有弄明白《圣经》里的出处所指是扫罗王（King Saul）。之所以略微强调这一点，是因为它使人回想起当时扫罗王对大卫王的威胁。

穷人。

当时，我就对国王说："我不想再继续争论下去了。"

国王问我："为什么？"

我就说："此地的犹太社区甚大 ①，他们都曾试图劝阻我并请求我不要再继续下去，因为他们非常害怕这些人，就是这些为整个世界带来了恐惧的行乞修道士们；另外，所有教士中职位最高并且最受尊敬的人物曾派人来告诉我说，我不该再继续下去了；还有，我亲爱的国王陛下，您自己的王宫里的很多骑士也曾对我说过，我当着他们的面来责难他们的信仰是大错而特错了；再有，就是热那亚的小兄弟会的学者弗雷·皮埃尔，他也曾对我说过，这件事情并不怎么好；再就是，城中各个不同方面的一些人也曾对某些犹太人说，我应当见好就收了。"尽管当时这一切都是真实的，但当他们得悉了国王的意思后，他们又都变得犹豫不决起来，说我无论如何还是应该继续下去。关于这一点，我们进行了 134 长时间的讨论，最后，我同意继续这次争论。我说："不管怎样，这还是公平的，因为总会有那么一天，我将成为提问者，而弗雷·保罗则变成回答者。这是因为，到目前为止，他一直是向我提出问题而由我来做出回答，这样的情况已经持续了三天了。"

国王就说："不管如何，你还是回答他吧。"这样，就算我

---

① 此地的犹太社区甚大

希伯来文是 *rav ha-qahal be-k'an*。罗斯和科恩认为，结束论争的动议完全是出自基督教一方的史料。然而，*qahal* 这个词更像指的是 *aljama*，或是巴塞罗那的犹太社区，他们之所以惧怕多明我会修士即宗教法庭的那些始作俑者，是有着充分理由的。

同意了①。

弗雷·保罗站了起来，问道："你相信先知们所预言的救世主将会既是完完全全的凡人，又是实实在在的神灵吗？"

我说："在一开始，我们就已经说好了，我们首先要说的是关于救世主是否已经降临的问题，这也是你的主张，在这之后，我们再讨论救世主是不是神的问题。但是，现在你还没能证明他已经降临，因为我已经驳倒了你所提出的所有的空洞论据。因此，我已经赢得了这场论辩，因为提出证据的过失责任是在你身上，并且这也是你的承诺。假如你不同意我已经赢得了这场论辩，而你还愿意听我说话的话，我将保证在这一问题上提出更加完备的证据。在你的耶稣并不是救世主这一点还没有彻底弄清楚之前，来讨论在未来将要降临在我们中间的救世主是否会是完完全全的凡人或是什么别的东西，将是毫无意义的。"

当时，在场的那些精通法律的法官们都认为我的论点是正确的。

国王就对我说："不管怎样，你还是先回答他的这个问题吧。"

我说："真实的情况就是，救世主将会降临，并且他将是完完全全的凡人，恰如我本人一样，是一个男人和一个女人交媾而生下来的儿子；他将具有大卫的血统，正如书中所写的，'从耶西（Jesse）的本必发一条'（《以赛亚书》11：1），还有，'直等细罗来到'（《创世记》49：10）——细罗的意思是'他的儿子'，

---

① 国王就说："不管如何，你还是回答他吧。"这样，就算我同意了

兰金错误地翻译为："国王（表示赞同他）说，'无论如何，（眼下）先回答吧。'这样，我就先谢了他。"国王根本就没有同意纳曼尼德关于同帕波罗·克里斯蒂亚尼对调角色的请求。

它是与'西里亚'（*Shilyah*，即'胎盘'①）这个词相联系的，这是因为，他会像人类的其他人一样，在降生时是带着一个胎盘的。假如像你所说的那样，他是通过上帝的灵②而降生的，那么他就不会'具有耶西的血统'，甚至即使他在一位具有大卫血统的女人的子宫里待过，他也不能继承大卫的王位，因为根据《摩西五经》，女儿们连同她们的后裔，是不能成为继承人的。哪里有一位男性，哪里才会有大卫家的男性后裔。"

135

　　他说："《诗篇》中有一首诗③是这样说的，大卫诗一首：耶和华对我主说：'你坐在我的右边'（《诗篇》110：1）。那么，这位被大卫王称作'我的主'的人，除了是一位神性的人物，还会是谁呢？试想，一个凡人如何能够坐在上帝的右边呢？"

　　国王说："他问得不错④，因为如果救世主是完完全全的凡人，并且按照文字，他有着大卫的血统，则大卫就不会称他是'我的主'了。这就像如果我有一个儿子或是孙子，即使他统治着整个世界，

---

　　①　*Shilyah*，即"胎盘"

　　参见《米德拉什》的 *Leqah Tov* 中有关《创世记》49：10 的内容。大卫·基米（David Kimhi）和伊本·以斯拉（ibn Ezra）给出了同样的词源。

　　②　通过上帝的灵

　　字面上的意思是，"如果他是上帝的灵"，或许，译文本应该是这个样子的，因为纳曼尼德可能在此处粗略地再造了基督教的教义。试参见本书第 140 页弗雷·保罗关于"救世主是上帝的灵"的论证。

　　③　他说，《诗篇》中有一首诗

　　这一条同前面的论据是不连贯的（像兰金用插话的方式描述的那样："在此处，弗雷·保罗插话说，'然而，这里有……'"），而是一条新的论证。原文里根本就没有什么"在此处""插话"或"然而"之类的字眼。

　　④　国王说，他问得不错

　　国王的这番插话非常符合他的个性，因为国王将这件事情看作一种王室礼仪。

我也不会称他是'我的主'的。我倒宁愿他称呼我为'我的主'，并且还来亲吻我的手。"

我转过脸来，面对着弗雷·保罗说："你是那位做出了这一新发现的聪明的犹太人并且出于这一原因才变成了一位叛教者吗？你就是那位吩咐国王把犹太人的贤哲们集合到你的面前来，就你的那些发现举行一场论争的先生吧？你难道真的认为，我们以前从来也没有听到过这种论调吗？难道不是随便哪一位教士或是基督教的孩童都能向犹太人提出这样的难题吗？这个问题早已经老掉牙了①。"

国王说："不管怎样，你应对此做出回答。"

我说："现在，请听我说。大卫王是通过圣灵创作出《诗篇》的诗人。他创作出这些诗篇，是为了供人们在主的圣坛面前吟唱的，但是，他自己并没有在那里唱过它们，并且也不允许他这么做，因为《摩西五经》的律法禁止他这么做。但是，他把《诗篇》赐给利未人（Levite）歌唱；这一点在《历代志》（见《历代志上》16：7）中就是如此写的，记载得十分清楚。因而，他在创作《诗篇》时不得不采用了一种适合于利未人说唱的风格②。如果他是这样写的：'主对我说'，则利未人就一直是在谬传，但是，若是

---

①　这个问题早已经老掉牙了

　　纳曼尼德所说的这一点肯定是对的，因为这个问题像《福音书》一样地古老（参见《路加福音》20：44："大卫既称他为主，他怎么又是大卫的子孙呢？"），所以在基督-犹太两教的争论中一直都在使用。

②　适合于利未人说唱的风格

　　然而，基米与以斯拉更喜欢这样的解释，即这首诗歌是由一位利未人编成的（其标题"大卫诗一首"被翻译为"一首献给大卫的诗"）。

利未人在教堂里唱出'上帝对我的主（即大卫）说，请坐在我的右边'，那就再合口不过了。这一个'坐在'的意思是说，我们至高无上的主（愿赐福给他）将在他的整个一生中都护佑着他 ①，救助他，并使他战胜他的敌人。实际的情形也确是如此，因为他举起他的长矛，一次就屠杀了八百个人 ②。在你面前的这些骑士中，有没有谁能够凭着自己的力量做出同样的事？这正是上帝的'右边'的含义。同样地，大卫写道，'你的右手扶持我'（《诗篇》18：35）；还有，'耶和华的右手高举，耶和华的右手施展大能'（《诗篇》118：16）；关于我们的先师摩西（愿他安息），他是这样写的，'使他*荣耀的臂膀在摩西的右手边行动'（《以赛亚

① 将在他的整个一生中都护佑着他

艾森斯坦修改为"用他的右手"（用 *biyemino* 代替了 *beyamav*），似乎是有道理的。纳曼尼德提出（仿效拉什），"坐在上帝的右边"应该翻译成"因为上帝用右手扶着而静静地坐着"。然而，在《塔木德》中，拉比阿基瓦阐释《但以理书》7：9（"有宝座设立"）时，却说一个是给上帝的，一个是大卫的（b Sanh., 38b & Hag., 14a），并因此而受到加利利的拉比约西（R. Jose）的抨击，他曾反驳说，"阿基瓦，你到底要继续亵渎'神灵'（*Shekhinah*）到什么时候才算完呢？"阿基瓦可能是受了这里所讨论的这首诗的影响而做出其关于《但以理书》7：9 的阐释。然而，在《塔木德》中的其他一些地方，这首诗被解释指的是亚伯拉罕，而不是大卫或救世主（参见 b Ned., 32b），而拉什沿用了这种阐释。

② 一次就屠杀了八百个人

参见《撒母耳记下》23：8~18，并见《历代志下》11：11。纳曼尼德奇怪地将这三句话合并为一种混合式的描述（或许是由于一种记忆失准），就导致了这样的一种后果，即某位现代校勘学者可能会对它进行批注。在论争时，引证中的出错这个问题是很有趣的（譬如，甚至刚才讨论的那首诗的开头就引用错了，前两个词给弄颠倒了）。争论之激烈，其中不可避免会出些许小的失误，似乎是可以谅解的。是纳曼尼德没有时间来核对这些引语呢？还是他故意让这种失误听其自然，以便显示他并没有以任何方式同他当时的辩论中所作的笔记掺和在一块呢？参见本书第 I 部分，第 77 页。

* 上帝。——译者

书》63：12）；而摩西本人关于法老王的垮台是这样说的，'耶和华啊，你的右手摔碎仇敌'（《出埃及记》15：6）。再有就是，《圣经》中的某些地方也是以类似的方式写的（用第三人称代替了第一人称），'耶弗他（Jephthah）和撒母耳（Samuel）[①]'（《撒母耳记上》12：11）；还有，'哦，拉麦（Lamech）的妻妾们'（《创世记》4：23）；再有，同样地，我们的先师摩西在《摩西五经》中的所有的话也是如此。但是，在这一事例中，就我的观察所知，他似乎是被迫用这种方式来表达的。既然我们知道《诗篇》是通过圣灵而创作的，并且这些诗篇既适用于大卫，也适用于他那将会继承他的王位的儿子，那么，就是救世主了[②]。由于部分地发生于大卫身上的事件将会全部地发生在救世主的身上，也由于上帝的右手将给大卫以力量，并使他战胜周围的那些敌人，那么，他就会帮助救世主，并且要帮到这样的程度，以至于他将会使所有的民族都成为他的垫脚凳——因为他们都是他的敌

137

---

① 耶弗他和撒母耳

按照犹太人的传统说法，人们认为《撒母耳记》两卷乃是撒母耳本人所撰（见 b BB，15a，并参见《撒母耳记上》28：3）。因此，《撒母耳记上》12：11 中提到的撒母耳被纳曼尼德看作是一位《圣经》作者用第三人称反指自己的一个例证。此外，由于《旧约》的首五卷，或称《摩西五经》，被认为全部是由摩西撰写的，那么，所有在《旧约》中所提到的摩西便都是类似的例证。因而，大卫很可能用第三人称反指自己为"我的主"。这是对纳曼尼德在前面所说的那番话的一种可供选择的解释，这样就可以说，大卫在创作这些诗篇时，是采用了一种适于利未人吟诵的风格。概括起来说，两种论据的要点就是："我的主"乃是大卫自己，他交谈的对象并不是一位比他本人还要伟大的人物。

② 这些诗篇既适用于大卫，也适用于……救世主

这项论据同前面的那项并不矛盾，因为纳曼尼德的观点是，大卫的统治期预示着救世主的统治期，而大卫的胜利和荣耀则在很大程度上是与救世主时代的情景相媲美的。

人，因为他们曾奴役过他的人民并且拒绝了他的降临以及他的王国，并且他们中的一些人还拥立了另一位救世主。在大卫的时代，还有在他的儿子救世主的时代，在圣殿里唱这些诗篇实在是再合适不过的了，因为这些诗篇全部都是有关大卫的王位以及他的统治的。"

弗雷·保罗回答说："他怎么会说这样的事情呢？他们的圣哲们说，这些《诗篇》中谈及了救世主，是由于这些词句必定是按照其字面上的意义来阐释的，就说救世主要坐在上帝的右边。"他援引了一段"阿嘎嗒"，其中是这样说的："在将来的日子里，至高无上的主（愿赐福于他）将会让救世主坐在他的右边，让亚伯拉罕坐在他的左边。"

我就说："这一点同我所说的是一样的，因为我已经说过，它的意思部分地是对大卫而言，而更根本和更完全地则是针对救世主来讲的①。"然后我向他要这本书，他把书递给了我。

然后，我说："请看，他是如何来歪曲事实真相的！这篇'阿嘎嗒'是这样说的（Yalqut Tehillim, 869）：'在将来的日子里，至高无上的主（愿赐福于他）将会让救世主坐在他的右边，让亚伯拉罕坐在他的左边，并且亚伯拉罕的脸色就将变得苍白，他会说，"我的子孙坐在至高无上的主（愿赐福于他）的右边，而我却要

---

① 部分地是对大卫而言，而更根本和更完全地则是针对救世主来讲的

兰金错误地理解了这一点，而翻译为："由于我当时所表述的观点排除了所有同大卫的关联，因而基本上整个的内容是涉及救世主本人的。"他显然将 qetzatah（"它的一个部分"）误读为 qetzetah（"删去"）了。纳曼尼德一再强调的是，这些诗篇所描述的是大卫和救世主，而大卫的统治期便是救世主荣耀的一个预兆和部分的实现。

坐在他的左边"，但至高无上的主（愿赐福于他）将会安慰他。'
在这里是相当明显的，即救世主并不具有神性①，而耶稣根本就不
138 是什么救世主。因为，假若他是神性的，亚伯拉罕就不会感到是
一种羞辱，因为一位神性的人物会比他得到更多的荣宠，因而他
的脸色也就根本不会变得苍白或是墨绿了。此外，他称救世主是
'我的子孙'（字面上讲，就是'我的儿子的儿子'），并不是'我
的女儿的儿子'。但是，根据你的观点，耶稣根本就不是亚伯拉
罕的'儿子的儿子'。至于说到救世主'坐在上帝的右边'，这
就像亚伯拉罕'坐在上帝的左边'是一样的——他们两位都是完
完全全的凡人而已。再者，救世主不会是耶稣，因为这篇'阿嘎嗒'
中说的是'在将来的日子里'，圣哲们在这一点上所说的则是在
耶稣死去之后大约五百年发生的事。弗雷·保罗先生却故意地将
这一段内容掐头去尾②，简直是不知羞耻。"

---

① 在这里是相当明显的，即救世主并不具有神性

因此，纳曼尼德前面关于《诗篇》110：1 的论证似乎是不必要的。既然对于大卫或
是救世主来说，能够坐在上帝的右边而又不会因此便是神性的，那就没有必要再去争论"在
右边"应当翻译为"用右手扶着"的问题了。然而，纳曼尼德或许会回答说，他用的是逐
字翻译法，而《米德拉什》中所采用的是一种想象出来的、拟人的阐释方式，不能做字面
上的理解，但是这样仍然不能为那种有一位神性的救世主这样的思想提供任何根据。

② 掐头去尾

希伯来文是 okhel r'osho ve-sofo。这是一个难倒了所有评注家的晦涩的短语（迦弗尔
承认自己无能为力）。兰金把这个短语拆开后，并将它放在下一句的开头，做出这样的翻
译："但是这位弗雷·保罗，在争论中给整得一塌糊涂，却依然不知羞耻。"（这似乎是
根据将 'okhel 读作 pual'ukhal 才成，在中世纪的希伯来语里，这是一种不可能的结构。）
从字面上来看，这句话应读作："但是，弗雷·保罗吞了它的头，又吃了它的脚，却并不
感到羞耻。"而其意义所在，就我认为，是说弗雷·保罗删去（"吞掉"）了《米德拉什》
中这个段落的开头和结尾，只引用了中间部分，也就是唯一适合其目的的那一部分。

　　弗雷·保罗接了过去，并且根据一篇《米德拉什》提出了一项证据。其中是这样说的（Yalqut Behuqotai，672）：　"'我要在你们中间行走'（《利未记》26：12）。关于这一句，他们讲的是一个寓言。这其中的意思是什么呢？这就像是一位国王，他出去散步，一个佣人正在他的花园里忙碌着，而他的这个佣人企图把自己藏起来，不想让他看到。国王就对他说：'为什么要把自己藏起来？我和你并没有什么不同。'同样地，在将来，至高无上的主（愿赐福于他）将在伊甸园中与义人们一起散步①，义人们就会看到'他'并在'他'的面前发抖。而他，就会对他们说：'你们为什么要在我的面前发抖呢？我也是像你们一样的人。'难道这或许就意味着我所感受到的恐惧根本就不会加诸你的身上？②不，因为《圣经》中说，'我要做你们的上帝，而你们要成为我的子民'（同上）。那么，由于上帝说过，'我同你们是一样的'，他一定是变成了一个像他们一样的人。"

　　我说："他所引用的每一处，无一不是引用来反驳他自己的。

139

---

　　①　同样地，在将来，至高无上的主……散步

　　并不是"……至高无上的主……随时准备走走"（兰金语）。'atid 是"世界末日"将来时的正规用法。

　　②　难道这或许意味着我所感受到的恐惧根本就不会加诸你的身上？

　　这一处，是兰金那种翻译上的混乱不堪的代表作。他将这句话归入上帝的语言中，而把它翻译为："或许，你对我毫无尊敬吧？"然后，他又接下去，"'恩典归于上帝，'弗雷·保罗就说，'这句经文断言："我将是你们的上帝，而你们将成为我的子民。"'" *tl* 这个缩写词并不代表 *todah la-'el*（"恩典归于上帝"），而是 *talmud lomar*（"有一部施教的原本"）。这里所使用的论证的整个形式（这种形式就是：先说一个陈述句，而后提出一个问题将该陈述用于一种不能接受的极端情形，然后再引用《圣经》中的原文来反驳这种极端情形），在《塔木德》和《米德拉什》中都是极为常见的。

因为这是一件未来将会在伊甸园中发生的事情，而当耶稣‘成了一个凡人的时候’，他并没有在伊甸园中与那些义人一起散步，而是一生中都在他的敌人和追捕者的前面逃亡。但是，这篇《米德拉什》所讲的只是一个寓言，因为从它的开头一看就会明白的，‘他们讲的是一个寓言，其中说的是什么呢？’它的意思就是说，在这个世界上，义人根本无法达到预言中所讲的那种真实的程度，并且他们也无法凝视那种被称为‘光轮’的灿烂辉光①，就像《圣经》中所说的，‘我耶和华必在异象中向他显现’（《民数记》12：6）。甚至我们的先师摩西在他开始作为一个先知的生涯时也打过哆嗦，就如人们所说的，‘摩西蒙上脸，因为怕看神’（《出埃及记》3：6）。但是，在将来的日子里，义人的灵魂将会被清洗掉所有的罪孽和所有的丑陋，从而变得纯洁起来，并且他们获得通过一面光洁的镜子②去凝视的资格，就像我们的先师摩西（愿他安息）所做的那样。

---

①　那种被称为"光轮"的灿烂辉光

在这里，纳曼尼德用"光轮"这个拉丁词来翻译《塔木德》里经常出现在 ziv ha-shekhinah（神灵的辉光）这种表达方式中的 ziv（辉光）这个词。例如，在 b Ber., 17a 中有："在未来世界上，不再有吃或者喝这种事情……而义人可以头戴花冠，正襟危坐，来享用那神灵的辉光。就像人们所说的，‘他们只要凝视着上帝，这便吃喝俱全了’。"纳曼尼德的意思是指，当上帝说"我像你一样"时，其意思并不是说上帝屈尊而成了人类，而是指凡人已经登临了预言中的最高层次，那时他们就和上帝完全没有什么差别了，因则能够凝视他的光轮。

②　通过一面光洁的镜子

参见 b Sukk., 45b 与 b Sanh., 97b："但是，能通过一面光洁的金属镜而看到‘他’*的人真的没有几个吗？"这里所用的是 'ispaqlaria，它是来源于拉丁文 specularia 的一个词，可能不是直接来自希腊语 σπεκλαριον，可参见撒母耳·克劳斯（Sameul Krauss），1898 年，第 2 卷第 93 页。这个词的意思到底是"镜子"还是"窗口"，这一点还不能肯定。保罗在《哥林多前书》11：12 中的类似用法表明，"镜子"的意思要更好一些。上帝的光轮即使在天堂里也无法直接看到，所以，上帝的选民分为两种，一种是能通过一面光洁的镜子的反射看到他的光轮的人，一种是能用一面昏暗的镜子看到它的人。

*　指上帝。——译者

关于他是这样说的，'上帝与摩西面对面说话，好像人与朋友说话一般'（《出埃及记》33：11）。圣哲们用寓言的方式使用了'我和你是一样的'这样的措辞，意思是说他们没有必要发抖和害怕，正如他们自己之间并不互相害怕一样。同样的这一类的语言也出现在《圣经》之中，'好像人与朋友说话一般'，但这并不意味着上帝同摩西说话的时候，他已经是一个凡人了。这是圣哲们的一种习惯性的表达方式，就像在《耶拉门德》（*Yelammedenu*）①中所看到的：'如果你照我的吩咐去做，你就会和我一样了。'《圣经》中也有类似的语言，'如神能知道善恶'（《创世记》3：5），以及'那人已经与我们相似'（《创世记》3：22），还有，'他们中间软弱的必如大卫，大卫的家必如神'（《撒迦利亚书》12：8）。但是，所有这些并不意味着他们在形态上会是完全一样的。"

　　那位先生接了过去，并开始论证："在 *Bereshith Rabbah*（2：4）中是这样说的：'"上帝的灵运行在水面上"（《创世记》1：2）——

---

① *Yelammedenu**

　　这是一个专用名词，它收集了许多《米德拉什》篇章，包括 *Midrash Tanhuma*，*Deuteromony Rabbah*，*Numbers Rabbah* Ⅱ，*Erodus Rabbah* Ⅱ，以及 *Pesikta Rabbati* 的部分内容，所有这些内容中经常提及拉比坦胡马（Rabbi Tanhuma），并且使用 *Yelammedenu rabbenu* 这句程式化的导语。中世纪 *Yelammedenu* 里的许多引语已经无据可考，包括这一句。归入这一专用术语下的许多典籍大概已经遗失了。关于 *Yelammedenu* 这一专用名词所涉及的著作的问题，请参阅《犹太大百科全书》第15卷，第794页。

　　* 犹太教的典籍除了《托拉》之外，多是一些阐释与评注式的著作，因此，由于编纂的年代和地域不同，典籍中常常出现相互包容和交叉评注现象，此书的情形亦是如此。——译者

那就是救世主的灵。'如果是这样的话，救世主就不是一个凡人，而是上帝的灵。"

我说："可怜呀！那个一无所知但却自以为聪明盖世而又学问渊博的先生。在你所提到的那本书中还有这样一句话（8：1）：'"上帝的灵在运行"——那就是亚当的灵①。'难道这句话真的是指亚当是一个神性的存在？而连书中'什么在上什么在下②'都不清楚的某位先生把活生生的上帝的话上下颠倒了过来。但是，那位作出'这是救世主的灵'这样的比喻性解释的寓言阐释家是根据'四大王国'来阐述整个句子的，并且说《圣经》在这个地方所使用的语言提供了关于未来事件的暗示。他说'大地一片荒芜（tobu）'——这就是巴比伦；而关于他，则是这样说的'我看到了大地，看啊，它一片荒芜（tobu）（《耶利米书》4：23）；并且是空虚无有（vobu）——这就是米底亚（Media）；而关于他们，

---

① 那就是亚当的灵

这里，纳曼尼德所指的是 Bereshith Rabbah 的另一部分，即第9部分第1节："拉比西缅·本·拉奇什（Rabbi Simeon ben Laqish）说，'按我们的理解，正在运行的上帝的灵指的是亚当的灵，而主的灵将依附于他的上面'（《以赛亚书》，11：2）。"有意思的是，在稍前的一个段落中，曾引用过同样是这位拉比西缅·本·拉奇什的话，却说成是"正在运行的上帝的灵指的是救世主的灵"（Genesis Rabbah Ⅱ，4）。关于"阿嘎嗒"方面的内容的阐释并不被认为是相互排斥的，同一句话可以被认为具有各种各样的、就字面意义而言互不相容的阐释，在这方面，即使是同一位老师的话也是难免的。

② 什么在上什么在下

并不是"什么先出现，什么后发生"（兰金语）。这里所指的是《米西那》中的 Hag., 12：1："无论是谁，若是他没有出生就好了；而只要他来到了这个世界上，都要思索四件事：什么在上，什么在下，什么在前，什么在后。"这是针对神秘思考的一种警告。纳曼尼德的意思是，即使是再简单不过的书本，对于弗雷·保罗来说也有深不可测的玄义，他是无法理解的。

又这样说，"他们行色匆匆（*vayavhilu*），来催哈曼（Haman）"（《以斯帖记》6：14）；"这里一片黑暗"——这就是希腊，这些人用他们严厉的教令模糊了以色列人的眼睛；"在大海的水面上"——这就是邪恶的王国（罗马）；"上帝的灵"——这就是救世主的灵。因为什么样的功劳①从而使得他的（救世主的）灵在水面上运行呢？是由于忏悔的功劳，因为人们把它比作水②。'从这里，我们可以看到，《米德拉什》让'四大王国'在我们的面前一一展现了出来，其中第四个就是罗马；而最后又引入了一个'上帝的灵'，他就是救世主，是一个完完全全的凡人，但却充满了智慧和'上帝的灵'——恰如比撒列（Bezalel）一般。关于比撒列，是这样说的，'我以我的灵充满了他'（《出埃及记》31：3），或是像约书亚一样，关于他是这样说的，'嫩（Nun）的儿子约书亚被智慧的灵充满'（《申命记》34：9）。这样，《米德拉什》中所谈到的未来的救世主的问题就很清楚了，即他将在第四王国之后降临。但是我仍然难以对弗雷·保罗解释《米德拉什》的风格③，这里面包括从某些原文

---

① 因为什么样的功劳

并不是"得到有好处的东西"（兰金语）。

② 比作水

纳曼尼德为 *Genesis Rabbah* Ⅱ, 4 中的段落提供了一种简略化了的译文。

③ 但是我仍然难以对弗雷·保罗解释《米德拉什》的风格

罗斯（第 137 页）将这句话误解为一种对读者的声明，即纳曼尼德尽量控制自己不去详述这一段完整的意思"及其晦涩难解的，或者甚至是秘传不宜的言外之意"。纳曼尼德的意思是说，在如何看待《米德拉什》的阐释这个问题上，他自己无法将正确的理解用言传的方式告知弗雷·保罗。

的语言意义上的细微差别 ① 中获得的暗示，而不必论证是否这些细微差别构成了原文的主要的意义所在。并且在 *Bereshith Rabbah* 的许多段落中都有类似的评注，例如，关于以'雅各出了……'（《创世记》28：10）开头的那一段 ② 的评注。"我说这些话的目的，是为了向他们当时在场的所有的人说明，弗雷·保罗对如何阅读他自己曾引用的典籍实在是一窍不通，因为他在对其风格的理解上错误百出。

142

当时国王站了起来，听众也都站了起来。

---

①　从某些原文的语言意义上的细微差别

希伯来文是 *mi-semakh*（*semekh*）*ha-lashon*。这种表达方式相当于阿拉米语中的 *'asmakht'a*，在《塔木德》里，这是作为一个技巧性的处理方式来使用的，意思是来源于《圣经》原文中的一个"暗示"。例如，一种原文上的细微差别，它虽暗示着某一观点，但却没有必要就是那段原文基本的或是字面上的含义（至于为什么用 *semakh* 或 *semekh* 这种罕见的形式来代替 *'asmakht'a* 这种常用的形式，参见 b *Sefer Torah*，Ia：*u-semakhing min ha-migr'a*）。兰金对此做了错误的理解并译作："关于暗指，其详尽论述需要借助于语言方面的知识。"*samakh* 这个词根（阿拉米语是 *semakh*）的意思的确是"证实"，但是，同此处有关的却是其派生的词意"通过引用一篇《圣经》的原文来证实一种观点"。

②　以"雅各出了……"开头的那一段

尚不清楚为什么纳曼尼德举了这样一个特别的例子。迦弗尔认为，在弗雷·保罗所引用的那个段落（*Genesis Rabbah* Ⅱ，4）同这个段落之间存在着某种联系，这种联系就在于，在《米德拉什》里，对雅各的梦是按照四大王国来阐释的。然而，*Genesis Rabbah* 本身并没有对雅各的梦做出这种阐释（它可以在坦胡马的 *Pirqei de R. Eliezer* 和 *Leviticus Rabbah* 中找到）。然而，纳曼尼德还是特别地提到了 *Genesis Rabbah* 来作为他所举例子的出处（尽管正如迦弗尔所指出的那样，纳曼尼德在他自己关于雅各的梦的评注里使用了四大王国的概念这一点是真实的）。或许纳曼尼德的意思只不过是说，*Genesis Rabbah* 之所以对雅各在伯特利（Bethel）的事迹做出了许多不同的阐释，所根据的是原文里的细微差别，而不是仅限于字面上的含义。

这便是当时所讨论的全部内容。就我而言，我对这些内容没有做一丝一毫的改动。后来在当天，我站在国王陛下的面前，他对我说："让这场论争结束吧 ①。因为我从来没有见过像你这样的人，明明自己是错误的，但论辩得却是这样出色 ②。"我在宫廷里就曾闻知，国王和他那帮四处游荡的行乞修道士们想在安息日这一天去造访一家犹太圣堂，因而我不得不在市里多待了八天 ③。在后来的第一个安息日，他们便去了那里。当时，当国王发表了一

---

①　让这场论争结束吧

希伯来文是 *yisha'er ha-vikuah*，并不是"争论仍然没有结果"（兰金语）。

②　论辩得却是这样出色

希伯来文是 *ka-'asher'asiti*。字面上的意思是"像我做的这样"，但是，似乎这是纳曼尼德陷入间接论述的一个失误，而不仅仅是修正的问题。

③　我不得不在市里多待了八天

这一点与基督教一方的记述中所讲的情节完全不同。基督教一方的记述中说，纳曼尼德"偷偷地溜走并逃之夭夭了"，还加了一句，"从这一点来看，显而易见，他不敢也无能为其错误的教义辩护"（罗伊博，1887年，第14～15页），对这种说法上的不一致作出了最好的解释。当论争中断时，议事日程上的最后一项（犹太律法是否随着耶稣的来临而被废除了）尚未能进行讨论。不过，纳曼尼德同意了多明我会修士们的请求，即他将在过后的某一天，当着国王的面来回答有关这一方面内容的问题。（基督教一方的记述是："他承诺将会在一个小范围内，当着国王陛下以及其他一些人的面来回答有关他的信仰和律法方面的问题。"）然而，在发生了《维库阿》的结尾部分所描述的那场在犹太圣堂里的争论之后，当时国王离开了巴塞罗那去处理拖延了的公务，因此，纳曼尼德觉得自己的诺言已经解除，便回到了他杰罗那的家中。多明我会的修士们看准了这一点，而将其描绘成一次逃跑。不过，这样的逃跑是毫无意义的，因为纳曼尼德不可能从国王的面前溜之大吉。实际上，看来曾答应过的这次讨论最终毕竟还是实实在在地发生了，因为纳曼尼德的布道词《主的完美律法》（*Torat Adonai Temimah*）所讲的恰好就是有关那个拖延了的题目的问题，并且也有证据表明，这次布道是当着国王的面进行的。

篇冗长的演讲^①来证明耶稣就是救世主的时候，我就给了国王陛下一番非常得体而又恰如其分的回答。

143　　　记得当时我从容地站在那里，是这样讲的："国王陛下所说的话是高贵的，值得颂扬，值得尊敬，因为这些话是出自一位比世界上的每一个人都要更加高贵、更加值得颂扬和更加值得尊敬的人之口。但是，要说他的这番话是真实的，我却实在是不敢恭维。因为我有着大量明显的证据和论据，它们就像阳光那样的明亮，清晰地显示出真实的情形与他所说的话并不相一致。但是，对我来说，要同他来进行一番争吵显然是不相称的。我所要说的唯一的一件事，也是我感到百思不得其解的一件事，就是我们所听到的国王所讲的用来劝诱我们相信耶稣的救世主身份的那些内容，从耶稣本人，直到我们的远祖都曾论证过，正是他不厌其烦地极力在他们面前论证这个问题，然而却遭到了他们完全而强烈的拒绝。根据您所持的他具有神性这种观点，他是一位比国王拥有更多的知识和更大的能力来证明自己所说的话的人物。如果说我们那些曾见过他也了解他的祖

---

① 当时，当国王发表了一篇冗长的演讲

　　在犹太、基督两教的关系史上，这是一个独特的事件，即在犹太人的圣堂里由一位国王来宣讲布道词。那些多明我会行乞修道士在犹太圣堂内发表鼓动皈依者的布道词是司空见惯的，但这也是不大名誉和迫不得已的事，并且其间不存在任何自由交流的成分。然而，这一次的情形有所不同，事情看起来有着国王礼节性拜访犹太圣堂的性质，而他表示了对犹太社会的尊重，并且允许他们的拉比回答问题。在此处，詹姆斯一世显示出其复杂性格的更多的侧面：他对争论的酷爱，不管是从他自己敢于投入业余的神学研究方面，还是从他喜欢倾听别人的意见方面，都充分表明了这一点；另外，也表现了他在对诸多犹太习俗的尊重上所表现出来的那种最起码的宽容。

先们并没有听他的话，那么，我们又怎么会相信和听从国王的声音呢？何况国王对这件事并不知晓，要说知晓，也不外是通过一篇古远的记录来了解的，而这种记录只是他从人们那里听来的，这些人却又并不知道耶稣为何许人，并且也不是像我们的那些对他耳熟能详而又亲眼看见的祖先们[①]那样是来自他自己的国土。"

　　然后，弗雷·雷蒙·皮纳福特[②]站起来，开始宣讲"三位一体"。他说这个"三位一体"是由智慧、意志和力量构成的。他在那个犹太圣堂里[③]

144

---

　　① 　而又亲眼看见的祖先们

　　这里，纳曼尼德的意思是说，与耶稣同时代的那些犹太人物拒绝接受他的这种以救世主自居的态度本身，正是一个反驳这种自我标榜的有力论据，因为他们处于一种比后来一代代的任何人都要有利得多的地位来评价它。纳曼尼德这里假定耶稣的自我标榜采取一种以神的身份自居的方式。纳曼尼德并不清楚后来的犹太学者们［自14世纪的普罗菲亚特·杜兰（Profiat Duran）开始］所采取的争论策略，他们是根据《新约》中的分析而论证得出，耶稣从来也没有以神的身份自居，并且他以救世主身份来自我标榜也从来没有为其犹太同胞所拒绝，而是由于他不能像大卫王那样建立起反对罗马人的王权，所以证明了他的以救世主自我标榜完全是徒劳的。

　　② 　弗雷·雷蒙·皮纳福特

　　说到雷蒙德·德·皮纳福特同纳曼尼德之间所发生的直接冲突，有记录可查的，这是唯一的一次（除了前文第102页上所提到的那番简短交谈）。雷蒙德·德·皮纳福特乃是基督教经院哲学和宗教法规方面最伟大的人物之一，而纳曼尼德则是犹太教经院哲学和犹太律法，同时也是犹太神秘主义的一位伟大代表人物。当时的场面充满了戏剧性。关于雷蒙德·德·皮纳福特其人，可参见本书第80页。

　　③ 　在那个犹太圣堂里

　　兰金大概以为这些词语在这个地方显得过于累赘，就把它们删掉了，然后将它们插在下面的这句话里："在杰罗那的一个犹太教圣堂里。"在这里，似乎没有充分的理由做这种修正。

还说："在杰罗那①，大师*在这个问题上也曾同意弗雷·保罗的说法。"

我又从容地站起来说："请注意听我所说的话，在场的犹太人和非犹太人。在杰罗那，弗雷·保罗曾问我是否信奉'三位一体'。我是这样说的：'什么是"三位一体"？难道意思是说上帝也像那些凡人一样拥有三个肉身？'他说：'不是。''那么，它的意思指的是上帝有三个纯粹化了的实在吗，如灵魂或是天使般的那种存在？'他还是说：'不是。''那么，它的意思是指

----

① 在杰罗那

这表明，纳曼尼德同保罗之间过去在"三位一体"这个题目上曾发生过一次论争。迦弗尔认为，较早的这次论争同关于托尔托萨论争的记述中即在伊本·弗迦的 *Shevet Yuhudah* 里所得到的那次完全是一回事儿［参见《两教争端》（*Shevet Yuhudah*），舒查特编，第102页；同时参见本书第179页］。不过，这篇记述中说，这次论争是当着唐·佩德罗长老的面进行的。然而，罗斯（1950年）坚持这样的观点（第133页），即《两教争端》实际上引述的是巴塞罗那论争中的内容，并且所引述的论据从我们现有的《维库阿》的原文中给删掉了，因此，罗斯把它写进了他关于巴塞罗那论争的论述中。然而，那些论据（关于基督徒是否应该被称为"以色列人"）虽不适合于在巴塞罗那论争中所讨论的题目，但却非常适合曾删掉了的那个题目，即犹太律法是否已经随着耶稣的来临而被废除了。最佳答案似乎还是罗伊博的结论（1887年，第14页）：这次论争发生于巴塞罗那论争之后的那次前面提到过的辩论。当时，在一个"小范围内"，当着国王的面讨论了那个删掉了的议题（"唐·佩德罗长老"乃詹姆斯一世之误）。因而，纳曼尼德同保罗有四次在论争中碰过面：

（1）在杰罗那，早于1263年，当时他们讨论了"三位一体"的问题，纳曼尼德是按照"智慧、意志和力量"来解释的。

（2）在巴塞罗那论争中，即1263年。

（3）在巴塞罗那的犹太教圣堂内，是论争之后的第八天；当时再次讨论了"三位一体"的问题。

（4）后来过了一段时间，可能是在巴塞罗那，当时讨论了有关犹太律法被废除的问题，并且纳曼尼德当着国王的面宣讲了他的关于"完美无缺的律法"那篇布道词。

* 指纳曼尼德。——译者

三种东西合成了一个实体吗，就像人身是由三种、四种要素构成的那样？’他又是说：‘不是。’‘如果是这样，那什么才是"三位一体"呢？’他说：‘智慧、意志和力量 ①。’"于是我又说："我同意上帝是聪明的，而不是愚蠢的；他有意志力，而不是呆惰的 ②；他是强有力的，而不是软弱无能的。但是，‘三位一体’

145

---

① 智慧、意志和力量

参见本书第 I 部分，第 64 页。这种论证形式，即基于用人类的精神官能来进行类比的形式，可以一直追溯到 14 世纪的神学家马留斯·维克多雷诺斯［Marius Viotorinus，参见沃尔夫森（H. A. Wolfson），1956 年，第 361 页］。奥古斯丁也曾提倡用这种方式来解释"三位一体"，他当时选择用来做比拟的三种官能是记忆力（memoria）、认知力（notitia）和意志力（voluntas）。智慧、意志和力量的三合一在犹太神学界被认为是那些神性特征中的一个重要的组合（例如迈蒙尼德《迷途指津》第 1 卷第 58 节）。所以，倒似乎是保罗选择诸多特征的这样一种三合一是由于特别地适合于用来说服犹太人，而雷蒙德·德·皮纳福特打出了同样的牌。在 12 世纪基督教作者圣蒂耶里的威廉（William of Saint Thiery）和康奇斯的威廉（William of Conches）的关于"三位一体"的理论中，也可以找到一模一样的这个三合一。参见拉斯克（D. J. Lasker），1977 年，第 63~76 页。

② 他有意志力，而不是呆惰的

希伯来文是 hafetz be-l'o hargashah，它字面上的意思是"没有感觉的意志"。如果这样翻译的话，反倒变成了说上帝是"无情"的了；他的意志与凡人的意志不同，并不伴随着或是为情感和外部刺激所左右。不过，这样一种见解在这里就不恰当了，因为人们就会期望"具有意志力，而不是呆惰的"了——用"聪明而不愚蠢"和"有力而不软弱"来类比就行了。（试比较迈蒙尼德《迷途指津》第 1 卷第 58 节："我们说起‘他’ *……总是说他力量强大且无所不知而又意志坚强……是为了表明，他既不是软弱的，也不是无知的，也不是漫不经心的，也不是粗心大意的。"）再进一步说，"没有感觉"这个短语本身在形式上同"而不愚蠢"和"而不软弱"这两个短语也不相一致。所以，我建议改为 ve-l'o be-l' hargashah，即"而不是呆惰的"（字面上的意思是"并不是没有感情的"）。一位自以为聪明的抄写员会很容易地犯漏写"而不"这类错误，从而导致一种在此处颇不相关的哲学意义上的差异，并且他也许还根本意识不到，按照此处的这种上下文关系，将"感情"归诸上帝身上才是正确的；也就是说，他是一个有生命的存在。在任何的情况下，将"无情"归诸上帝都不是纳曼尼德神学的内容。

* 指上帝。——译者

这样的表达方式完全是一个错误，因为在造物主身上，智慧并不是一种偶然的品质，而是'他'与'他的'智慧是一体的①；同样地，'他'和'他的'意志是一体的，'他'和'他的'力量也是一体的。因此，智慧、意志和力量三者是一个整体。即使上帝确实具有偶然的品质，这也并不能使'他'成为一个'三位一体'的，而只能是一个本体有着三种偶然的特性罢了。就在刚才，国王陛下曾表达了一种类比，而这无非是由那些常常犯错误的人教给他的。他说葡萄酒里有三样东西——颜色、味道和气味，然而葡萄酒是'一个'东西。但是，这完全是一个错误，因为葡萄酒的红色、味道和气味是三种不同的品质，它们中间可能具有一种品质而不具有另一种品质——因为有红葡萄酒、白葡萄酒以及其他颜色的葡萄酒，味道和气味的情形也与之类似。此外，红色并不是葡萄酒，味道、气味也都不是，只有葡萄酒本身才是装满容器的质的东西。因此，这只能是一种材料本体有着三种互不相关的偶然的特性，它们并不能构成任何一个统一体。如果我们这样一味错误地用这种方式来考虑问题，那么我们就不得

---

① "他"与"他的"智慧是一体的

试比较迈蒙尼德《迷途指津》第 1 卷第 50 节［皮纳斯（Pines）编，第 111 页］："不过，如果某个人相信'他'是一个存在，但却具有一定数目的本质属性；这个人嘴上说'他'是一个存在，但在思想上却相信'他'是许多个。这就类似于基督徒们所说的，即'他'是一个但也是三个，并且三个就等于一个。"在这一点上，迈蒙尼德要比纳曼尼德说得还要清楚。他直接说出，上帝不光是不具有偶然的特性，而且甚至不具备本质的属性，因为照'他'的情形来看，本体与属性之间的区别是讲不通的。在另一方面，纳曼尼德此处并不想将论证扩展到这种程度。他只不过指出，对于凡人来说，智慧等仅是偶然的性质，而对于上帝来说，它们却是本体的性质，因此并不会构成多元性，同时也是与"他"的本质不可分离的。

不提出一种'四位一体'的主张了；就是说，既然必须要对神性
这种本体①，及其智慧、意志和力量来进行细算，则它们共计就
是四个了。如果这样继续下去，甚至你还可以提出一个'五位一
体'，因为上帝是活着的，那么他的生命也是一种像'他的'智
慧一样重要的品质，因而'他'的定义将会是：活着的、聪明的、
有意志的、强有力的，再加上神性本身，共是五种。而这是明显
错误的。"

然后，弗雷·保罗站起来，说他信奉一个完美无缺的统一体，
与这个统一体同时存在的，还有一个"三位一体"，并且他还认为，
这个问题是如此深奥，以至于甚至天使们和天堂里的公子王孙也
是无法理解的。

于是，我又站起来，说："显而易见，一个人不可能相信他
所不知道的东西②；也就是说，天使们是不会相信'三位一体'的。"
弗雷·保罗的同伴们让他保持沉默③。

然后，国王陛下站了起来，他们从约柜前面④走下来，然后他
们就陆续离开了。翌日，我站在国王的面前，他对我说："回到

---

① 神性这种本性
参见本书第Ⅰ部分，第64页。
② 显而易见，一个人不可能相信他所不知道的东西
关于对纳曼尼德说这番话时所谓"不诚实"的指控，请参见本书第Ⅰ部分，第63页。
③ 弗雷·保罗的同伴们让他保持沉默
参见本书第Ⅰ部分，第65页。
④ 约柜前面
一如现代的犹太圣堂，布道坛恰好位于装有《托拉》羊皮卷的约柜之前。

你原来的城市去过平静的生活吧。"他给了我三百个第那尔 ①，然后，我就怀着强烈的敬爱之心离开了他。愿上帝使我不辜负 ② 来生。阿门！**

---

① 他给了我三百个第那尔

有一份文件 [（Regné, Jean）王室 1910~1919 年，第 319 号] 进一步证实了这次馈赠，日期是 1265 年的 2 月 25 日。文件中说，当时国王承认欠着一位犹太商人一笔三百索里袋*的债务，这位商人曾按照国王的指示，将这项金额转给了"那位杰罗那的拉比"。对这次馈赠的确认同时也在某种程度上证实了纳曼尼德有关国王颇为赞赏他在论争中扮演其角色的方式的表述——某些评注家曾一度由于国王在基督教一方诋毁性的记述上签名而产生怀疑的那番表述。然而，国王甚至根本没有阅读就签署了这一记述，也是非常可能的（请参见罗伊博，1887 年，第 13 页）。

*　古罗马帝国的一种金币单位。——译者

② 使我不辜负

并不是"使他不辜负"（兰金语）。

**　希伯来语的意思是"可靠""可信"，通常意译为"诚心所愿"或"实实在在"。原多用于对宗教仪式的所有祈祷和祝福的呼应，现该词已进入其他宗教语言，成为一种专用的祈祷结束语。——译者

8 基督教一方关于巴塞罗那论争的记述

译自拉丁文，贝尔编 *Tarbiz** 第 II 期，
1930~1931 年，第 185~187 页

在基督纪元 1263 年 7 月 20 日，在阿拉贡国王陛下御前，同时，还有许多其他的人，贵族们、高级教士们，以及宗教方面和军事方面的人物，聚集在巴塞罗那国王陛下的王宫里。当时，一位被称为大师的犹太人摩西，根据布道行乞修士们的提议，奉国王本人的传召，从杰罗那赶来，在这同一个地方与其他许多看起来似乎是被其他的犹太人奉为专家的犹太学者一起，共同出席了这次集会。保卢斯（Paulus，即保罗）兄弟，在与国王陛下以及当时在场的多明我修会与方济各修会的某些行乞修士们磋商之后（这并不是出于对我主耶稣基督的信仰，因为其确实性将不会付诸讨论，也因为假如连这件事情都令人怀疑的话，那么，就应当在竞技场上通过争斗与犹太人一决胜负；而是这个信仰的真实性应当明显化，以便破除犹太人的错误并消除掉许多犹太人过于自信的信仰，因为尽管这些犹太人自己无法为他们的错误辩护，但是据

---

* 即《犹太研究季刊》。——译者

说那位所谓的犹太人的大师却能够圆满地答复向他们提出的每一个和所有的问题），就向所说的这位犹太大师提议，他们可以凭借着上帝的帮助，通过在犹太人中间获得广泛接受并认为具有权威性的文献，按照顺序来证明如下一系列事实，即：犹太人所企盼的救世主（应该解释为"基督"），已经毫无疑问地降临了；进一步，正如曾预言过的那样，救世主本身必须既是上帝，又是凡人；更进一步，他确实是为拯救人类而受难并被处死；再进一步，律法上的或是习俗上的事物要随着所说的这位救世主的降临而终止并且必须终止。所以，当所说的这位摩西被问及，他是否愿意回答前面提到过的那些问题时，他说，并且坚定地断言："愿意！"并且他还说，如果有必要，如果是为了这件事，他可以在巴塞罗那待上一天，或是一个星期，或是一个月，甚至一年都行。而当向他证明他不应该被称为"大师"时，因为自从基督受难的时候起，就没有一个犹太人再用这个头衔了，他至少承认了这一点，即在过去的八百年里，情形确实如此。最后，向他提出了这样的一个问题，当保罗兄弟到杰罗那同他讨论那些与拯救有关的问题，并且除了一些别的事情之外，还孜孜不倦地详述了关于神圣的"三位一体"，一如基督徒们所坚持的那样，既作为神授本体的统一体，又作为一种"三个人的三位一体"时，他（摩西）承认，如果基督徒们所信奉的就是曾向他详述的这些东西，那么，事实土，他们也就是相信不得不如此坚持的东西。而当在国王陛下御前重复这些内容时，他并没有予以否认，但却保持沉默。这样，由于保持沉默，那就是默认了。尔后，在国王陛下的王宫里，就问所说的这位犹太人，那位被称为基督的救世主是否已经降临。当时，他以坚定的口吻回答说"没有"，并且还加上了一句，说救世主和基督是同一个人，假若能够向他证明救世主已经降临，那么，人们必定会相信这一点，也就是除了他之外人们不再会相信别的什么人，这个人即基督徒们所信奉的耶稣基督，因为没有别的什么人能够降临而胆敢盗用这个名字，或是人们一直都相信这会是基督，这一点已经通过律法的权威性和先知们的权威性，同时也通过《塔木德》而证实，即基督事实上已经降临了，正像基督徒们所相信和宣讲的那样。对这一点，他无法做出回答。在被无可辩驳的证据和权威性的典籍所驳倒的情况下，他承认了基督或救世主于一千年前降生在伯利恒（Bethlehem），后来又在罗马城的某些人面前出现过。当他被问及这个救世主在哪里——因为犹太人曾声称，他降生于并曾出现在罗马——他说，他不知道。然而，后来他又说，他同以利亚生活在尘世间的天堂之中。但是，他却又说，尽管他已经降生，然而他并没有降临，因为据说只有当救世主接受了对犹太人的统治权并给他们自由，并且犹太人也追随他的时候，他才会降临。为了反驳这种回答，不得不借用《塔木德》的权威性，其中清楚地写着，甚至今天，如果他们倾听他的声音并且不让他们自己的心变硬的话，救世主也会降临在他们中间，正如《诗篇》中所说的，"今天听他的话"（《诗篇》95：7）。还加上了这么一句，对于救世主来说，降生在凡人中间，同他降临在凡人中间是一回事，不能做出其他的理解。对于这些问题，他一概无法置答。还有，在所出示的有关救世主来临的诸多证据中，可以引证其中的一个，它是得自《创世记》中，"圭必不离犹大"（《创世记》49：10）所以，由于可以肯定，在犹大身上既没有

149

君主的权杖，也没有领袖的名号，也就可以肯定要派去的这位救世主已经降临。对这一点，他回答说，君主的权杖并没有被取走，而仅仅是中断了而已，这就像发生在"巴比伦之囚"时期的情况是一样的。（本次论争）还向他证明了如下的事实，即在巴比伦，他们拥有一些被赋予管辖权的流放者首领，但是，在基督被处死之后，他们便再也没有像先知但以理所证实的那样的领袖，或是王子，或是流放者首领，或是先知，或是任何其他形式的管辖权了，这一点在今天已是再清楚不过的了。据此，可以肯定地说，救世主已经降临在他们的中间。然而，他却说，他能够证明在基督之后，他们曾有过前面所说的那种首领。但是，他又不能对于前面所说的事情提出任何的证据，实际上，已经承认了在过去的八百五十年中，他们并没有前面所说的那样的首领。所以，显而易见，救世主已经降临，因为权威典籍是不会骗人的。后来，这位摩西又说，耶稣基督是不能被称为救世主的，因为如他所说，救世主是不会死的，就像在一首《诗篇》中所写的，"他向你求寿，你便赐给他"（《诗篇》21：4），而且他将会长生不老，不光是他本人，那些他将解救的人也是如此。当他说了这一番话之后，有人问他，是否《以赛亚书》第53章的"主啊，他曾经相信……"（根据希伯来原文，这一段是在第52章的结尾处开始的，它是这样说的，"看啊，我的仆人将会理解……"）中说的是救世主时，他坚定地断言，这一段根本就没有说到救世主，但是，《塔木德》中的许多可靠段落却向他证实，这里确实说到过基督受难及其死亡，并且他们是根据前面曾提到的那一章中所证实的，即在所说的《以赛亚书》的那一章中，被认为指的就是基督，并且其中关于他的死亡，以及他的受难、他的葬礼和他的复活都清楚地写在里面。然而，他最后是迫于一种对权威典籍的无奈，才不得不承认，这一段可以理解为和解释为指的是基督。从这一点可以清楚地看到，救世主是注定要受难并且死亡的。又后来，由于他不愿意承认真理，除非是在权威性典籍的强迫之下而不得不如此，所以当他无法解释这些权威性的典籍时，他便公开地声称他不相信这些权威性典籍，说这些都是专门引用来反对他的，尽管它们都是来自犹太人的古老而又权威的书籍。因为，如他所说，它们只是一些布道的内容，在当时，他们的那些先生们往往出于激励人民的需要而撒谎。正是出于这一原因，他便既抛弃了犹太人的先师们，也否认了犹太典籍的权威性。再后来，他首先否定了他一开始曾经承认过的，并且向他证实过的全部或几乎全部的内容，尔后，在又一次被权威性的典籍驳倒而被彻底击败之后，他又被迫不得不重新承认它们。直到后来，由于他无法置答，并且多次在众目睽睽之下被击败，所以，不管是犹太人还是基督徒，都对他百般地瞧不起。这时，他就当着每一个人的面顽固地说，他根本就不想作答，因为犹太人告诉他不要这样做，并且某些基督徒，即保罗·德·约书亚兄弟以及某些受人尊敬的公民，还专程赶到他那里劝说他根本无须做任何回答。这个谎言当众被这两位保罗兄弟和那些受人尊敬的公民所揭穿。从这一点来看，显而易见，他是企图通过谎言来逃脱这次论争。到最后，尽管他曾在国王陛下和许多其他的人面前承诺，他将在一个小的范围内就他的信念和律法上的问题回答提问，但是，当国王陛下不在国内的时候，他却偷偷地溜走并逃之夭夭了。从这一点上来看，显而易见，他不敢也无能为他那错误的教义进

150

行辩护。我们，上承天恩，神圣的阿拉贡、马约里卡（Majorica）和瓦伦西亚（Valencia）国王詹姆斯，巴塞罗那和乌尔杰罗（Urgello）伯爵以及蒙蒂斯班苏兰（Montispessulanum）的贵族，真诚地证明并承认，在我们和许多其他的人面前出现的每一句和所有的文字、每一件和所有的行为，如上所录于眼下这一文本之中。为证明此事，兹加盖我们的印玺，以资永久的纪念。

第Ⅲ部分

巴黎论争与托尔托萨论争：原文

9　巴黎拉比耶希尔的《维库阿》：释义

译自巴黎拉比耶希尔的《维库阿》，

格林鲍姆，1873 年

（译文中的"舞台指导说明"亦即原希伯来文记述中偶发事件的文字释义*。）

耶希尔（以下简称耶）：你要控告什么？

多尼（以下简称多）：是关于我们的救世主耶稣的，他在《塔木德》中一直受到亵渎，至今已经有数百年了。

耶：《塔木德》的存在已经远在一千五百年以上。（转向王太后）太后陛下，请不要强迫我回答他。《塔木德》是极为古老的典籍，过去还从来没有一个人对其有所抱怨。您这位学问高深的杰罗米，他精通所有的犹太教的知识，包括《塔木德》在内，假如这里面有什么内容出了毛病的话，他自然会说几句话的。① 为什么我们非得容忍我们生活中的这种罪人，而这个人否认了《塔木德》的权

---

*　本记述采用了舞台剧剧本的记述方式，所以将括号内的话称作"舞台指导说明"。——译者

威性，并且拒绝相信除了未经阐释的《摩西五经》之外的任何东西呢？但是，你们都知道，任何的东西都需要阐释。正是出于这个原因，我们才开除了他的教籍，也就是从那个时候起，他一直在密谋反对我们。但是，我们宁死也不会放弃《塔木德》，因为它是我们心中的珍爱之物。即使您决定在法兰西焚毁《塔木德》，在世界上的其他地方还是有人要学习研究它，因为我们犹太人流散在全世界的每一个角落。我们的肉体掌握在您的手里，但我们的灵魂却没有。

一佞臣：没有人会动你一指头的。

耶：但是，你能保护我们不受暴徒的袭击吗？

布兰奇太后（以下简称太后）：（愤怒地）不要如此讲话！我们完全是想保护你以及你的那些同伙，我们的怒火只会发到那些想伤害你的人身上，因为教皇就是这样命令的。请回答多尼的问题，不要保留或拒绝。

154　　耶：我要向教皇控诉。

法官：正是教皇本人，他命令我们举行这次质询。

耶：既然是这样，我会回答的；但是假若我言词不当，我仅代表我自己而已。

多：你信奉《塔木德》的四部吗？

耶：我信奉它所包含的所有的律法，它们都是拉比们从《圣经》中演绎而来的。它之所以被称作《塔木德》（即"教义"），是出于原经文中的"你们将用它来教导你们的孩子"（《申命记》11：9）。但是，《塔木德》也包含着"阿嘎嗒"部分，也就是那些比喻的和诗意的段落，它们已经深深地印在了人们的心中。在这些内容里，对于一位怀疑论者，或者异教徒，或是教会分立论者来说，可能有一些难以相信的异乎寻常的东西。但是，关于这些，根本没有必要回答你——你愿意相信它们也好，不愿意相信它们也好，反正任何实际的结论都不是根据它们来获得的。然而，就我所知，圣哲们所写的都是真理。如果这些段落看起来觉得是异乎寻常的话，那么《圣经》本身也就有许多类似的段落，如罗得（Lot）的妻子变成了一根盐柱，巴兰（Balaam）家的驴子会说话，以利沙（Elisha）使死人复活。更进一步说，若是没有《塔木德》的话，我们就会无法理解《圣经》中出现的那些似乎是互相矛盾的段落，例如：一段原经上说，上帝"追讨他的罪，由父及子"（《民数记》14：18）；而在另一段原经中则说，"不可因父杀子"（《申命记》24：16）。[②] 有一段原经上说，"我主降临在西奈山顶上"（《出埃及记》19：20）；而在另一段原经中却又说，"我从天上和你们说话"（《出埃及记》20：22），因而暗指他（上帝）并没有降临。[③] 有一段原经上说，"亚扪人（Ammonite）或是摩押人（Moabite）不可入耶和华的会"（《申命记》23：4），然而，大卫王就是一位摩押人路得（Luth）的后裔。[④]《塔木德》所解决的这样的难题真是不胜枚举。若是关于一个合乎逻辑的答案存在着观点上的不一致，《塔木德》就根据拉比们多数人的意见做出结论，因为《摩西五经》就是教导我们遵从大多数人的意愿（《出埃及记》23：2）。此外，凡是《圣经》中的律法显得过于简洁和散乱的地方，如关于安息日的律法，在《塔木德》中都给出了详尽的解释，并且汇集在一篇里；不然的话，要理解这些律法是不可能的。《塔木德》具有决定存有争议的问题的权威性，因为《摩西五经》中说，

"要按他们所指教你的律法，照他们所断定的去行"（《申命记》17：11）；这就说明，上帝已经把这种权威性赋予了圣哲们，而且口头流传下来的教义就像《圣经》一样，是一种必需的东西。圣哲们也制定了他们自己的法规，这是出于保护《摩西五经》中的诫律，从而为它们"修一圈篱笆"⑤的意图；并且《摩西五经》在原经文"遵守耶和华的吩咐"（《利未记》8：35）中，赋予了他们制定这种法规的权利。所以，任何人若不研究《塔木德》的话，他是不可能理解《圣经》的。这就像一个人，给了他一所房子里面一层门上的钥匙而没有给他外面一层门上的钥匙，他是无法进去的。

多：你要发誓真诚地回答问题，不要用谎言欺骗和捉摸不定的方式来使我们分心。

法官：请发誓。

耶：《摩西五经》仅仅要求我们在商务活动中有誓约，但这并不包括精神方面的事情。你是什么人，竟然随随便便地来要求我发誓吗？这是一次质询，并不是审判。你不是我的法官，即便你是，那么同样的，我也是你的法官。

太后：我要求你发誓。

耶：在我的一生中还从来没有发过誓，并且现在也不打算开这个先例。此外，如果我发了誓，就会给多尼以口实。不管什么时候，我所说的任何东西，只要他不喜欢，或是与基督徒的信仰相背，他就会指责说我违背了我的誓言。进一步说，《摩西五经》中写道，"你不要轻慢地滥用我主上帝的名义"，这就是说，在这里誓言并不是必需的东西。但是，我可以向您担保，我将只讲真话，并且如果有什么问题对我来说过于困难以至于无法回答的话，自然会有其他比我要聪明得多的人来回答的。因为我是他们中间最差的一位，并且我来到这一大群教士的面前来参与这次论争，本来也不是出于我自己的意愿。

太后：既然这件事对他来说是如此地困难，并且他也从来没有发过誓，就先不要管他吧。

多：作为《塔木德》愚不可及的一个例证，我要引用如下的内容。《塔木德》仅仅从原经文中禁止一个人"把他的子孙献给莫洛克神（Moloch）*"的内容，演绎出将其所有的子孙都献给莫洛克神的人是不负责任的，而只有将其部分子孙献给莫洛克神的人才是负责任的。谁又能相信这样的事，即仅向莫洛克神献祭其众子孙中的一个孩子的人就会受到死亡的惩罚，而积恶如山但却向莫洛克神献祭了他的所有的子孙的人将会获得解脱？

（基督徒一方的高级教士们哄堂大笑，而太后则表示惊奇。）

耶：终将会有这样的一天，到那时你会再也笑不出来，并且你会为你曾笑过而后悔，如果你还懂得后悔的话。大家还是不妨先听一听我的回答，然后再去嘲笑这神圣的教义吧。（转向太后）陛下，156　谁的罪孽更重，是谋杀了一个人的人，还是谋杀了两个人的人？

太后：当然是谋杀了两个人的人。他杀的人越多，他的罪孽

---

　　*　莫洛克曾是古亚扪人的国神，希伯来文意为"王"。亚扪人通常以焚烧儿童向莫洛克神献祭，但犹太教的律法严禁崇拜莫洛克神，更不允许以色列人仿效亚扪人用火焚烧子女，并视之为大罪，许多著名先知也都曾强烈谴责这种崇拜方式。尽管如此，祭拜莫洛克神的事件仍时有发生，甚至盛行一时。如据《圣经》记载，所罗门王就曾广筑祭坛敬拜莫洛克神，上帝因而发怒并夺其国，把北方十族交付于耶罗波安，致使统一王国从此分裂。——译者

就越重。

耶：您说的是再正确不过了。《摩西五经》中规定了四大类主刑，任何人受到这些行刑方式之一的判决后，都要在行刑之前忏悔他的罪孽，而一旦他被处决，他的罪孽就得到了上帝的宽恕。就如《塔木德》中所解释的，这种解释是来自亚干（Achan）的案例（《约书亚记》7：25）。因此，如果一个人"献出"他的某些子孙给莫洛克神，他便会受到审判并且被处以死刑，这样他就悔罪并且获得赦免。但是，若是一个人"献出"他的所有子孙给莫洛克神，他的罪孽就太大了，反而无法得到赦免，上帝并没有规定用处决的刑罚来作为他获得赦免的手段。因为上帝本人手中掌握的是所有的灵魂，若是他罪该如此的话，自然会对他进行审判的。

（这一番解释使整个宫廷非常满意。）

多：《塔木德》中包含着亵渎耶稣的言词。例如，《塔木德》中说，耶稣在地狱里，并且对他的惩罚是把他浸在沸腾的粪便池里（b Gitt.，586）。（转向太后并用法语交谈）这是为了败坏我们基督徒的名声。

耶：在过去的十五年中，自从你脱离了我们以后，你便一直在千方百计地试图陷害我们，但是你不会如愿的。《塔木德》中在这里所提到的这个耶稣是另一个耶稣，并不是基督徒们所崇拜的那一位。这是这样的一位耶稣，他像你一样，只不过模仿了圣哲们的话，并且只信奉已成文的《圣经》而已。你可以这么说，因为他并不是被称作"拿撒勒（Nazareth）*的耶稣"，而只是简

---

*　巴勒斯坦北部古城。——译者

单地被称作"耶稣"。

多：好得很，现在我就要读这么一段（b Sanb., 43a），其中确实说的是"拿撒勒的耶稣"。各位教士，请注意听这一段，让我们看一看这位生活在你们中间的先生是如何鄙视你们的神的。《塔木德》中是这样说的："当耶稣准备前去赴石砸酷刑时，一个传令官在他之前十五天就出发了，他嚎叫着，'拿撒勒人耶稣就要被处以石砸酷刑了，因为据说他常常搬弄巫术并且恿恿偶像崇拜，还腐蚀其他的那些以色列人。若是谁知道有什么东西对他有利的话，就让他来为他说说好话吧'。"

耶：（回答无从考证。）⑥

多：这里还有另一段（b Sanb., 67a），其中既亵渎了耶稣，也亵渎了玛利亚（Mary）。这一段是这样说的，有一位名叫本·斯塔达（ben Stada）的人，不然就是被认为是本·潘迪拉（ben Pandira），在吕底亚*于逾越节的前夕被吊死了。他的母亲的名字叫米利暗（Mirriam），是一位"女美发师"；她丈夫的名字是帕波斯·本·犹大（Pappos ben Judah），她情人的名字是潘迪拉（Pandira）。故而玛利亚在《塔木德》中被称作一个淫妇。

（法官们当场愤怒地尖叫起来。）

耶：在听完我的回答之前，还是先不要发火为好。玛利亚是我们的亲骨肉，我们不会说任何诋毁她的话，因为《塔木德》甚至根本就没有提到过她。多尼所引证的在该段中提到的"米利暗"同玛利亚不会是同一个人，因为提到的地点是吕底亚，并非耶路

157

---

*　古代小亚细亚的一个奴隶制国家。——译者

撒冷，而耶稣是死于耶路撒冷，并且在那里仍然可以看到他的圣墓。此外，在这一段中甚至连耶稣的名字都没有提到过，而只是提到了"本·斯塔达"或是"本·潘迪拉"。还有，玛利亚的丈夫名叫约瑟，而这位米利暗的丈夫却叫帕波斯·本·犹大。再有，在《塔木德》中，玛利亚，她作为女美发师是在另一处地方提到的，说她生活在拉弗帕帕（Rav Pappa）和阿巴耶（Abaye）时期，而他们都是生活在耶稣之后七百年。

多：在《塔木德》中，关于耶稣还有另外的一个亵渎性的段落。这个段落说的是（b Sanb., 107），耶稣是拉比约书亚·本·帕拉西亚（Jushua ben Perachia）的一个门徒，他在耶稣的陪同下逃往亚历山大里亚以躲避迦南国王的迫害，后来，在他从亚历山大里亚回来的路上，他曾同耶稣在一个小客栈中住过。在那里，耶稣由于过分地向小客栈老板的老婆大献殷勤而触怒了他的老师。耶稣想得到宽恕，但是，拉比约书亚实在是过于冷漠了，并没有宽恕他，然后耶稣在绝望之下就跑了，而举起一块砖头来顶礼膜拜。从这件事中所得到的道德上的教训就是，一个老师不该对他的门徒过于严厉了。

耶：显而易见，这一位耶稣同基督徒们所崇拜的那位不可能是同一个耶稣。因为约书亚·本·帕拉西亚生活在基督教的耶稣之前二百年还要多，而按照我的观点，在《塔木德》中没有一处曾经提到过他。在《塔木德》中，不管在什么地方提到过耶稣，所提到的只会是约书亚·本·帕拉西亚的门徒那个耶稣。基督教的神也叫耶稣是非常可能的，因此，我们就有了两个耶稣，并且很可能甚至这两个耶稣都是来自同一个城市，即拿撒勒。

（教士们都大喊大叫说他们不相信。）

耶：并非每一个出生在法兰西的路易都是法兰西的国王。难道两个人生在同一个城市，并且这两个人又有着同一个名字，而他们也以同样的方式死去是如此罕见吗？

太后：凭着你的信仰，请对我讲真话，真的还有另一个耶稣？ 158

耶：就像我活着和回家一样，的的确确，当《塔木德》中提到某个人，说他在地狱中沸腾的粪便池里遭受惩罚时，所指的并不是基督教的耶稣。

多：现在，我要援引《塔木德》中亵渎神明的言词的另一个例证，这一次是针对上帝本人的。《塔木德》中讲过一个故事（b BB，73b），其中说，拉巴·巴巴哈拿（Rabbah bar bar Hanah）有一次曾听到一个神灵的声音说："愿我受难，因为我发过一个誓，谁能从我身上解除我的誓言呀？"当拉巴·巴巴哈拿将这件事告诉拉比们时，他们严厉地责骂他，对他说："为什么你不对上帝说呢？你就说：'您的誓言已经解除了。'"难道上帝会对他的誓言感到悲哀，而一个凡人能从"他（上帝）的"身上解除一个誓言？认为甚至一个凡人就能将另一个凡人把加在他身上的一个誓言解除掉，这难道不是愚不可及的事情吗？但是，犹太人在每个赎罪日可以通过他们的"科尼德瑞"（Kol Nidrei）*祈祷文把加诸自己身上的誓言免除掉。此外，三个犹太人就能把另一个犹太人对非犹太人所发的誓言从身上免除掉，所以，你永远也不要相

---

* 犹太人在赎罪日祈祷开始时吟唱的一段祷文。这是一篇起誓祷文，犹太人试图通过这一祷文的吟唱，说明在今后一年内凡是他们在违心、不知情和仓促情况下许下的愿、发出的誓和做出的允诺都该被视为无效和不算数，并希望由此得到赦免。因此之故，也有人将其意译为"弃诺词"。——译者

信一个犹太人所说的话。

　　耶：为什么对于主来说，悔改他的誓言就会有困难呢？难道不是也有许多关于上帝有时也忏悔的事实这类丰富的《圣经》方面的典籍吗？《圣经》中说，"于是耶和华后悔，不把所说的祸降与他的百姓"（《出埃及记》32：14）。很显然，上帝有时也起誓，因为他曾发过誓说，大洪水再也不会重演了（见《以赛亚书》54：9）。至于那个故事，说圣哲们告诉拉巴·巴巴哈拿，他应该免除上帝的誓言，它的意思并不是字面上所指的，而仅仅指的是：上帝的誓言可以被那些献身于忏悔和善行的凡人们颠倒过来。至于说到你所说的关于通过"科尼德瑞"祈祷文而得到誓言的解除一节，你只要看一看前后连贯的整篇祈祷文字，你就会明白，这种解除只适用于对誓约或赌咒无意的违背，而并不适用于那种蓄意的背约。至于你对三个人可以解除加在一个人身上的誓言这种律法的批判，这种律法只适用于仅仅影响到他自己的誓约，并不适用于影响到他的邻人的那种誓约；因为要取消这样的一个誓约需要与该誓约有关的人同意才行，就像我们在基遍人（Gibeonites）的案例中所看到的那样（《约书亚记》9）。在这个案例中，在没有取得基遍人的同意的情况下，誓约就不能取消，尽管他们是通过欺骗的手段而达成了那个誓约。因为《圣经》中教导我们要恪守誓约："你必须恪守从你的口中说过的每一句话，你必须履行你发出的每一个誓言。"（见《申命记》23：24）

　　多：《塔木德》中刻毒地允许犹太人残杀非犹太人，其中说，"可以杀掉不信犹太教的人中那些最优秀的人"（b Sof., 15）。

　　耶：在这里，你漏掉了一个至为重要的限定词。它的完整的表述可以在《圣录汇编》（Tractate Soferim）中找到，是这样说的：

"在战争时期，可以杀掉那些最优秀的不信犹太教的人。"证据源于埃及人在以色列人刚好跨过红海之前而对其进行攻击的事件。法老的军队为这次进攻装备了马匹，是由过去那些曾对以色列人表示了同情的埃及人所提供的。这一事件表明，在战争时期，敌对国的所有成员必须要看作敌人。这仅仅是一个自卫的问题，因为出于自卫，甚至杀死一位犹太同胞都是允许的。即使在战争时期，《圣经》也要求我们要追求和平，它说，"你临近一座城要攻打的时候，先要对城里的民宣告和睦的话"（《申命记》20：10）。这一点甚至在上帝命令我们去实施毁灭的那些迦南人的事件中也是适用的。但是，如果不是战争时期而是和平时期，我们所生活中的国家是保卫我们和保护我们的，则我们就把伤害他们的人民和破坏它们的财产视为邪恶，即使是他们头上的一根头发也不行。难道上帝没有在他的"十诫"中说过，"你们不要杀戮"，以告诫我们以及所有其他的民族不要杀人流血吗？这是一个普遍的原则，即不管什么时候《塔木德》中使用了"非犹太人"这个词，它所指的都是迦南人，但也不允许我们用不诚实的方式对待他们。不仅如此，即使当我们占了上风的时候，我们也必须要和善地对待他们，因为《塔木德》教导我们，要救助非犹太人中的穷人，像对待我们自己中间的穷人一样；去看望他们的病人，埋葬他们的死者；并且不要阻止他们去捡拾"遗散的禾捆"和"田地边角上"的农产品*。此外，《塔木德》还教导我们，要有礼貌地向非犹太

---

* 典出自《塔木德》中的《拾遗》一篇，该篇论述了有关收获后拾遗的诸多限制。此处作者提出这一犹太律法中的最不显眼的细节，以加强论证。——译者

人致意，并且甚至说拉比约哈南（Johanan）习惯于总是站起来向年长者表示敬意。

法官：以你的信仰的名义告诉我们，根据你们的宗教信仰，我们基督徒能获救吗？

耶：你们当然可以获救，假若你们遵守赋予所有人类的"诺亚之子的七大律法"的话。⑦

法官：但我们拥有"十诫"。

耶：它对你们来说是好极且足矣。但是，这位多尼先生，他已经加入我们的契约，所以他有义务遵守"613 条诫律"。对于罪人，这里只有一个地狱，不管他是犹太人还是非犹太人，是完全一样的。⑧就像《圣经》中所说的（《玛拉基书》3：19），"只有义人才会获救，他们将践踏邪恶者的骨灰"*，说的是同样的内容；而《塔木德》中则说，不光有"地狱"，也有"炼狱"（b RH，16b）。

至于你对我们的《祈福词十八篇》中要求对"邪恶的王国"施以惩罚的那些祈祷文的控告，说这里的内容指的就是你们，可事实并非如此。"邪恶的王国"所指的是那些曾经迫害过我们的王国，例如埃及、亚述和巴比伦，它们屠杀、宰割和流放以色列人，焚毁了我们的家园和我们的圣殿。这些国家才是名副其实的"邪恶的王国"。但是，至于现在的这个王国，还有教皇，为了保卫和保护我们而颁行了严格的制度，对我们来说，以怨报德是难以置信的。即使某些个人曾伤害过我们，这也并不意味着我们会将怒火发到整个国家的身上。我们从来也没有想到会去这么做；

---

* 本句与通行译本有出入。——译者

恰恰相反，对于像这样的一个国家，我们只能按照《塔木德》所教导我们的，"为这个王国祈祷和平"。

多：《塔木德》中说，上帝也会犯罪，因为"他"为了自己的利益，在贬低月亮相对于太阳的地位这件事情上犯下了罪孽，就命令赋予了一个罪恶的祭品。还是在这同一个故事中，曾说在上帝和月亮之间发生过一次谈话。月亮没有嘴巴，它是如何说话的呢？

耶：《圣经》常常赋予天上的物体以语言的属性。科学家们也同意天上的物体乃是活的生物。上帝因为月亮恶毒地攻击太阳而惩罚了她，但是他之所以惩罚她，是试图想安抚她，从而给她忏悔的勇气，这也正是他为什么命令要制造一个抚慰的祭品（并不是罪恶的祭品）的原因。

多：《塔木德》中有许多直接反对非犹太人的段落，如：（a）可以听任一个非犹太人死去，尽管他实际上还没有被杀死；（b）一个犹太人杀死一个非犹太人，可以不受死亡的刑罚，而一个非犹太人若是杀死了一个犹太人，就要受死亡的刑罚；（c）偷盗一个非犹太人的钱物是合法的[⑨]；（d）一个犹太人不得饮一个非犹太人碰过的酒；（e）一个人可以嘲弄非犹太人的宗教信仰；（f）可以指称非犹太人惯于通奸、兽性和同性恋；（g）禁止帮助一个非犹太女人生孩子或为她的婴儿喂奶；（h）禁止赞扬一个非犹太人的美。

耶：在《塔木德》中提到的这些非犹太人并不是基督徒。作为证据，你可以看到，我们犹太人同你们基督徒做了很多的生意，而《塔木德》中就禁止同非犹太人做这种生意。犹太人已经为他们的宗教经历过难以计数的牺牲，但他们并不会违反《塔木德》，若是他们真的认为，在《塔木德》中称为"非犹太人"的那些人中包括了基督徒在内的话。犹太人同基督徒有着广泛的社会交往，但是对于"非犹太人"，这种交往在《塔木德》中是明文禁止的，也就是说，这里的"非犹太人"指的乃是古埃及人和迦南人，他们干尽了种种道德败坏的恶行。犹太人教给基督徒们希伯来文，而对于"非犹太人"则是绝对禁止的。

多：如果犹太人是上帝的特选子民的话，为什么有这样多的犹太人在布列塔尼（Brittany）、安茹（Anjou）和波伊图（Poitou）被屠杀呢？为什么上帝不创造奇迹来保护他们呢？

耶：上帝将会在救世主的时代创造奇迹，正如他曾创造奇迹把我们从埃及拯救出来一样。

多：《塔木德》中说（b Shabb.，146a），非犹太人由于不贞而受难，而这种不贞是蛇与夏娃姘居的时候注入她的肉体中的，但是，当以色列人站在西奈山前并接受了《摩西律法》之后，这种不贞却从他们的身上清除掉了。

耶：这一点适用于像埃及人和迦南人这种不接受《圣经》的民族，并不适用于接受《圣经》的基督徒们。

多：犹太人在他们称为《祈福词十八篇》的祈祷文中，有一篇是关于消灭异教徒和诽谤者的，这指的是基督徒吧？犹太评注家拉什就是这样解释的。

耶：这篇祈祷文指的是犹太教的叛教者和顽固的卡拉派，并非基督徒。至于说到拉什的解释，那是不可靠的，因为拉什常常犯错误。

多：《塔木德》中说，在圣殿被焚毁以后，上帝在全世界仅有四个方盒子的律法是属于他的。还有，上帝每晚上要为圣殿痛哭三次。再有，《塔木德》中包含着一些关于巴珊王噩（Og）巨人般的身材以及庞大的动物和飞鸟的荒谬不经的故事：有关于救世主的盛筵的，有关于逃避死亡的人的，有关于亚当同所有的动物交媾的，还有关于亚伯拉罕把三个沾着芥末的舌头送给天使的，也有关于上帝身着避邪符的。另外，《塔木德》中还说，拉比们拥有废除《摩西五经》中的律法的权利。

　　耶：《圣经》中证实上帝曾让他的灵在圣殿的"有翼天使群中"，并单独在圣殿里逗留过。现在，既然圣殿已经被焚毁了，那么上帝的灵在大地上只能在那四个方盒子中逗留了，而这四个方盒子所围绕着的那个人当时正在学习上帝的律法书。至于说到上帝在夜间要痛哭三次这一点，在《圣经》中也有出处（《耶利米书》25：30）。至于说到圣哲们拥有废除《圣经》中的律法的权利，这只有在紧急的情况下才适用，并且也是暂时性的，这一点在《圣经》中也是认可的。如在以利亚的事件中就能看到，当时，他就是在紧急的情况下，违反《圣经》律法而在耶路撒冷城外建造了一个祭坛。关于噩的故事仅仅是夸张的说法，并且我们在《圣经》中可以找到类似的夸张法，例如，"众城宏伟无比，建造得直达天堂"（《申命记》1：28）。至于救世主的盛筵，当时海中怪兽利维坦*将被整个地吃掉，对这一点，《圣经》中有好几处证据。说到某些人逃避死亡，在《圣经》中也有佐证，例如以利亚。至于《塔木德》中说亚当同所有的动物交媾，这是从原经文中演绎而来的；

162

---

　　*　《圣经》中象征邪恶的巨兽。——译者

原文中曾经说，上帝把所有的动物都带到亚当的面前，但是他（亚当）发现它们中没有一个适合做他的配偶（《创世记》2：20）；而且在当时，并没有不得与动物交媾的禁令。至于说到其他关于亚当的微词［说他和莉莉丝（Lilith）*生了一群恶魔，说他的身高是从大地直到天堂，等等］，这些也可以用《圣经》中的证据来辩护。有一段原文就说，在生活了一百三十年之后，他生下了"同他的轮廓和模样完全一样"的后代，从这里可以推断出，他原先曾生下过一些动物；而这些动物无论是轮廓还是模样都与他有所不同，也就是恶魔，并且又因为这不可能是夏娃所出，因此必定为莉莉丝所生。对于肉体恶魔的存在，就像我们通常在这一地区所发现的，名字是叫"路丁"（Lutin）或是"菲亚奇"（Fiache）的东西，难道还有其他的什么解释吗？另一段原文说亚当被造得"仅仅比天使矮那么一点点儿"，所以他的身高正好是从地上到天堂。至于天使们吃食物，这也并不值得大惊小怪，因为他们甚至还曾经一度同凡间的女人们交媾呢（《创世记》6：2）。

---

* 即犹太民间传说中的女妖（夜妖），在各个时期有不同的描述。《塔木德》中的说法与此处有出入，甚至与人类起源联系在一起，所以有"关于亚当的微词"之说。此处的引证只不过是为了说明《塔木德》中的一些内容源自民间传说而已。——译者

10　基督教一方关于巴黎论争的记述

编者按语

这一记述的拉丁文原文是源自伊萨多·罗伊博（Isadore Loeb）的《1240 年关于〈塔木德〉的争论》（La controverse de 1240 sur le Talmud）一文，见于《犹太评论季刊》（*Revue des Études Juives*）第 1~3 卷。原始手稿（国家藏书目录第 16、558 号，原编号为第 231 号）的题目叫作"《塔木德》内容摘录"（Extractiones de Talmut）。它是在 1242 年刚刚焚毁《塔木德》之后不久编成的，当时是为了向神学家们解释《塔木德》中所包含的那些危险的内容，而正是这些内容的存在，才使得其焚毁成为必然。这篇记述的正文是由皈依（基督教）的教徒西鲍特·德·塞扎尼（Thibaut de Sezanne）在另外两位新皈依（基督教）的教徒的帮助下编写的。它包括了大块大块的《塔木德》中的内容节录，然而，我们所真正关心的部分却是它的附录。该附录包括针对《塔木德》的三十五项指控，接下来就是拉比耶希尔和拉比犹大在审判时的所谓"供词"。这篇附录是尼古拉斯·多尼（Nocholas Donin）及其同伙的杰作。这三十五条指控当时成为教皇在 1239 年给那些著名的国家元首的信中所提出的控告的依据，同时也成为审判本身的根据。

虽然"供词"部分非常简短，但是，它却在多处细节上为这次审判的希伯来文记述提供了宝贵的证据，并且驱散了在某些问题上存在着的疑云。当然，"供词"这种说法容易使人产生误解。这是因为，甚至他们对于一字不差地精确引用的《塔木德》中的语句的认可也称之为"供词"，而完全不顾犹太教一方的论争者根本就不同意基督徒一方在摘录所涉及的范围内和含义上的观点。犹大·罗森塔尔（Judah Rosenthal）在他的《对〈塔木德〉的审判》['The Talmud on Trial'，见《犹太人评论季刊》（*Jewish Quarterly Review*），第 47 卷]一文所做的总结中错误地写道："总起来说，拉比们承认了如下三项主要的指控：谬误、亵渎神明和愚蠢可笑（*stiltitiae*）。他们否认了这样的指控：'亵渎基督徒'（*blasphemiae in Christum*）和'辱骂基督徒'（*blasphemiae contra Christianos*）。"事实上，除了在细枝末节的意义上同意了摆在他们面前的引语在字面上是正确的之外，拉比们并没有承认任何的一项指控。他们就所加给那些内容摘录的各种阐释进行了论争。在某些情况下，他们可能说某个有争议的段落需要一种象征性的或是夸张式的阐释，但是，这并不等于任何形式上的一种承认，仅仅是一种对理解这些段落时要符合它们的上下文关系和流派风格的请求而已，而不是一种不适合于诗意式的或修辞性的作品的文学家的方式。

基督教一方的记述并没有对拉比们的回答表现出任何的诚意，经常是添加上诸如"说这些话时，他是在撒谎"之类的评论。然而，它仍然是一篇对希伯来文记述中某些缺陷的颇有价值的矫正材料。

譬如，对于拉比耶希尔关于《塔木德》中提到的那位耶稣的鉴别问题上的观点，在希伯来文的记述中就给出了一种混乱不堪的描述。

原文

……这里有些文章。正是由于这些文章，教皇格利高里（Gregory）命令凡包含有这一方面内容的书籍要一律焚毁。

最后，作为对将来的一种预先警示，同时也作为对过去事实的一种真实反映，我希望你们能了解如下的内容。因为，在最近的一段时间里，要求将包含有如上所列举的种种异乎寻常的内容以及与这种内容类似的东西的《塔木德》这部书籍予以焚毁的强烈呼声，震撼着我们最尊贵的基督徒路易国王。最终，他同意了我们的请求，任命了一个小组来关注这方面的事态发展；这个小组包括森斯地区的大主教、辛里斯地区的主教、巴黎的司法官，也就是现在的托斯卡地区的主教以及来自圣地的罗马教皇的使节。这样，在我们所指定的日期，他们召集了被认为是他们犹太人中间的专家的那些犹太人的老师们，并且他们愿意就提到他们面前的一些问题的真实性进行质询。第一位宣进来的就是威诺（威沃）·梅尔登西斯［Vino（Vivo）Meldensis］[①]，在他们的眼里，他是最为厉害的一位犹太律法专家，也是在整个犹太世界里的一位极为著名的人物。我并不认为将这些人的口供放在这里是多余的。

威沃长老的供词

（1）所说的这位威沃长老完全拒绝起誓。

（2）据他说，《塔木德》这本书从未说过谎。

165   （3）据他说，耶稣·诺茨瑞（Jesus Noẓri）就是拿撒勒人耶稣，即米利暗的儿子。他在逾越节的前夕被吊死了。关于他（耶稣），他承认，（据说）他是生于通奸，他曾在地狱中沸腾的粪便池里遭受惩罚，并且他是生活在提多（Titus）大将军的时代。不过，他又说，这个人与我们的耶稣并不是同一个人（但是，他又说不清楚他到底是谁，由此，这已经是足够清楚了，就是说他是在撒谎）。

（4）他又进一步说，在经学院里，他们学习《塔木德》比学习《圣经》要更认真得多，任何人都不能被称为长老，除非他通晓《塔木德》，即使他对《圣经》烂熟于心也不行。

（5）他更进一步地说，长老们拥有取消上帝关于在第七个月的第一天吹响号角和（6）在第十五天带上棕榈枝 * 这些命令的权力②，并且他们还可以取消这种命令，若是这种事恰巧发生在一个安息日的话，以免在那一天会拿着号角或是举着棕榈枝在大街上走过。③

（7）他还进一步说，在《塔木德》中已经写明，那些没有站在西奈山巅并且也没有接受《摩西律法》的非犹太人会受到不贞的玷污，而这种不贞是当蛇与夏娃性交时注入到她的肉体内的；并且（8）关于非犹太人，《塔木德》还说，动物不应当交给他们

---

    *   获胜的象征，此处指圣枝主日。——译者

看管，因为他们更容易受到以色列人所饲养的那些动物的性引诱，而他们的妻子倒没有这么大的吸引力；（9）但是，威沃长老说，这并非指的是基督徒们（谁会相信他的这些话，他是在撒谎）。

（10）他还承认，（据说是）亚当与所有的动物交媾过，即使在天堂里也是如此。

（11）他又说，正是在《塔木德》里，说亚当犯罪之后，在他生下塞特（Seth）*之前一百三十年，他通过精液生下了具有人体形状的恶魔，而这个恶魔被飓风抓住并带走了。

（12）他还说，整个《塔木德》的内容，凡是它所涉及的那些诫律、判断、论据和解释，都是在西奈山巅授给摩西的，不过不是以文字的形式，而是以口授的形式，让人用心去默记的。

（13）他还承认，正是在《塔木德》中，上帝说："让我受难吧，因为我曾经起过誓，既然我已经起过誓，谁会解除我的誓言呢？"还有，长老们说，拉巴（Raba）是一头驴子，是因为他没有应答上帝的声音，这个声音是这样说的："你被解除了（誓言），你被解除了（誓言）。"

（14）他还说，正是在《塔木德》里，上帝每天夜里要诅咒他自己三次，因为他让圣殿被焚毁了，并且还抛弃了犹太人让他们备受奴役之苦。

（15）他还说，正是在《塔木德》中写着，先知以利亚时常　166

---

*　传说中亚当与夏娃所生的第三个儿子，因其酷似其父亚当，得名"塞特"。据《创世记》记载，塞特是诺亚的祖先，其谱系为：塞特—以挪士—该南—玛勒列—雅列—以诺—玛土撒拉—拉麦—诺亚。——译者

出入于拉比们的经院。

（16）他还说，没有一个犹太人会遭受地狱之火的痛苦，并且他们中间也没有一个人会在另一个世界受到长于十二个月的其他方式的惩罚。

（17）他还说，正是在《塔木德》中写着，只要是邪恶的人，他们的肉体和灵魂都将化作灰尘，并且他们在经历了这种惩罚之后，将不会再有其他的惩罚，除了那些对上帝是如此反叛以至于他们自己想当"小上帝"*的人，这些人将遭到永久的惩罚；地狱将会结束，但是，他们的地狱将永远不会结束。

（18）他又说，一直住在"应许之地"的三个普通人或是一位长老能够解除某个人于匆忙之中发出的一个誓言或订立的一个誓约，如果这个人表示了悔意，并且事件本身也没有影响到其他的任何人，那么，即使他是深思熟虑后做出的也不要紧；并且，（19）即便（这个誓言或誓约）确实影响到了其他的人也无所谓，只要这个人当时也在场就行；再有，（20）作为这类事情的一个例子，他还进一步引证了西底家（Zedekiah）和尼布甲尼撒（Nebuchadnezzar）的案例；还有，（21）摩西的那个案例，他被上帝亲自告知到叶忒罗（Jethro）去，就被解除了誓约，还同他生活在一起。④

（22）他还说，在《塔木德》中这样写着，任何一个人，只要他在一年的开始时声明，他在这一年中的一切誓言或是誓约是

　　＊　这里的指控是指犹太人把基督教的"救世主"污蔑或贬称为"小上帝"（自命为上帝或仅亚于上帝的人物，如耶稣）。——译者

无效的，那么他就不受它们的约束，如果在发出这种誓言或是订立这种誓约或是做出承诺的时候，他还记得所作的声明的话。但是他又说，这里所指的是对自己的誓言或是誓约或是承诺，并不是针对他人的。

（23）他还说，正是在《塔木德》中写着，上帝每日尽他的最大努力去教导孩子们，并且他还同利维坦坐在一起玩耍。⑤

（24）他还说，上帝自言自语地说："我的仁慈能战胜我的愤怒，愿这一条成为我的意愿。"⑥

犹大长老⑦的供词

（1）犹大长老供认，在《塔木德》中这样写着，名字叫查塔达（Chatada）的那个儿子乃是玛利亚的儿子，他在逾越节之夜——也正是一个安息日的前一天晚上——被吊死了，因为他煽动民众并且从事巫术活动。所罗门·特莱森西斯（Solomon Trecensis, 即拉什）⑧在评论中宣称，他就是（拿撒勒人）耶稣·诺茨瑞，并且评论家雅各（Jacob）⑨也是这样说的。

（2）他又说，正是在《塔木德》里写着，耶稣在地狱中沸腾的粪便池里遭受惩罚，是因为他嘲弄了智者的话，但是，这并非指的是我们的耶稣（他是在撒谎），所涉及的这个耶稣只不过是一个犹太人而已，他生活在大约提多将军时代或是稍早一些。⑩

（3）他还说，正是在《塔木德》中，在拉比以利以谢同其他人的论争发生之后，拉比拿单才发现了先知以利亚的存在；并且以利亚告诉他说，上帝在论争发生的时候曾对此付之一笑，是因为他们拒绝相信来自天国的声音，并且上帝还说："我的孩子们

167

战胜了我，我的孩子们战胜了我。"⑪

（4）他还说，存在着两部《律法》，而这其中的一部，若是没有圣哲们说的那些话就不能存在，这一部就是《塔木德》，其中包含着这样的断言，即圣哲们的话要比那部成文的《律法》更值得重视，因此，违背他们的话所受的刑罚将要重得多。因为在《律法》中只写着"做什么或不要做什么"（肯定性的与否定性的诫律），并且没有处死的刑罚与之相关联，但是，若是一个人违背了圣哲们的话，则可以处以死刑。⑫

（5）他进一步供认，《塔木德》中写着，他们不要将他们的孩子送去学习《圣经》，并且所罗门·特莱森西斯也评论说，"因为学习《圣经》会将他们引向另一种信仰"。⑬而他之所以如此说的原因是，《圣经》里面有许多的疑难与晦涩之处，若不依靠《塔木德》，将是难以理解的。

11 关于托尔托萨论争的希伯来文记述

译自所罗门·伊本·弗迦的《两教争端》

在 5173 年 *，伟大的学者波纳斯特拉克·德梅斯特里（Bonastruk Demaistre）将一件记录的副本送到了杰罗那神圣的犹太教公会。当时，以色列人的那些首脑人物应约书亚·哈罗基(Joshua Halorki)之邀，正站在教皇的面前，充满着烦恼和忧伤。哈罗基在叛离犹太教以后，在非犹太人中被称作戈罗尼默·德·桑塔·费长老（Maestre Geronimo de Santa Fe，便于记忆的叫法就是"渎神者"①）。正是他向教皇请求说，应该把以色列人的学者们叫到他的面前，他将会向他们证明救世主已经降临，并且他就是耶稣；他还要用他们自己的《塔木德》来向他们证明这一切。

以下就是该记录的内容。

以色列子民的首脑们，犹大家族的显贵们，在你们的居住地"有名号"（《以赛亚书》56：5）的先生们，在那里，你们"述说耶和华公义的作为"（《士师记》5：11）；"在那里设立审判的宝座"（《诗篇》122：5），是为了"《摩西五经》和'摩西十诫'"

（《以赛亚书》8：20）[*]，那是《塔木德》的王座；那里是你们从远古时代起一直寓居的地方，愿你们的心灵获得永生！只要你知道远古的事情，你也就能知道现在的事情，那就是我们的救星"没有打盹的，睡觉的"（《以赛亚书》5：27），他要把我们从企图伤害我们的人手中拯救出来。今天，一颗由我们自己射出并且想要消灭我们自己的子弹，它要把我们充满真理的宗教毁灭于大地之上——这难道不是约书亚·哈罗基的杰作？！^{**}他千方百计地想要让我们走向邪路，以显示他是一个真正的基督徒和对他那新宗教的忠诚，并且他还请求教皇命令最主要的犹太学者们到他的面前来，只不过是因为他想要用他们这些人自己的《塔木德》来证明救世主已经降临；他还对教皇说，一旦他证明了这一点，当他在他那神圣的陛下^{***}面前出示了可信的证据时，强迫他们信奉基督教就将是顺理成章的事了。

现在，我要告诉你们当时所发生的一切，从中你就会详尽地了解如何来回击一个怀疑论者，并且你也就会毫无疑问地明白，我们经历了一场难以估量的危险，因为我们曾一度面对着一大群大主教和贵族，而正是这些人，他们认为给我们定罪的理由实在是太多太多了。

各个地区教徒的代表们是在元月的第一天到达这里的，尤其值得一提的是阿拉贡地区教徒的代表，他们的出席是受了哈罗

---

　　* 　与通行版本有出入。——译者

　　** 　这里指哈罗基叛教之后对犹太教的攻击，所以有"由我们自己射出的子弹"的说法。——译者

　　*** 　对罗马教皇的尊称。此处，这一略带夸张的说法表示了一种对哈罗基的轻蔑。——译者

基的特别邀请。从萨拉哥戈城来的是拉比撒拉西亚·哈列维（R. Zerahia Halevi），贵族唐威德尔·本·本温尼斯塔（Don Vidal ben Benvenista）和拉比马提西亚·哈依查利（R. Matithiah Hayitshari）。另外还有：加拉塔尤德地区——王子唐撒母耳·哈列维（Don Sameul Halevi）和拉比摩西·伊本·穆萨（Rabbi Moses ibn Musa），惠斯卡城——唐托德罗斯·阿尔康斯坦丁（Don Todros Al-constantin），阿尔坎尼斯地区——唐约瑟·伊本·阿尔多特（Don Joseph ibn Ardot）和唐梅耶·哈里果阿（Don Meir Haligoa），多罗卡地区——唐阿斯特拉克·哈列维（Don Astruk Halevi），蒙雷亚尔地区——拉比约瑟·阿尔博（Robbi Joseph Albo），蒙森地区——唐约瑟夫·哈列维（Don Josdeph Halevi）和拉比约姆·托夫·卡可萨（R. Yom Tov Karkosa），蒙塔尔班地区——阿布·詹达（Abu Janda），威莱斯特地区——唐约瑟·阿尔巴拉格（Don Joseph Albalag）和学者彭约阿（Bonjoa），还有拉比托德罗斯·伊本·耶西亚（R. Todros ibn Jehia）是来自杰罗那，他是一个令人望而生畏的人。②

　　来自各地的代表团都集合起来，在他们之间达成了一致，谁是教皇前面的主要发言人，谁又是首席发言人，或用他们的语言说就是"阿伦加"（Arenga）。最后他们一致同意这个首席发言人应该是唐威德尔·本·本温尼斯塔，因为他在科学方面很有见地，并且他还精通拉丁语。他们还一致认为，他们所用的程式将不会采取犹太人在他们的经院里讲授的那种形式，即在意见不相一致时可以相互打断和相互攻击，这样他们就不会在教皇面前出丑了；而对于约书亚·哈罗基以及那些主教们，他们也会尽量保持冷静和举止适度，并且保证任何人都不会发脾气，即使他受到辱骂；另外，他们每一个人将会有礼貌地鼓励他的同伴不致发生失误。

然后，凭借我们的"救护困苦人脱离那比他强壮的"（《诗篇》35：10）的上帝的佑助，我们所有的代表都来到了教皇的面前。教皇陛下用一种欢迎的脸色来迎接我们，并且力图从我们这里了解我们所居住的城市；然后，他询问了我们每一个人的姓名，并命令把这些名字记录下来。但是，从这一刻起，我们开始感到了一种极大的恐惧。我们就向书记员询问执行这一程序的理由，他告诉我们说，这里面并没有别的意思，因为要他们把编年史的每一个细节记录在他们的书中，这是教皇们和国王们通常的惯例。

在这之后，教皇对我们说："你们都是犹太人中的大人物，他*在远古时代就选中了犹太子民，今天，他还是特别地选中了你们，尽管你们曾因为你们的罪孽而被抛弃过！不要惧怕论争，因为在我的面前，你们将不会受到任何的压制或是虐待。让你们的思想保持宁静，用你们那坚强的心灵去诉说。不要害怕，无须担忧。戈罗尼默长老说，他要证明救世主已经降临，并且这一点是来自你们自己的《塔木德》。当着我们大家的面，你们将会看到，到底他说的是真理，还是他只是做了一个美梦；但是，至于你们，不必惧怕他，因为就论争这个问题的本身来讲，是一种平等的关系。现在你们去吧，回到你们的住所去休息一下，明天早上再到我这儿来。"

然后，他立即下达命令，让他们为我们提供舒适的住处，让他们用他自己府库中的食品供应我们膳食，或是临时去采购一些

---

　　*　指上帝。——译者

符合我们的宗教习惯的食品。对教皇的这番话，我们有些人感到高兴，有些人则并不高兴，这正是我们犹太人的性格。

星期一，我们来到教皇的面前，发现整个的宽大宫廷都悬挂上了带有刺绣的布帷，这就是论争的地点了。当时，里面设置了七十个豪华的专门座席，这是为那些被称为"红衣主教""主教"和"大主教"的高级教士们准备的，他们今天全都披上了金色的长袍；并且罗马宗教界的头面人物都到场了，还有一些该市的自由民和贵族，几乎有一千人，而在那些论争的日子里一直都是如此。我们的心溶化了，化成了一摊水，然而，我们还是默默地祷告："赐福于那些将他的荣耀分享给全人类的人。"

之后，首先由教皇开场，他说："你们，犹太人的学者们应该清楚，我今天来这里，并且从大老远把你们请来，并不是为了要证明我们的两个宗教中哪一个是真的，因为对我来说，这是再清楚不过的事，即我的宗教和信仰是真的，并且虽然你们的《律法书》一度曾是真的，可是已经被废除了。你们之所以到这里来，仅仅是因为戈罗尼默曾声称，他要用你们的那些比你们更有学问的拉比们的那部《塔木德》来证明，救世主已经降临了，因此，你们在我的面前必须要只谈这一个题目。"

在这之后，教皇转而面对着戈罗尼默长老说："你现在就开始你的证明，让他们做出回答。"

这样，戈罗尼默长老便开始了。他说："'你们来，我们彼此辩论。……若不听从，反倒悖逆，必被刀剑吞灭'（《以赛亚书》1：18，20）。"

然后，"阿伦加"唐威德尔·本·本温尼斯塔用拉丁语首先发言，

教皇对他的智慧和语言的运用能力大为欣赏。在他演讲的过程中，
171 他指责戈罗尼默说，前来参加争论的人不应当在一开始就以一种敌
意的态度来进行论辩，因为他先引用了"……若是你们要拒绝和反
抗的话，那么你们将会为刀剑所毁灭"这句话；也就是说，在他还
没有证明任何的东西之前，他已经首先选定了法官和复仇者的角色。

教皇回答说："你是对的，但是，不必为他的这一不太礼貌
的举止感到惊奇，因为他也是你们当中的一员呀！"

唐威德尔的开场白是这样的："'看哪，我们来到你这里'（《耶
利米书》3：22），因为您是我们的主。"在他之后，唐撒母耳·哈
列维说："耶和华啊，求你使我们得见你的慈爱，又将你的救恩
赐给我们（《诗篇》85：7）"。最后，他们向教皇恳求说，让他
们退出这次论争，因为他们这些犹太人并不熟悉三段论推理和逻
辑学的方法，而作为这方面专家的戈罗尼默，一开始就已经使用
了这种方法；犹太人思想的主旨全部都是从口头流传下来的教义
中得来的。

教皇回答说："如果你们是出于恐惧而做出这一请求的话，
我已经对你们做出了保证，并且'我口所出的话是凭公文，并不
反回'（《以赛亚书》45：23）。但是，若仅仅是因为你们不熟
悉逻辑学的方法的话，那么，凡是戈罗尼默涉及逻辑学和演绎推
理方面的内容，你们完全可以不必回答他，但是当他涉及来自传
统方面的证据时，你们便用传统的东西来回答他也就是了。"

此后，鉴于已经浪费了相当多的时间，国王（？）就说*，他

---

    *   原文如此。按当时的情形看，此处似乎应是教皇。——译者

们应当去进餐了，第二天早晨再来。第一天就这样结束了。教皇吩咐，让一众勋爵和一些其他的重要人物出面陪同我们。我们诚心诚意地说："但愿你们的结局也像今天的这个开始一样！"在这一天，我们去了犹太人的圣堂，在那里有一个盛大的集会，我们用一种近乎哭泣和恳求的声调，向我们的"拯救之石"*祈祷，求他能让我们从黑暗走向光明，并且在那些同我们作对的所有的名流面前，不要从我们的口中讲出文不对题的话。然后，面对成千上万的会众，用一颗谦卑的灵魂和一种低沉的情绪，同时也是用"忧伤痛悔的心"（《诗篇》51：17），拉比泽拉西亚·哈列维开始布道。他的布道词是这样开头的："以毒攻毒，以恶治恶。"**并且他还详细地对这句常用的俗语做了精辟的解释。③对于他的那些解释，除非是面对面否则你是无法理解的④。他的布道以祈祷和恳求作为结束。

星期二，论争正式开始。戈罗尼默长老首先发言，他说："在你们的《塔木德》中这样写着，'世界将有六千年，混沌两千年，《摩西五经》两千年，另外还有两千年的时间，就是救世主的时代了'（Sanh.，97a）。从这段话来看是很清楚的，即救世主要在 172 最后这两千年中降临，他不是我们的救星又会是谁呢？"哈罗基按照自己的意愿，反复地对这一点进行了详细的宣讲，直到教皇对他说："戈罗尼默，我知道你是一位伟大的传教士已经有些时候了，但我们今天到这里来只是为了听一听你曾承诺要提出的证

---

* 借指上帝。——译者

** 意思是"即以其人之道，还治其人之身"，直译为"以毒攻毒，以非毒治非毒"。此处采取了一种并列的译法，出处见后文作者的注释。——译者

据，因此，你要当心，不要离题而把它搞成了一次布道哟。"然后，他转而面向着犹太代表说："对他的这番话，请做出你们的答复。"

唐威德尔·本·本温尼斯塔说："教皇陛下，只要是我们知道了救世主的特征，那么他是否已经降临的问题也就会变得非常清楚了，因为如果我们能找到已然降临的某个人，只要他的身上拥有救世主的特征，我们便会承认他的。"

教皇说："你这是不是有点儿答非所问？因为问题本身并不是有关救世主的特征的，而是《塔木德》中的话是否断言他已经降临的问题。你的所作所为已经和一般犹太人的争论方式差不多了，因为每当他们被问及一件事情时，他们总是转移到另一件事情上去。"

唐威德尔回答说："在这次论争一开始的时候，我们大家的所作所为尚称举止明智，因为首先来讨论一件事情的本质的东西，然后再来谈它的偶然的属性，这是十分恰当的。就像那位大物理学家⑤所用的那种方式。但是，既然这种方法不合陛下的口味，我们就不应当再进行下去了。我是就《塔木德》中的话本身做出答复，并且我说这位学者戈罗尼默只是摘取这些话中那些对他有用的东西以及其中那些对他有所助益的东西，而完全抛开那些对他不利的部分。这番话的结尾是这样写的：'由于我们所累积的罪孽，所有这些年都浪费掉了。'这就十分清楚地说明，他并没有降临。"

戈罗尼默回答说："看来你并没能理解这番话，不然就是你装作不理解。'另外还有两千年的时间，就是救世主的时代了'这句话乃是先知以利亚的一句话，当时他是对他的门徒们讲的，并且也是以他自己的名义讲的，正如在'以利亚家里的一位老师'

这句话中所表明的那样。这一点对于《塔木德》研究者们乃是耳熟能详的。但是，正是《塔木德》研究者们，或是那些精通《塔木德》的人们，是他们把这句话塞进了他们的书中，是他们加上了'由于我们所累积的罪孽'，这一点同他们所持的耶稣并不是救世主的观点是相一致的。然而，以利亚凭借着他作为一位先知和深明真理的人这种身份，说了'另外还有两千年的时间，就是救世主的时代了'这句话，这正是同他因具有先知的天赋而无所不知完全相符的。"⑥

这时，拉比撒拉西亚·哈列维回答说："我尊敬的教皇陛下啊！如果一个人要证明一个论题，他怎么能用一个可以产生多种解释的东西来证明它呢？他又怎么能把这种东西称之为一个已经确认了的证据呢？据戈罗尼默说，这一段的结尾是由《塔木德》的研究者们所编写，而他之所以做出这种解释是为了支持他自己的观点，但是他的对手就可以说，不管是这一段的结尾还是它的开头均出自以利亚之口，并极力主张这一点以便支持他自己一方的论据；倘若双方对这种解释没有一种证据或是确认的东西作为依据，则至少说明这个争论的问题尚是个未了之局。所以，戈罗尼默怎么由此就能够证明他试图要证明的东西呢？因为与他意见不同的人将会说：'若是你想要用你的解释来证明你的事实的话，我将会拼造出另一种解释来阻止你证明它。'当你对我说：'但是你的证据在哪里呢？'我就会回答：'那么你的证据又在哪里呢？'此外，既然是用我们的《塔木德》来反对我们——那么你就必须要清楚，我们《塔木德》中的方式正是这样，即当一种解释由于存在一个针对它的异议而使其并不是使人非相信不可，并且使用了'或许'

这样的措辞，同时也没有做出任何的回答时，则在提出这种解释的人获得另一个有说服力的论据之前，这个事实仍然是不能成立的。另外，我们可以这样说就更为恰当一些了，即一个单一的段落是由一个人说出，而不是出自两个人之口更为合适一些，因为在这种情形之下，《塔木德》通常总是说，‘拉弗阿什说……’或‘如此这般地说’。所以就有了‘由于我们所累积的罪孽，所有这些年都浪费掉了’这样的话。正是出于这种考虑，当时在开幕词中，我们曾当着陛下的面说，我们应当仔细审查已经降临的每一个人，看看他是不是具有救世主的特征，若是我们能在某个人的身上找到救世主的特征——然后我们再从《塔木德》中的话转到戈罗尼默的解释上来也不迟，若是我们在他的身上没有发现救世主的特征——那么就证明我们的解释是正确的。”

教皇说：“毫无疑问，你所说的是对的。这就是说，任何人要来证明一件事情的话，他就必须要引证这样一个段落，这个段落要获得一致同意并且要使人不得不赞同，并且还要不能生出另外的阐释。”

戈罗尼默回答说：“教皇陛下，我的论据不仅仅是基于这一个段落，因为还有许多其他的内容呢。”

教皇接着说：“这位先生已经失去了一个基督教论争者的品性，又变回了他那个犹太教论争者的角色了——当第一方显示出弱小时，他就跑到另一边去了。你应该就这一段内容回答犹太人所说的话才对。”

戈罗尼默回答说：“难道以利亚不是在犹太人被流放之前老多年就已经降临了吗？所以，我们不得不说，是另外的某个人——

生活在大流放时期的某个人说了'由于我们所累积的罪孽'这句话。即便我们可以认为，是他的门徒们说了这句话——那也并不是同他合得来的得意门徒所说的，不是吗？而必定是《塔木德》的研究者们作了这番评论，以便与他们的观点相一致，就像我前面所说的那样。"

当时，唐威德尔回答："教皇陛下，就算是我们承认这是《塔木德》的研究者所作评论的这种说法——先让我们来看一看以利亚所说的原话。他的话是'另外还有两千年的时间，就是救世主的时代了'。假如救世主已经降临，他就会说，'在四千年结束的时候，救世主就会降临'，或是'在后两千年开始的时候，救世主将会降临'，这就是说，在第五个千年的一开始，或是'在如此这般的某个时刻，救世主将会降临'。如果是这样的话，他将会在'两千年'结束时降临这种可能性仍然是有待研究未有定论的。"

戈罗尼默回答："正是由于他想说这整个的两千年的期间都是救世主的时代，那么，在此之后，也就是在第七个千年的时候，世界就会被毁灭了。"

拉比约瑟·阿尔博说："早先所谈过的内容也已经回答了这个问题，并且教皇陛下同意了这一点；也就是说，有人做出了另一种解释，而你的解释也还没有使人非相信不可的力量。此外，你通过《塔木德》研究者向我们提出了你的证据，说是他们自己把这一段加进了《塔木德》之中，而塞进某些对他们的观点不利的内容也不是他们的一贯作风。他们曾认为，对于救世主来说，存在着两方面的限制：一是上帝所选定的时间；二是这个时间是以色列人正处在一种等待和忏悔状态的时候。所以说，这个段落并没有能为救世主降临的日子确定一个确切的时间，而它说的是，‘另外还有两千年的时间，就是救世主的时代了’，这就是说，在这些年中可以把救世主的降临排除在外了；若是犹太人感到合适，他就会在这一时期的开头降临，但若是他们在这一时期的开头觉得不合适而在中间感到合适，救世主就会在这一时期的中间降临，而若是他们在这一时期的中间觉得不合适而在这一时期的结尾感到合适的话，救世主就会在结尾时降临，但他的降临将不会延迟到长过这两千年的。”

教皇说：“为什么你不说若是基督徒感到合适，他将会即刻降临，否则——他就会延迟直到这两千年的结束呢？”⑦

代表们说：“这并不是说，仅仅为了陷入流放中的那些人，就会降临一位拯救者（救世主）。但是，你想，对于那些安居乐业的人来说——谁又会需要什么拯救者呢？可是对于一个正在遭受着放逐和镇压的人来说，确实是需要一位救世主。”

175　　戈罗尼默说：“那么你们为什么不同意我的解释呢？”

代表们回答说：“你又为什么不同意我们的解释呢？我们已经说过，世界上的每一项证据都是来自使人非相信不可的某些东西。教皇陛下业已同意了这一点，并且不打算收回他的这种观点。你也应当清楚我们的先师所罗门·伊扎基（Solomon Yitshaki）的身份和重要地位——他的解释同我们的解释并无二致。”

戈罗尼默说：“我坚持自己的立场和信仰，即救世主已经降临。你们之中谁要说他仍未降临的话——提出证据的义务应当归于你们。”

代表们说：“让咱们这些通晓真知的高级教士们来说一说，提出证据的义务到底应当归谁。因为，恰恰相反，我们是先来的 *，我们接受了《摩西五经》，这已经有老多年了，而谁要想剥夺我们原有的权利，谁就必须承担举证的义务。"

当时，那些高级教士们回答："毫无疑问，如你们所说，正是如此。我们对戈罗尼默感到吃惊，因为他的发言内容有误，并且同他一开始要提出证据的做法不相一致；我们遵照教皇的吩咐赶到这里来，就是要坚持真理。"

代表们说："对于我们的乞求，我们的主早已经昭示给我们了，'赐给我们仁慈吧，主啊！'这句话的后半句是，'千万拯救我们呀'。它也适用于你们这些高级教士，并不是像戈罗尼默在一开始所说的，'你们将会为刀剑所毁灭'。难道他认为，我们面对胜利者和王国的权力而将我们的宗教维护到今天的这个样子是冥顽不化的吗？还是让这些统治呀权力呀荣耀呀统统归你们吧，就像我们今天所看到的这样。从我们来到这里的那一天起，我们所闻所见一概都是你们的伟大和显赫。我们之所以一直坚持这个《摩西五经》，仅仅是因为它是当着六十万人的面授给我们的，还伴随着强烈的神兆，并且它也带着上帝启示的荣耀；我们同时还认为，我们没有权利使我们自己同它有须臾的分离，除非是那位将它授给我们的'他'亲临并指示我们：'信奉某些什么。'但绝不是因为戈罗尼默来告诉我们：'把它扔掉！'或许他这样做的意图是想爬上像你们这些人这样的高位，正是'察验心肠肺腑'（《诗

---

* 犹太教要比基督教古老得多，故有"先来"之说。此处似是一种双关的说法，因为当天犹太教一方的代表们肯定是不会迟到的。——译者

篇》7：9），便知心中所想。"

戈罗尼默回答说："我是心里有什么就说什么，即救世主已经降临。这一段并不是我的论据的主要依据，但是'他们各人帮助邻舍'（《以赛亚书》41：6）。"

教皇说："我早就已经提醒过你，这样做并没有用处。至于你刚才所说的——'他们各人帮助邻舍'——愿那些要别人扶着才能站直而他自己又没有力量站立起来的人受难吧！对于葡萄藤，由于其自身的重量，需要有一个支撑物使它直立，但这种支撑物对于黎巴嫩的雪松就是不必要的，恰恰相反，它可以作为其他东西的支撑物。"

在此之后，教皇允许我们离开，我们便兴高采烈地品尝我们的大餐去了，因为这一天，戈罗尼默并没有"捞到什么好处"（《创世记》2：20）*。

星期四，戈罗尼默以靠近前面那一段的一个段落开始，这一段是这样写的："以利亚对拉弗犹大说：'这个世界将不会少于八十五个朱比力**，在最后的一个朱比力，他就会降临。'他就问他：'在这个朱比力的开始还是结尾？'他却对他说：'我不知道。'"⑧

拉比马提西亚这位学者回答说："这一段根本就没有证实耶稣就是救世主，因为他在那段时间里并没有降临，并且这也不符合朱比力的数目。"

戈罗尼默回答："在我的开场白中，我并未曾说过耶稣就是救世主，而说的只是救世主已经降临。就此来讲，是十年还是十

---

* 原文为"found no help"，《圣经》中原意为"没有得到帮助"。——译者

** 犹太时间单位，相当于 50 年（7×7+1 年）。——译者

年以前并没有什么关系。"

代表们说："让我们的教皇陛下来看一看评一评！如果这不是耶稣——在他身上显露出某些伟大和智慧的神迹——那么这是谁呢？疯子马蒂奥，还是傻瓜马瓦斯特？"

教皇说："为什么你们不能理解戈罗尼默呢？他也是你们其中的一员，这是在用狡辩来对付你们。如果你们也说救世主已经降临，就像在《塔木德》的字里行间所看到的那样，那么，论争就可以到此为止了。而如果你们说他可能已经降临，但并不是耶稣，那么他将会告诉你们问题的答案：是马特，或是皮科。"*

代表们说："陛下，您都看清楚了吧？我们都不知道仇恨和罪恶到底还想要干什么了。"

在此之后，拉比马提西亚对戈罗尼默说："学者先生，在你试图用《塔木德》来证明救世主已经降临之前，为什么你不先从《塔木德》本身找出一个反面的证据呢？它是这样说的：'窒息那些掐算世界末日的人的呼吸吧！'（b Sanh., 97b）"

教皇高声地说："过去我也曾听到过这句话，并且很想知道它的意思。"

马提西亚说："我们没有任何的阐释，只知道其字面上的意思。其实这是对某个估算并宣称什么时候救世主将会降临的人发出的一个诅咒，因为这样做将会对人们造成严重的伤害。因为如果当所预测的时刻到来时，而救世主并没有降临的话，他们就会陷入绝望之

---

* 这两个名字，也包括前面所提到的马蒂奥和马瓦斯特，是这些参加者们在争论时随意举出的意大利或西班牙人的常用名字，一如我们所说的张三李四。——译者

中，那些渴望拯救并被希望的契约这种镣铐和枷锁所束缚的人们的心灵将会从此沉沦不拔。此外，在这个问题上，还有一种越轨的行为，因为上帝已经把这件事隐匿了起来，是不想让任何的人甚至任何的先知所知晓的，然而这位先生却试图通过计算使之暴露出来。"

但是，教皇却对此勃然大怒，他喊道："啊，这群疯子！啊，这群废物！啊，这群愚蠢的《塔木德》学者！是不是但以理？他曾计算过世界的末日，说他是很恰当的，'窒息他的呼吸'指的是不是就是他？说你和他们都是一群十足的罪人和离经叛道者似乎真是一点也不假。"

唐托德罗斯发言："啊，教皇陛下，如果那帮《塔木德》学者在他的眼里都是这样的傻瓜的话，那么，为什么他还用他们的话来作为证据，以便进一步证实救世主已经降临了呢？谁也不会用疯子的话作为证据的。"

教皇对此显然是愈加震怒。然后，唐威德尔再次发言："教皇陛下！在论争这类事情上发火是同陛下的风雅不相符合的，并且诸如此类的方式也是在您所恩准的范围之内，除非是我们用其他的方式违规并且语焉不详或话不对题——但真要是出现这样的场合，我们总是先说：'主啊，请宽恕我们吧！'"

教皇回答说："甭想用这样的话来欺骗我！对于'窒息那些掐算世界末日的人的呼吸'这句话，你的回答到底是什么？"

唐威德尔说："在希伯来文里，'emhashev'这个词的意思是指一个人，这个人进行计算并通过推测而获得一项结论。但是一位先知，或是一个通过圣灵来说话的人，他就不能被称为'emhashev'，而是'ro'eh'，正因为如此，先知曾说，'先见（ro'eh）

的寓所在哪里'（《撒母耳记上》9：18），因为他是通过先知的天赋而'看到了'真理。"

对这一点，教皇怒气稍息。他说："如果我们是来讲真话的，这我听起来似乎是对的，并且对一个明白人来讲，这才是解决问题的办法。"

当时，我们便离开了现场。第二天早晨，我们又回来了。但是，当晚在我们的住所里，我们曾同马提西亚和托德罗斯之间发生了一场激烈的争吵，因为他们没能在嘴上早就挂上或临时戴上一个嚼口*。我们一到，就对戈罗尼默说："我们尊贵的学者先生，在你从阿莫拉们（Amoraim）那里提出一个救世主已经降临的证据之前，为什么你不从他们中最新近的一位，同时也是他们中的头号人物拉弗阿什（Rav Ashi）⑨那里先找一个证据呢？他曾说过，'在此之前，你不要盼望他；在此之后，你可以静静地等待他'。从这一点可以看出，在那个时候，救世主尚未降临。"

戈罗尼默回答："我早就已经对你们说过，谁也无法从一个不相信救世主已经降临的人那里获得证据。因为他（拉弗阿什）是根据他自己的观点和信仰来说话的，但是第一句话却是先知以利亚说的，而他作为一位先知，是通晓真理的。"

当时，代表们都站了起来对他说："我们的陛下，请告诉我们，到底拉弗阿什是个聪明人还是个傻瓜？他是个邪恶的人还是个正义的人呢？"

戈罗尼默回答说："从他所说的话来看，毫无疑问，他是一

178

---

* 戏谑语，指未能保持缄默而违背了一开始的既定方针。——译者

位伟大的圣哲和圣徒。"

　　他们就说："那么，他怎么会否认先知以利亚说过的话呢？因此，我们不得不选择两种可能中的一个：或者这个以利亚并不是先知以利亚，并且在他的观点上犯了一个错误[⑩]；要不然他就是以利亚，而且当拉弗阿什用他所采用的方式来解释这些话的时候理解了它们的原义。这是因为，如果他在这个问题上存有疑虑的话，则对于这样一种先知言论的情形，他就会采取一种更为狭义一些的阐释。为什么我们想要比拉弗阿什还要聪明呢？"

　　戈罗尼默回答说："即使我同意你们这便是那句话的意思，那么，对于有关朱比力数目的第二句话你们又怎么说呢？因为它还不存在其他任何的解释，除了我所给出的那种。"

　　拉比约瑟夫·阿尔博跳起来说："这句话的意思就是说，世界将不会短于这个数目，而是比这要长。因为一个人如果这样说，'这个东西少于二十元我是不会出让的'，那么谁也无法阻止他以四十元或是三十元卖出。所以，很可能这个世界所延续的时间要长得多得多，而在最后的那个朱比力，救世主将会降临。"

　　高级教士们说："根据这种说法的话，救世主（降临）是并没有一个确切的时间了？"

　　拉比马提西亚回答："我们对此并不感到惊奇。即使是按照你们的观点，也是没有一个确切的时间的，因为那一段中说的是：'另外还有两千年的时间，就是救世主的时代了'。"[⑪]

　　当正在进行着这些事情的时候，我们注意到，他们把我们所说的话全都记了下来。我们从心底涌起了一种强烈的恐惧，因为我们联想到，这样做的目的是让书记员篡改我们谈话的内容。等事情过后，教皇就会说："你们当时就是这样说的！"其后果将会是用我们自己的话来证明我们有罪，并且我们还不能指称书记员弄虚作假，因为他是一位深得教皇信任的书记员。因此，我们一致同意，在发言中力求小心谨慎，并且尽最大的可能保持缄默。但是，这一策略后来被证明是徒劳的，因为教皇命令我们对于那位戈罗尼默先生的每一个问题都要作出答复，倘若我们不回答的话，"等待我们的只有一种刑罚，那就是被处死"（见《以斯帖记》4：11），因此，我们便采取了这样的办法，即我们只出一个人发言，若是他的话让教皇满意的话，那么很好很好；否则，我们就说他的答词并没有得到我们的一致同意，这只是一个错误，我们的观点与他回答的内容根本就不一样。

当天，论争就这样结束了。

第二天早晨，当我们满怀忧虑和恐惧匆匆赶来时，立即就由戈罗尼默开场了。他援引了某一个段落（Ekhah R.，1：51），是这样写的："这是发生于某个人身上的一件事，等等"，一直到"……救世主降生了"。拉比犹当（Rabbi Judan）说："《圣经》上写着，'黎巴嫩的树木必被大能者伐倒。从耶西的本必发一条'（《以赛亚书》10：34，11：1）"。戈罗尼默说："请看，显而易见，在这一段中，存在着某些你们所无法反驳的事实，那就是，在圣殿被焚毁的那一天，救世主降生了。"

学者伊本·阿斯特拉克回答说："这一段早已由世界上的伟大人物在那次论争*中讨论过了，那就是杰罗那的那位大师（纳曼尼德）

---

*　指巴塞罗那论争。——译者

179

和弗雷·保罗。在那一场论争的一开始的时候，弗雷·保罗就想要证明犹太人应当被称为迦南人，因为他们接受了迦南人的生活方式并且居住在他们的土地上，而基督徒应当被称作'以色列人'，因为他们进入了犹太人的地盘。"⑫

教皇说："那么，你们所说的那位大师对这个问题又是怎样答复的呢？"

他就说："他的回答是这样的，谁进入了他兄弟的地盘，谁就要继承他兄弟的财物。假如基督徒们进入了我们的地盘，那么为什么他们不能继承我们的合法财物呢？这些财物就是：预言、'天堂之火'以及乌陵与土明（Urim and Thunmim）*等。然而，请看，对于我们犹太人，当我们失去了这些东西的时候，我们便永远也不会在另一个人的手中找回它们了。从这里可以看到，'他'（上帝）的意图就是：尽管'他'曾将这些东西赋予了我们，但'他'要一直保留到看看我们到底是否会忏悔的时候，然后，'他'才会像一开始那样，将这些东西再还给我们。"

教皇说："那么，又是当着谁的面举行的那次论争呢？"

他们回答："当着那圣徒般的国王唐佩德罗长老⑬。"

他又问："那么，弗雷·保罗又是怎么回答这位摩西大师的呢？"

他们说："他保持缄默，并未置答。"

教皇继续说："那位国王是一位圣徒，但并不是一位圣哲。

---

*   乌陵与土明是犹太教高级祭司胸前佩戴的两种器物，多为小方石或其他类似物件。据记载，乌陵与土明的使用起源很早，其作用在于判断决疑。使用方式无详细记载，但据推测不外乎抽签或掷骰子以决定取舍的决疑手段。到祭司时代，每每在民族危难时被当作神谕。——译者

弗雷·保罗无法置答，也并不能说明他的智慧不及，因为他完全可以说，当我们那位曾承诺来拯救我们的灵魂，并且为了救赎先祖们的灵魂而化作了一位凡人身份的救星来临之后，我们基督徒根本就不再需要这些东西了。但是，不管这都是些什么样的东西，仍然还没有回答刚才所援引的段落中所说的那个问题，即救世主已经降生的问题。"

180

唐威德尔⑭说："我们那位大师曾经解释过，对于他，所指的并不是字面上的那种降生。即使这确实指的是那种字面上的降生，这里也并不存在什么矛盾，因为他可以在那一天降生，然后一直生活在伊甸园里呀。拉班（迈蒙尼德）曾经写过，救世主并不是降生于圣殿被焚毁的那一天，但是，他这样说的意思是指，从那一天起，往后在每一代人中就有一位适合于做救世主的人降生，只要以色列人被证明是适合的话。讲这番话的人的意图所在，无非是想唤醒人们的心灵去忏悔，并且向他们说明，救世主的降临并不是像巴比伦大流放时期那样，依赖于一个确定的时间。唐哈斯代（Don Hasdai）也做出过同样的解释。"⑮

教皇愤怒地回答说："让你来到我的宫廷里，并不是要你来告诉我们这些人，你们的那些评注者们都说了什么，而是你自己要说什么。我与那些死了多年的作者们的解释又有什么关系呢？认为救世主已经降生但却并未降临，这实在是徒劳而可笑的。因为若是这件事情本身是依赖于犹太人的功过的话，那么，为什么他要降生呢？还是让这件事情先搁一搁吧，在他们准备妥当，并觉得适逢其时的时候再让他降生吧。"

代表们说："如果他们今天就觉得适逢其时呢？那么，救世主就是今天降生，一个新生的婴儿能引导他们吗？摩西甚至在他八十岁的时候还不得不请求神灵的佑助，以及他的兄弟们和七十位长者的帮助呢！"

教皇说："他们还有六十多万人呢。"⑯

代表们回答说："在一个理解力超乎寻常的地方，根本就不需要什么士师 *，因为一个普通人的才智就完全可以胜任做他自己的士师，并且根据《塔木德》中的那些口头流传下来的教义，那个时代乃是'一个知识的时代'，同他们相比，我们都是微不足道的。由于我们理解力的浅陋，我们每一个人都需要十位士师。"

教皇说："在这一点上，我同意你们的说法，因为你们每一位都需要一位国王和一位法官 **。但还是让我们回到我们的正题上来吧。"

当时，罗马的一位居民⑰站起来说："教皇陛下，这里有些模棱两可的措辞，尽管得到了犹太人和基督徒双方的赞同。譬如'降生'这个词，就是这样的一个模棱两可的词。例如，'诸山未曾生出（产生）'（《诗篇》90：2），或是'一日要生（产生）何事'（《箴言》27：1）以及'他们挑拨离间，但都归于（产生）失败'（《箴言》15：35）***。所有的这些表达方式只不过是心里形成的概念而已。此外，当《圣经》中说，'黎巴嫩将会被一种强大的力量所陷落'，此后又说，'将生出一支旁系'，这并不

181

---

*　原意为"裁判者"，《旧约》中作"士师"，现译"法官"。——译者

**　此处作这样的翻译处理，是因为国王顺着代表们的口气说话，不称"士师"，而说"法官"，显然是不想再继续讨论这个问题了。——译者

***　原文有误，应为《以赛亚书》59：4。此句与通行版本亦有出入。——译者

必然说的就是马上就会发生的事，它也可能是此后好长一段时间的事。其实，这种话只不过是为了圣殿被焚毁的事来安慰他们罢了，同时也告诉我们，他们仍然可以恢复到他们原来的样子。如果有可能，这就是这些话的意思的话，那么，为什么我们非要假定这些话的作者的意思是说他要马上降临呢？但是，看来似乎是这样一种情形，由于他具有极端的重要性，救世主在上帝的心中占了一席之地。与之类似的还有，《塔木德》学者们说，'在创造世界之前发生了七件事'，而其中之一就是'救世主的称谓'。他们使用'创造'这种表达方式是指某些东西并不是真实存在的，意思是说，它们只是出现在上帝的思想活动中，因为对于做成'创世'这件事来说，达到使整个世界都相信只有'一个'上帝是极其重要的。因此，它的意思是说，在圣殿被焚毁的那一天，上帝产生了创造一个救世主的念头，但是子民们对他的即刻降临还没有做好准备，并且为了慢慢消除早期的罪孽，仍然需要实行流放，以便将每一项违规行为和罪孽搜罗在一起（见《但以理书》9：24）。"

到此，当天的论争就算结束了。

第二天早晨，我们刚一到场，就对戈罗尼默说："《塔古姆》*（*Targum*）中用 *ityalad* 这个词作为《圣经》中希伯来文 *nolad* 的译文，它的意思是在将来'就会降生'。《圣经》里的这句完整

---

*　亦译《塔尔贡》，希伯来《圣经》的阿拉米语译本。一般而言，《塔古姆》中仍写有希伯来文《圣经》，只是在原文旁增加了对应的阿拉米语译文。这是犹太典籍的惯用方式，其目的是方便操不同语言的人阅读，同时也便于对照研究，以免误读。——译者

的话是这样说的，'一个婴儿将会在大卫的屋子里降生，名字叫约西亚（Josiah）'，但在后来的五百年中，这件事并未发生（指约西亚的称王）。"

戈罗尼默回答说："'*nolad*'这个词并没有指明时态，它指'将会降生'或是'已经降生'都是可以的。"

我们都说："但是，这是对我们所说的话的一种确认和佐证。因为我们说它（《米德拉什》）的意思是指'将会降生'。你自己也承认过，完全没有必要接受你的阐释，而你所精心构筑的大厦已经被彻底摧毁了。"

戈罗尼默企图纠正他前面说过的话，但没能成功。此时，他感到羞愧无地，只好没完没了地详细阐述其他的证据，但是，当时在场的人心里都明白，他的目的无非是想要"把神使为曲的再直过来"（见《传道书》7：13）罢了。当我们发现我们已经占了上风时，我们心里说，"现在对我们来说，是见好就收光荣退场的时候了"，并且我们也通过贿赂，怂恿某些贵族向教皇进言，同时众多的高级教士也劝说约书亚·哈罗基，以便结束这次论争。但我们没能如愿，因为教皇说："不管你们愿不愿意，戈罗尼默必须要对他所做的承诺给出证明才行！"

第二天的早晨，当诵读祈祷及"谨记……"时，教皇就说："你们犹太人用一种混乱不堪的方式发言。明智的人怎么会说救世主已经降生并且在伊甸园里活了这样多的年头呢？他怎么能活一千四百年呢？"

我们便对他说："这个难题是由弗雷·保罗提出来的，而我们那位大师的回答是，亚当活了一千年。既然他活一千年是可能的，那么，他活更长的年头也是完全可能的，因为不能仅仅是由于我们没有看到某个东西，就否认它的存在。此外，按照口头流传下来的说法，以诺和玛土撒拉还仍然好好地活在伊甸园里呢。"*

教皇说："这有点像某个人用一个难题来回答另一个难题。因为这个问题也同样是超乎常理的。"

当时，拉比阿斯特拉克跳起来喊道："教皇陛下！若是您能相信有关您的救世主的这些没完没了的风马牛不相及的东西，不妨先让我们相信关于我们的救世主的一样东西成不成？！"

教皇显然对此激动不已。我们担心他会爆发如火的狂怒，就对教皇说："亲爱的陛下！我们的同伴表达欠佳，根本没有经过我们的同意。他是在开玩笑——他并没有权利这么做，因为教皇并不是像我们中间的一个普通人，自然考虑的也就不是同一件事。"我们又接着搬出我们在一开始就曾说过的话："主啊，请宽恕我们吧！"

然后，我们回到了我们的住地。大家对着拉比阿斯特拉克大吵大闹，都说："呸！去你的，还有你的那些废话，因为你将一把剑拱手送到了我们的敌人手中。以你讲话的那种方式发言违背了我们既定的方针。我们的事情本来同教皇合作得还算顺利，并且他更倾向于我方而不利于戈罗尼默，但现在好了，教皇发怒了，除了上天的仁慈，谁还会庇护我们呢？但是，谁又能一味地依赖奇迹呀，真到那时的话，它的价值就是不可信的了。"

那天，我们羞愧万状而又慌乱不堪地逃离了现场。第二天早

---

* 请参阅纳曼尼德的《维库阿》中的有关内容。——译者

晨再回来的时候，心中充满了空前的担忧和极大的恐惧。但感谢上帝的恩典，我们看到教皇的脸色似乎不错。

183　　戈罗尼默又回到了原来的议题上来。他说："如果你们相信救世主在字面意义上已经降生，我就能向你们证明他已经显现过了。"

代表们说："我们并不相信在字面意义上救世主已经降生，但是，我们曾经说过，这句话的作者很可能对这件事做出了这样的理解。"

教皇发话说："戈罗尼默，你从什么地方能够证明，他既已经降生又曾经显现过呢？"

他说："教皇陛下，因为在《塔木德》中这样说：'撒母耳说：你是从什么地方能够得出救世主是降生于圣殿被焚毁的那一天的呢？是从那句"未觉疼痛就生出男孩。"'（《以赛亚书》66：7）约拿单把它译解为（用阿拉米语）：'在灾难降临之前，你将被赦免，并且在毁灭的震动到来之前，救世主将会显圣。'"（见 Bereshit Rabbati，第 131 页）

我们这些代表回答说："约拿单的《塔古姆》中并没有这些话的内容，而撒母耳的这番话更是与《塔古姆》远不相干，它的意思只是说，当救世主要降临时，他会突然地降临，就像一个女人生孩子，是一下子的事儿。正如人们所说的，'还没有感受到分娩的阵痛，她就生产了'。《塔古姆》中的意思与拉比撒母耳所说的并不是同一件事，其结果只不过是揭示出救世主降临时，他会突然地降临罢了；而圣哲们早已经揭开了这一点，他们曾说过，'出人意料地发生了三桩事情'（b Sanh., 97a）。"

教皇说："对我来说，你们只要承认救世主已经降生，这就已经足够了。"

我们对他说："但是，我们说撒母耳，也就是那些话的作者坚持那种观点是错误的，而《塔古姆》是一部富于灵感的作品，其中并没有说过和撒母耳同样的话，而是解释了那句经文，认为当救世主要降临时，他会突然地降临。但是，这是我们的信条，也是每一位犹太人的信条，那就是：只要一个人来到我们中间，他能把星散的以色列人集聚起来，他能重建圣殿，而所有的人民都团结在他的周围，并且都喊他上帝这个名字，那么，我们就说，他便是我们的救世主。⑱凡是其他与此相反的说法就有着某种其他的阐释。再说，戈罗尼默所援引的说法是，'圣殿将在他的脚下建起'，那么，在耶稣那个时代建造的所谓圣殿又在哪里呢？"

戈罗尼默对此无法置答，但他却又提起了另外的一些话题，并没完没了地东拉西扯。然后，论争休会两天。一直到了2月15日，当时教皇派人来请我们去。当我们来到教皇面前时，他又回到撒母耳曾经说过的大意是"救世主已经降生了"的那番话上来。 184

当时，教皇说："昨天晚上，我一直都在想，当你们说 *nolad* 是一个模棱两可的词，它的意思可以是指'将会降生'，也可以是指'已经降生'时，你们是如何把我们引入歧途的。不管它指的是什么，事情的真相就是：耶稣的降生是发生在焚毁事件以前很久的事，因为他是在'创世'之后的第3671年降生的，而圣殿焚毁是发生在3828年，因此，他应该是降生于焚毁事件之前的一百五十年！"

唐威德尔说："教皇陛下，在《塔木德》中，我们有一个大家公认的原则，那就是即使一句经文给出了多种多样的阐释，但任何的一种阐释也无法取代其字面上的意思。这就应了那句大实话：'《圣经》里的句子永远也不会失去其字面上的意义。'当一位阿莫拉把一句经文字面上的意义给抹掉时，我们通常说：'这是使用了一种隐喻的手法，这里面可能有某些神秘的含义或是意图。'我们并不认为比喻性的阐释是同字面上的意义互不相容的。戈罗尼默无法否认这一点，即在《塔木德》中，这是一个众所周知的原则。所以，让我们的陛下亲自把《圣经》拿到他的面前，就可以看到，那些经文中根本就没有提到过有关你们的拯救者的事，因为当说出'还没有感受到分娩的阵痛，她就已经生产了'这句话的时候，所指的乃是耶路撒冷，因为在这句话的后面紧接着又说，'你们与耶路撒冷一起欢庆吧'（v.10）。假如这里说的是你们的拯救者，为什么会表现得如此的惊诧呢？——'谁曾见到过这种事情？'（v.8）你听说过生下一个人要用一整天这样的奇谈怪论吗？尤其这个人据说是半个神，或许就是上帝的儿子！特别是在下面又说，'难道一个国家就不能在一朝一夕之间诞生吗？因为锡安山（Zion）*几乎还没有感到阵痛，她便产下了她的那些孩子们'。一个国家的诞生又与救星有什么关系呢？但是，这里说的是将来的事，即当我们这些流放者集聚起来的时候，因为一旦他们用神的力量骤然之间集聚起来，那么，便可以恰如其分地说'谁听到过这种事情？'再进一步说，当耶稣降生之后，

---

* 锡安山又称郁山，是犹太人在耶路撒冷的圣山，由此产生的"锡安主义"即现代政治俗语中的"犹太复国主义"（Zionism），便源于犹太人复国运动兴起之初（19世纪末）的政治口号"回到锡安山去！"——译者

耶路撒冷被毁灭了的时候，怎么会说是'你们将在耶路撒冷安居乐业'（v.13）呢？"

对此，戈罗尼默说："既然你们否认了《塔木德》中的话，那么，我将用《圣经》中那些你们所无从辩驳的经文来举证。在你们的《摩西五经》中写道：'犹大将不会失去他的权杖，也不会在他的脚底下生出一个君主来，直到示罗来临。'《塔古姆》则译解为'直到救世主降临'。请看，这里既没有权杖也没有君主——那么，它怎么会说'将不会失去'呢？"

拉比阿斯特拉克回答说："在我们的开场白中，我们已经说过，　185 不管是《圣经》中的经文还是《塔木德》里的话，都有着形形色色不同的解释，并不具有使人非相信不可的力量来确认信仰中的某种观点或是信条，而你，我的戈罗尼默阁下，对于伊本·以斯拉（Ibn Ezra）的阐释以及那些早期和后来的伟大人物的评注是十分清楚的。如果你愿意听的话，我们也可以在这件事情上说出两种阐释中的任何一种。第一种解释：它的意思是说权杖不会永远地离开犹大家族，即他们有时会拥有犹大的权杖，而有时会存在一个间断期，在这期间权杖会暂时地失去；事件的这种过程将会一直持续下去，直到救世主降临的那一天。因为当我们正在等待的那位救世主降临之后，就再也不会有什么间断期了。第二种解释是我们在 ' 'ad a yethiv' 这个短语中发现的，这是一个表示停顿的标点符号，因此，意思就成了：'犹大的权杖不会永远地失去，因为将会有一个细罗，那就是救世主，他会把权杖还给犹大家族。'"

戈罗尼默回答说："我们没有必要非得要相信什么标点符号，

因为传授《摩西五经》时并没有带着这种东西。"

　　唐威德尔说："啊，好聪明的戈罗尼默，你只相信对你的目的有好处的东西，而对于让你不愉快的东西，你就可以不相信了！然而，我们还可以提供另外的一种解释：'ad 这个词可能具有像'总不离弃你，一直到（'ad）我成全了向你所应许的'（《创世记》28：15）这句话中的这种意思。这句经文的意思是说，在上帝完成了'他'所说过的事情之后，就会抛弃他们吗？不对，这里的意思就像是一个主人或是一位国王对他的一名仆人说，'我怎么舍得丢下你不管呢，早晚要把你养成一位大贵人才成'。那么，你的意思并不是要抛弃他。因此，《圣经》里说，'直等细罗来到，万民都必归顺'（《创世记》49：10），犹太人中将一直不会空缺某一类的职位和官员。"

　　戈罗尼默说："为什么我就该接受你们的解释，而不去接受拉什在其评注中引用的摩西·哈达山（Moses ha-Darshan）所说的那番话呢？拉什，这位最伟大的评注家曾参研了他的著作并说，'犹大将不会失去权杖'所指的是用'毛石垒成的房间'，这是归入了犹大的那些遗产中的，并且'权杖'这个词指的是'大法庭'。由于'大法庭'失去了，犹大的权杖也就失去了。这就是说，'大法庭'是曾一度掌握在犹大家的人手里的。"

　　代表们说："我们无法理解用这样的解释就能证明那些我们所期望的东西。此外，摩西·哈达山只是一个传道士，并不是一位《塔木德》学者。再者，那句话的意思也并非如此，因为这是雅各对他的儿子们说的话。"

　　我所能写的也就到此为止了，而我无法写出整个事件的结尾。但是，后来人们通过间接的传闻告诉我，尽管在他们以及渴望他们来救助的全体犹太会众头上降临了诸多巨大的不幸，但代表们仍然满载荣光而归。

12　基督教一方关于托尔托萨论争的记述

译自拉丁文备忘录，帕西奥斯·洛佩斯编，
《托尔托萨论争》第2卷，1957年

前言

　　如下的记录提供了基督教一方关于托尔托萨论争的一些典型事例，它是属于罗马教廷的书记员在第六十九次会议后整理而成的那些卷帙浩繁的会议记录（"备忘录"）中的一小部分。在该备忘录的前面加上了两个目录表：（1）关于这次论争中总体上所讨论的题目的摘要；（2）关于每一次单独会议上所讨论的内容的摘要。这两部分摘要的译文也编入了本文之中，因为它们可以从基督教一方的角度为这次论争的目的和成果提供一个十分便利的概览。

　　就备忘录的内容本身而言，这篇译文包括：（1）第四次会议（1413年2月10日）。这次会议同上面所翻译的希伯来文记述的相应部分是一致的，同时与巴塞罗那论争存在着有趣的关联。（2）第五十四次会议（1414年2月15日）。关于这次会议，没有希伯来文的记述。当时拉比阿斯特拉克·哈列维对戈罗尼默的论据之一做出了答复。他坚持认为，戈罗尼默所引证的《塔木德》中的那些段落既牵强附会又模棱两可，并且对于"阿嘎嗒"方面的内容，总起来说只是某种"意见"性的东西而已。戈罗尼默在其答词中则坚决主张，犹太人必须将《塔木德》的全部内容都看作《圣经》式的古典；并且他还发展了他的理论，认为编纂《塔木德》的主要目的是对基督教日益获得的成功所表示的一种强烈抗议，尽管它也包含着许多从那些支持基督教的主张的先知方面的资料（如以利亚的循环论证）中获得的一些古老的传统观点。他将其论据演绎到了这样的程度，以至于他请求教皇把拉比们作为"他们自己宗教的异教徒和背教者"来"进行谴责"（因为他们拒绝接受"阿嘎嗒"内容的权威性），并且要求他们应当受到"死刑的惩罚"（参见第Ⅰ部分，第89页）。戈罗尼默的发言体现了他的那种典型的争论风格，同时掺杂着犹太拉比的那种精深的学识、大胆的创造才能和亚里士多德式的逻辑性。他在对犹太教一方所持有的到目前为止仍然没有出现过任何一位能履行《旧约》中关于救世主时代的预言中的人物这种论点进行答辩时，有一番滔滔不绝的发言。戈罗尼默的这番回答有着双重的意义：（a）论争中所提到的某些有关救世主的预言在"巴比伦大流放"返乡时就已经实现了；（b）其他的预言可以看作是比喻性的，不能以字面上的意思为准，并且，就它们比喻的意义上来说，已经由耶稣完成了。戈罗尼默最后指称犹太教一方关于救世主的论据中包含着一个基本的矛盾，从而结束了这次会议。

188

目录：议题

在目前的这本书或是记录汇编中，共论述了十六个题目。它们都分别编了号，现依次简要说明如下：

第一个题目：关于基督徒和犹太人之间所一致信仰的东西和分歧所在。这是第一次和第五十八次会议所讨论的内容，在页边的空白处做了一个"A"的记号。

第二个题目：关于救世主的二十四个属性。这是在第一次和第五十八次会议上讨论的内容，在页边的空白处标上了字母"B"作为记号。

第三个题目：确定那个早已经过去了老多年的救世主降临的时间问题。这方面的内容是在第二、三、六、八、九、十、十一、十二、十三、十四、十五、四十六、四十七、四十九、五十一、五十二、五十七和六十一次会议上讨论的，页边空白处的记号是字母"C"。

第四个题目：关于在耶路撒冷的圣殿被焚毁时，救世主已经降生了。这是第四和第五次会议的内容，在书中页边的空白处标上了字母"D"。

第五个题目：内容是关于在所说的圣殿被焚毁时，救世主不仅已经降生，而且他还降临了并显现过。这是在第五、第七和第十五次会议上讨论的，在书中页边的空白处用字母"E"标出。

189　　第六个题目：关于救世主要在我们拯救众生的主耶稣基督在十字架上受难发生的那一年降临的问题。这是第十八次和第二十一次会议上讨论的内容，记号是字母"F"。

第七个题目：关于述及救世主行为的那些预言，譬如重建圣殿、集聚以色列人以及使整个耶路撒冷安居乐业等，这些都应该从一种精神的而不是物质的意义上来理解。这是在第一、七、二十三、二十四、二十六、三十一和三十六次会议上讨论的，所做的记号是字母"G"。

第八个题目：犹太人关于救世主完成的诸多事迹的十二个问题。这是在第二十三、二十四、二十七、二十八、二十九、三十、三十一、三十二、三十三、三十四、三十五、三十六、三十九、四十、四十一、四十二、四十三、四十四、四十五和六十二次会议上讨论的，标以字母"H"。

第九个题目：《摩西律法》既非完美无缺，亦非永恒不变。这是第三十二次会议上讨论的内容，以字母"L"标记。

第十个题目：关于神圣的圣餐问题，第三十三次会议讨论，标号"M"。

第十一个题目：关于那本被称为《塔木德》的汇编本的编纂形式。这个问题是在第四十四次会议上讨论的，记以"N"。

第十二个题目：一个犹太人必须不折不扣地信奉《塔木德》的全部内容，而不管这些内容是关于《律法书》的解释，还是律法上的决定，还是礼仪，还是布道的材料，还是敕令、评注、增补或是围绕这部《塔木德》所产生的所有叙事故事，同时，一个犹太人也不可以否定它的任何一点内容。这是在第五十四次会议上讨论的，在页边的空白处所做的记号是字母"P"。

第十三个题目：宗教信条的定义是什么；证明了救世主并未降临并不是犹太教信仰中的一个信条。这是在第五十九次会议上讨论的，所记的符号是"Q"。

第十四个题目：弄清楚了"信念""圣典"和"信条"都是如何定义的。这是第六十一次会议上所讨论的内容，所做的记号是字母"R"。

第十五个题目：关于憎恨、异端、猥亵和愚蠢等诸如此类的包含在《塔木德》中的内容。这些都是在第六十三、六十五、六十六和六十七次会议上讨论的，记以字母"T"。

第十六个题目：今天，犹太人之所以沦为阶下囚，是由于他们对于真正的救世主即我主耶稣基督所怀有的罪孽深重而又毫无理由的仇恨。这是在第十三和第三十五两次会议上讨论的，记以字母"S"。

目录：会议

下面就是在眼下这篇会议记录中逐次会议的内容，在各页的顶端都分别编了号，如第一、第二、第三、第四，等等。

190　　第一次会议：安排了开幕词，这是艾尔罗尼姆斯长老（Master Ieronimus）*专门对犹太人讲的。这是为了向他们说明至高无上的神圣君主、本尼迪克特十三世教皇陛下采取论争这种训诲方式的意图。

第二次会议：为了证明由远古的先师们所规定的救世主降临的日期和时刻都已经过时了，艾尔罗尼姆斯长老援引了有关"六千年"的一个颇具权威性的段落，犹太人的拉比们对这番引证做出

---

* 即希伯来文记述中提到的戈罗尼默。——译者

了答复，然后，还是由那位艾尔罗尼姆斯长老进行了答辩。

第三次会议：为证明前面提到过的命题，引证了一个有关"八十五个朱比力"*的段落。犹太人对这一引证做出了答复，那位艾尔罗尼姆斯长老进行了答辩。

第四次会议：提出了一个关于"阿拉伯人"的段落，以便证明当焚毁圣殿的事件发生时，救世主已经降生了。拉比们对这一引证做出了答复，教皇陛下对他们的回答是如此确定，以至于他们最为倚重的拉比之一在那次会议上也只好承认救世主已经降生；不过他又说，他既没有让自己显现过，也没有"降临"。

第五次会议：艾尔罗尼姆斯长老重复了前面的那次会议上得出的结论，然后，拉比们进一步确认了曾经说过的话，即救世主大约是在圣殿被焚毁的那个时候降生的，但他却从来也没有显现过。为了要证明救世主已然使自己显现过，艾尔罗尼姆斯长老援引了以赛亚的预言，预言说，"未觉疼痛就生出男孩"（《以赛亚书》66：7），犹太人就这一预言进行了答复，艾尔罗尼姆斯长老又回答了他们。

第六次会议：为了进一步确认救世主已经降临，艾尔罗尼姆斯长老援引了雅各的预言，"圭必不离犹大……"（《创世记》49：10）。犹太人做了回答，而艾尔罗尼姆斯长老也答复了他们。

第七次会议：犹太人再次论证了他们在前一天说过的那些内容。他们又一次受到质问，他们是否想还要对那些已经向他们证明过了的问题说些什么，也就是救世主已经降生并显现过。一位

---

* 一个朱比力代表50年。见本书254页的星号注释。——译者

拉比对所引证的那些段落给出了新的解释，而这些解释都得到了圆满的答复。

第八次会议：艾尔罗尼姆斯长老回忆了前面的那些会议上曾涉及的所有问题；但是，有几位拉比又重复了上面提到的那些解释。最后，才由教皇陛下发话，由圣廷的推事做了总结，得出了救世主已经降生的结论。

第九次会议：那位艾尔罗尼姆斯长老正式地声明，不管是从"犹大将不会失去权杖……"这句引文，还是从其他一些引证来看，都证明了救世主已经降临；并且对于这些引证，似乎还没有得到恰如其分的答复；他又问犹太人，是否还有什么要说的，因为他们很乐意再听一听。然后，所说的那些拉比中的一位对谈到的那则预言又提出了另一种新的解释；那位艾尔罗尼姆斯长老对他做出了一个全面的回答。然后，还是由教皇发话，多明我修会的首席长老针对那些犹太人的问题将内容做了概括。也就是在论争进行到这里时，那些犹太人开始叫苦不迭，坚决否认了他们原先所承认过的每一件事。所以，我们至高无上的教皇陛下命令这次论争须得重新开始，而后双方所提出的每一件事都要记录在官方的文书里，并指定公证员做这项工作。

第十次会议：还是那位艾尔罗尼姆斯长老用书面的形式出示了有关"六千年"的那个具有权威性的段落，用它来说明救世主早就已经降临，从而驳斥或者说答复了他们能够用来反对艾尔罗尼姆斯长老所提供的证据的那些论据；在这些书面的论据中，他们援引了一些预言，而按照他们的观点，这些预言能够证明救世主仍然没有降临。

第十一次会议：艾尔罗尼姆斯长老将犹太人的答复划分为七个部分，并依次回答了每一个部分。

第十二次会议：犹太人对艾尔罗尼姆斯长老的回答进行了一次反驳。然后，那位艾尔罗尼姆斯长老进行了再反驳。在这次会议期间，有十位犹太教的知名人士连同他们的妻子以及全家施行了洗礼*。

第十三次会议：这次会议涉及那些犹太人对艾尔罗尼姆斯长老所作答复的一种反对意见，这位长老针对犹太人所作的那些答复共分为六点，其目的是让他们明白，他们的陈述实在是错误百出。

第十四次会议：出示了一个羊皮纸卷轴，就犹太人而言，这个卷轴的内容说的是，犹太人已经承认，他们已经尽可能地做出了回答，其中也谈到了他们在知识和能力上的缺乏，说他们对另外的东西根本就是一无所知，无从回答，但是，他们却要顽固地坚持自己的观点和信仰。就是在这一天，有十一位犹太人改变了他们的信仰，同时包括他们的妻子和儿女。

第十五次会议：涉及艾尔罗尼姆斯长老所提出的一个新的证 192 据，它是根据六处出自《塔木德》中可靠的、犹太拉比的引文提出的，说明了救世主早就已经降临。这次会议还涉及犹太人所作的答复，答复认为，上面所提到的引文应该理解为比喻性的；同时也涉及了教皇陛下的命令，命令说，他们应当讲清楚上面曾提到过的那些人物形象，又是哪一位先师给他们起了那些名字。

第十六次会议：有关一位犹太人对艾尔罗尼姆斯长老的证据

---

* 即皈依了基督教。——译者

所作的答复，说他并不是非得要对上面提到过的那些引文提供凭证；即使他对其作出了保证，他也只是想要证明，它并不是东施效颦般地附和救世主已经降临的说法。

第十七次会议：将犹太人的答复划分成了十二个部分，同时艾尔罗尼姆斯长老提出了证明犹太人的答复无效的证据。同时，还涉及犹太人那个羊皮纸卷轴，强调他们是想回答某些与他们前面所说过的内容有所不同的东西：即他们别的什么也不知道了。

第十八次会议：艾尔罗尼姆斯长老对救世主必定恰巧是在基督受难发生的时候降临这一点提出了证据。同时，他为这一证据引证了三个段落：第一个是"一个婴儿降生了……"（《以赛亚书》9：6）；第二个是"犹大将不会失去他的权杖"；第三个是《塔木德》中有一段这样说，"他们读道：完成了十件奇迹……"

第十九次会议：犹太人对上面所提到的引文做了软弱无力的答复，并且他们最后说，他们别的什么也不知道了。

第二十次会议：艾尔罗尼姆斯长老对上面提到的犹太人所作的答复进行了反驳，并将其划分成了十二个部分，指出，这样的答复是过不了关的。

第二十一次会议：有关犹太人的那个羊皮纸卷轴，其中的内容表明他们在前面的答复中所表现的不屈不挠，并说，他们别的什么也不知道了。并且这次会议还涉及艾尔罗尼姆斯长老向那些犹太人就《但以理书》中的"星期数目"所作的解释，从而进一步证实了前面所做出的结论。

第二十二次会议：犹太人就上面提到的有关"星期数目"的问题做出回答，以及艾尔罗尼姆斯长老对如上的回答进行了反驳，从而用五个论据驳倒了它；最后是犹太人的答复，说他们别的什么也不知道了。正当论争进行到这里的时候，大批的犹太人改变信仰而皈依了基督教。

第二十三次会议：艾尔罗尼姆斯长老就"回来吧，你们这些迷途的羔羊"（《耶利米书》3：22）这篇原文进行了演讲。在演讲中，他说明了犹太人的冥顽不化，并通过一些确凿的论据，证明了犹太人从《圣经》中所得来的那些事件，如重建圣殿、集聚子民以及耶路撒冷的繁荣，只能从一种精神的意义上来理解，并且还涉及了关于救世主诸多事迹的十二个问题。

第二十四次会议：犹太人做了一次冗长不休的答复，企图为他们自身的冥顽不化寻找借口，并试图证明，凡涉及救世主的所有预言，都应当从一种物质的和世俗的意义上来理解。这次会议还涉及对十二个问题的答复。

第二十五次会议：艾尔罗尼姆斯长老对犹太人的答复进行了详尽的分析，共分为四个部分，尽管显得有些冗长。在这一天，他撤回了在第一个部分中曾谈过的内容。

第二十六次会议：对第三和第四部分进行总结，从而澄清了那些谈及救世主的相当多的一部分先知的预言都必须从一种精神的意义上来理解。

第二十七次会议：向大家证明犹太人对十二个问题的答复是荒谬不经的。就第一个问题，他通过五处引文，证明了救世主的出生地是一个被称为伯利恒埃弗拉塔（Bethlehem Ephrata）的地方。

第二十八次会议：通过许多著名的引文和论据，证明了救世主的降生将不具有一个父亲的肉体精血，也不是由于母亲一方人性的堕落，这是同他们所作的答复中的论点相反的。

第二十九次会议：关于救世主必定是真正的上帝和凡人的证据，这是同他们的答复相反的。

第三十次会议：涉及救世主的来临，他的来临必定是为了拯救精神生命的灵魂等，以及随着他的降临，就赦免了我们人类始祖的原罪，并且在他之前，所有的灵魂都下了地狱。他不得不受死并被钉上十字架以便清洗掉所犯的罪孽，任凭犹太人在他们的第三、第四、第五和第六个问题上怎么说，都是如此。

第三十一次会议：证明了救世主一般来说必定会拯救整个人类，这是与犹太人在他们的第七个问题上所回答的内容相反的。另外，还证明了"以色列人"这个名词指的是继承了救世主教义的全体人民。

第三十二次会议：证明了救世主必定会传授一种新的律法和教义，这是同犹太人在他们的第八个问题上的回答相反的。另外，证明了《摩西律法》既非完美无缺，亦非永恒不变。

194　　第三十三次会议：证明了在救世主的时代，在远古时代耶路撒冷圣殿中所做的所有动物牲祭必然终止，这是与犹太人在他们的第九个问题上所回答的内容恰恰相反的。另外，还证明了必须仅仅置办面包和酒的献祭，就像现在在上帝的神圣教堂里所采用的那种形式。

第三十四次会议：证明了《摩西律法》中诸如多种食物的禁忌、将拥有祭司身份的人限制在利未部落等习俗，必定在救世主的时代终止，这与犹太人在他们的第十个问题上的回答是相反的。

第三十五次会议：非常清楚地证明了，希伯来人何以会在"被囚"事件之后成为今天的这个样子的。这种囚禁并不是出于别的什么原因，而只是由犹太人对真正的救世主，即基督所怀有的那种忘恩负义和"无缘无故的仇恨"①所致。这一点是同他们在第十一个问题上所回答的内容恰恰相反的。

第三十六次会议：证明了犹太人为什么再也难以再次获得，或征服，或占有圣地，这是与他们在第十二个问题上的回答正好相反的。另外还证明了，在救世主时代，预言中的"应许之地"和耶路撒冷代表的是一种精神上的胜利。

第三十七次会议：有关犹太人试图极力驳倒在第二十五和二十六次会议上提出的证据的种种所作所为。另外，艾尔罗尼姆斯长老在概括这一内容时所采取的方式，是将他们的反对意见分成了七个部分。

第三十八次会议：有关艾尔罗尼姆斯长老是如何对所说的那些部分里存在的其他反对意见进行概括的。

第三十九次会议：犹太人（对前一次会议上的问题）是如何回答的。经过对艾尔罗尼姆斯长老所作的再反驳进行了一番深思熟虑之后，他们说，他们并不在意再说点什么，因为他们是这样的一些人，虽然他们在所说的这些事情上并不知道更多的东西，但还是要证明针对第一个问题所作的证明不能成立，并且还要对艾尔罗尼姆斯长老所引证的那些原文的内容做出各种各样的解释，因为他用多重论据破坏了前面所作的解释。

第四十次会议：犹太人是如何企图来证明艾尔罗尼姆斯长老在第二个问题上所作的引证是难以成立的，并对那些预言做出了荒诞不经的阐释，以及艾尔罗尼姆斯长老是如何运用恰如其分的推理说明这些阐释是空洞无聊的。

第四十一次会议：犹太人是如何竭尽全力来证明艾尔罗尼姆斯长老在第三、第四、第五和第六个问题上所作的引证是无效的，以及他是如何驳倒他们所提出的那些论据和难题的。

195　　第四十二次会议：犹太人是如何试图证明艾尔罗尼姆斯长老在第四、第五和第六个问题上所作的引证是无效的，这些反对意见均被艾尔罗尼姆斯长老通过恰如其分的推理予以驳回。

第四十三次会议：犹太人是如何竭尽全力来反驳艾尔罗尼姆斯长老在第七和第八个问题上所作的引证的，而他是如何将他们的这些论据驳得体无完肤的。

第四十四次会议：犹太人是如何试图驳斥艾尔罗尼姆斯长老在第九、第十、第十一和第十二个问题上所作的引证的，以及艾尔罗尼姆斯长老是如何通过无可辩驳的论据使其归于无效的。

第四十五次会议：犹太人所给出的答复。经过对艾尔罗尼姆斯长老在第十二个问题上所作的再反驳进行了一番考虑之后，犹太人说，他们已不想再补充什么了，因为他们自信已经给出了圆满的回答，并且他们在这个问题上也不知道更多的东西了。

第四十六次会议：艾尔罗尼姆斯长老是如何根据教皇陛下的命令再一次援引曾经使用过的论据和引文，并据此而证明了救世主早就已经降临，并最后在细节上使之更为严密完美。

第四十七次会议：艾尔罗尼姆斯长老是如何对前面所用的引文在细节上进行补充的，并要求犹太人提出某些其他的论据——如果他们还有的话，不然就干脆承认已经失败。另外，他还要求对这一承认由官方做公开记录。

第四十八次会议：陛下如何命令他的整个罗马教廷和所有的拉比们集合起来，并向他们宣布，在前面的两次会议上，已经将全部的过程进行了记录。当陛下问及犹太人是否还要做出进一步的答复时，他们都说，"没有了"，除了拉比法雷尔、拉比马修斯和拉比阿斯特拉克，他们是到目前为止按他（教皇）的命令获得了会议记录副本的仅有的几个人。为了听取他们的答辩，他还特别任命了一些红衣主教和高级教士。另外，他指派一批基督教《圣经》方面的教授来指导那些犹太人，这些人曾说，他们不想再论争下去了，因为他们所知道的只有这么多。

第四十九次会议：涉及由拉比法雷尔和拉比马修斯新提交的针对艾尔罗尼姆斯长老所作引证的某一份备忘录，内容是关于是否救世主已经降临这个问题的，尤其是针对引文中的"六千年"和"八十五个朱比力"，文中提出了某些不利于艾尔罗尼姆斯长老的论据和反对意见，并用歪曲原意和吹毛求疵的方式对前面的引文进行解释。

第五十次会议：为了使前面两位拉比所制造的诡辩、论证和反驳归于无效，艾尔罗尼姆斯长老规定了一项原则，然后将他们所有的辩词划分为三个部分，并且在这次会议上，他运用极为充分的证据驳倒了第一个部分。

第五十一次会议：艾尔罗尼姆斯长老针对前面所提到的第二部分给出了论据，从而证明了他们的三项反驳是不能成立的。

第五十二次会议：关于艾尔罗尼姆斯长老如何通过论据说明第三部分中，也就是两位拉比对上面提到的两处原文所给出的阐释，包含着吹毛求疵和缺乏逻辑的内容。

第五十三次会议：拉比阿斯特拉克如何出示了一篇包含八点内容的备忘录，但是，在教皇陛下及其全体罗马教廷成员面前，他只从第三点开始滔滔不绝地详加论述，因为严格说来，前面的两点并未涉及论争中的问题。另外还包括艾尔罗尼姆斯长老对这一点是如何答复的。

第五十四次会议：前面所说的那位拉比阿斯特拉克如何宣读他那份备忘录的第四点，以及艾尔罗尼姆斯长老是如何回答的。

第五十五次会议：艾尔罗尼姆斯长如何回答第四点中其余的某些论据的。

第五十六次会议：上面提到的那位拉比宣读了所说的那篇备忘录中的第五、第六、第七和第八点。

第五十七次会议：艾尔罗尼姆斯长老针对那位拉比的最后四点做出了答复，驳斥了他的全部辩词，指明了其中的诡辩所在，并抨击了这位拉比在其第七点中所提出的某一位假造的人物。

第五十八次会议：还是那位拉比，他宣读了他曾一度省略的开头两点，艾尔罗尼姆斯长老驳倒了他的所有论据，并通过推理指出，所得出的主要结论，即救世主已经降临，是正确无误的。

第五十九次会议：拉比法雷尔针对艾尔罗尼姆斯长老在前一次会议上所给出的论据出示了一篇备忘录。在这篇备忘录里，他提出了十个命题和六项论证。他的主要的依据是救世主仍然没有降临，并且这一点是犹太人的信条这种说法，因此他坚持认为，艾尔罗尼姆斯长老所援引的原文只是在文字上说明救世主已经降临，而实际上并不能做出这样的理解，而是应当做出一种并不与上面提到的信条相悖的解释。

第六十次会议：艾尔罗尼姆斯长老对那位拉比法雷尔的答复有两个目的：其一，说明在他们的所有辩论词中，这位拉比同其他的拉比之间完全是相互矛盾的；其二，澄清这位拉比在他的备忘录中所采用的两种谬误或借口。他还特别地论述了一个命题，而这位拉比的整篇备忘录都是以此为基础的。这个命题就是：只要犹太人被流放的状况没有得到改变，救世主就必定还在期待之中，并且这是《摩西律法》的一个信条。艾尔罗尼姆斯长老组织了八条论据，其中每一条都是极具分量的，从而证明了前面所提到的这个命题不管是按照人们通常的理解，还是依照拉比法雷尔的本意，都是荒谬不经的，然而，若是用天主教的信仰来理解，它反倒是真实不破的了。也就是说，在这件事情上，其反义倒是恰好说明了这位拉比所赋予它的意思。

第六十一次会议：艾尔罗尼姆斯长老对"信念""圣典"和"信条"这些术语进行了区分，并详细地对那位拉比法雷尔的十个命题和六项论据逐一进行了回答。特别是，他澄清了拉比法雷尔在涉及"六千年"和"八十五个朱比力"的原文这个问题上所进行的虚伪的诡辩。

第六十二次会议：根据教皇陛下的命令，艾尔罗尼姆斯长老在他（教皇）及其神圣的罗马教廷面前，也当着犹太人的面，宣读了一篇全部会议记录的摘要，包括从这次论争开幕的那一天一直到当天的每一次会议，其中也包括他向犹太人所提出的十二项质问，都记录在里面。在此之后，大量的犹太人皈依了神圣的天主教。

第六十三次会议：艾尔罗尼姆斯长老援引《塔木德》中的某

些含有毫无价值、淫秽不堪和异端邪说内容的原文，并质问拉比
们，如果他们乐意对此作出辩解的话，他们完全可以这样做；否
则，所谓的《塔木德》就应当受到谴责。正如他所断言的那样，
他们不敢承认字面上就是这样写的。尔后，陛下命令把《塔木德》
这本书拿到他们的面前来，并且由艾尔罗尼姆斯长老向犹太人当
面指明，恰如他所断言的那样，所有的内容都是书中的原文。

第六十四次会议：除了拉比法雷尔和拉比约瑟夫·阿尔博之
外，他们全体代表发表了某一项声明，大意是说，由于他们的无能，
他们不知道如何回答，或是以任何方式来为这部《塔木德》中所
包含的这种可恶的内容寻找借口。

第六十五次会议：（教皇）陛下是如何进行了一番极为神圣
而又充满仁爱的规劝的。然后是艾尔罗尼姆斯长老的讲演，题目
是"你们都当寻求耶和华"（《西番雅书》2：3）；并且他还对
前面所有会议的内容做了一个概括，其中既包括有关救世主的证
据，也有关于《塔木德》中所包含的可憎内容的证据。同一天，
拉比约瑟夫·阿尔博和拉比阿斯特拉克提供了一篇为前面所提到
的可憎内容进行辩护的书面声明。对这一声明，教皇陛下的施赈吏，
即尊敬的牧师安德烈斯·波特兰迪（Andreas Bertrandi）长老，给
出了圆满的答复。然后是所罗门（Solomon）长老，一位犹太人，
也是托尔托萨地区会众的拉比，提出了某项论据，企图为那部《塔
木德》进行辩护。

第六十六次会议：艾尔罗尼姆斯长老对犹太人团体所发表的某
一项声明进行了答复，据这项声明称，《塔木德》的编纂者们是
一群朱门书生。他回答说，真实的情况恰恰相反，并证明了那群

人是如何的不学无术，以及他们如何犯了所规定的全部七项不可宽恕的罪孽；同时，还是这位艾尔罗尼姆斯长老，针对所罗门长老的论点组织了七条引人注目的论据，并从中得出了有效的结论。

第六十七次会议：涉及艾尔罗尼姆斯长老所作的一篇讲演，这是根据教皇陛下的命令，用一种宣讲故事和温和劝诫的方式讲的。尔后，拉比阿斯特拉克代表全体犹太人发表了一项声明。这项声明中说，他们既不知道如何为所谓的可恶的内容辩护，也不能任意地相信它们；并且全体犹太人都宣称他们完全同意这种回答，只有两位犹太人除外，他们是法雷尔和约瑟夫·阿尔博。

第六十八次会议：出席会议的全体犹太人一方，代表他们所有的犹太人，并以他们所在社区的名义，在圣马提奥（San Mateo）别墅将前面所说的那份声明提交到我们前面提到的这位教皇陛下面前，一如当时的惯例，当时在场的有红衣主教团的那些贵族和罗马教廷的其他成员。在当时，教皇陛下命令，他亲自对《塔木德》做出的判决要当着全体犹太人的面予以公布，同时发布的还有由陛下签署的其他一些有关犹太人的生活方式以及他们同基督徒的关系方面的法令。

第六十九次会议：（宣读了）前一次会议上所提到过的那些法令和判决的标题和内容。

第四次会议

第二天，即前面所提到的那一年的 2 月 10 日，星期五。一开始，由所说的那位艾尔罗尼姆斯长老做开场白。他说，在前面的几次　199

会议上，拉比法雷尔曾说，紧接着关于"六千年"的那篇原文后面有这样一番话，"因为我们所犯的罪孽，已经超过了所预言的日期这么多的年头了，救世主还是没有降临"。艾尔罗尼姆斯长老否定了在《塔木德》的原文里有"救世主还是没有降临"这句话，而拉比法雷尔则一再坚持说有这句话。结果，当着教皇陛下以及他的全体罗马教廷成员的面，这位艾尔罗尼姆斯长老出示了一本《塔木德》，其内容正如艾尔罗尼姆斯长老所一直坚持的一般无二。②

　　然后，为了更加清楚和更为有效地证明救世主已经降临，他引证了《塔木德》中的某一处原文，是出自被称作耶路撒冷《塔木德》中《祝福式》（Berakhot）的"哈亚精典"（Haya qore）那一章：

　　"当时，有一位犹太人正在耕作，他的一头牛哞哞地叫了起来，正好有一位从此路过的阿拉伯人听到了叫声，就对这位犹太人说：'希伯来人，希伯来人的孩子，卸下你的牛吧，别再耕地了，因为你们的圣殿被焚毁了。'后来，那头牛又一次哞哞地叫起来，那位阿拉伯人就说：'希伯来人，希伯来人的孩子，拴上你的牛，再继续耕你的地吧，因为你们的救世主已经降生了。'当时，这位犹太人就问阿拉伯人：'他在哪里？'阿拉伯人回答：'在伯利恒，就是犹大家的那片土地上。'"

　　对这篇原文，拉比阿斯特拉克回答说，这一点儿没错，并且书中也确实是这么写的。为了证明这一点，他还抽出了一张古旧的纸页并举在手中，从这页纸上读出了这样的内容：当时耕作的那位犹太人为了找出谁是救世主的母亲，因而扮成了一个出售儿童鞋子的小贩。然而，他又补充说，这篇故事包含在关于《耶利米哀歌》的评注的内容里面，因此，所指的乃是第一圣殿的焚毁，而不是第二圣殿。

当时，艾尔罗尼姆斯长老提出了一系列的论据来证明这则故事所指的是第二圣殿被焚毁的事件。

然后，还是这位拉比争辩说，救世主确实已经降生，但是却还没有降临。

当时，教皇陛下就质问这位犹太人。他问道："那么他降生以后又一直待在哪里呢？"这位犹太人回答："根据某些人的观点，是在罗马；而按照其他人的说法，是在人间的天堂里。即使那番话字面上似乎指的是救世主已经降临，它里面也还有某些其他的意思。"但是，他又没有补充说明这些其他的意思到底是什么。然而，由于教皇又一再强烈地催促他将其观点表达得更为清楚一些，他才发表了这样的一番主张。他说，犹太人等待的并不是救世主来拯救他们的灵魂，而是他所能带来的肉体上的好时光和富日子，这是因为，即使救世主永远不会降临，他们的灵魂也会获救的。当他由于说出"即使救世主永远不会降临"这句话而理所当然地受到教皇谴责时，他就说这纯粹是为了争辩而假设的一种不可能而已。然后，他又改变了说法，说他刚才的意思是指"即使到世界末日他还未降临的话"。

当问及其他的犹太人，是否拉比阿斯特拉克的答复看起来合适和合理时，拉比马蒂西亚和拉比约瑟·阿尔博以及一些其他的人都说，他的答复一点不错。然后，教皇陛下就据此而得出了结论。后来，托多罗斯长老这位犹太人说，这是一篇用阿拉伯人和

200

犹太农夫捏造的故事，既然它是虚构的，就不应当看作是可靠的，因为在这类故事里，往往只允许说好的一面而不讲坏的一面。拉比阿斯特拉克同意了这种说法，并补充说："就是《圣经》里的话，也只有那些公认的先师们以及拉比胡那（Hyna）和拉比阿西（Asse，即阿什）的评注能看作是权威性的；至于那些布道的内容，还不是谁批评谁算。"

然而，艾尔罗尼姆斯长老动用了许多的论据，竭力主张所提到的引语乃是地地道道的《塔木德》中的原文，属于被犹太人视为绝对可靠的内容，是由拉比胡那和拉比哈西（Hasse）*留传下来的，所有的犹太人不得不相信他们的话。

然后，由教皇陛下进行了概括，对这一命题的真实性做出结论，即救世主既已经来临，也已经降生。然而，所罗门·以撒奇（Solomon Ysach，即所罗门·以撒克）长老③却说，拉比阿斯特拉克的答复是既欠恰当，又不充分，虽然上面的故事是真实而可信的，但它却不能证明救世主已经降生。因为，尽管"nolad"这个词的最主要的意思是"将会降生"，但它还有许多其他的意思，其中之一就是"在想象中怀胎"，在眼下这件事情上就是这样的一种意思。

对此，艾尔罗尼姆斯长老回答说，如果一个词能够在上下文里做出恰当的理解的话，则切忌用一种不恰当的方式来理解。因此，对于"nolad"这个词，尽管它或许在其他的场合有着某种不同的

---

* 应系前面提到的阿西之误。由于长期流传和多次翻译、编写与修订的缘故，一些单词尤其是名字的拼写和读法常常不相一致。希读者注意。——译者

意义，但当它被用到一个人的身上，而这个人的性质又是将要出生时，那么，它就应该指的是"将要出生"，而不会是任何其他的意思。

在这一点上，那位所罗门长老未再出声。

第五十四次会议

星期六，前面所说的那个月也就是 2 月的 17 日，还是前面提到的那位拉比阿斯特拉克继续他的发言如下：

"针对第四点，我的回答是：在艾尔罗尼姆斯长老的结束词中，他并未能举出我方的发言人所提供的全部的论据，这就说明，他只是在一种极为微小的程度上留意了我方的发言。

"首先，我们曾说，这位艾尔罗尼姆斯长老的全部论述以及他的许多证据都是以布道的资料以及有关牛群的叫声这样的故事为根据的，而对于这一类的东西，我们并不是非得看作是可信的。的确，拉比摩西说过：'我根本就不相信这个故事。'我们的哲人说，它们既不属于一种什么都可以据此而得到证明的那种内容的范畴，也不是一个人在争辩中所能反驳的东西，因为它们是通过寓言和隐喻的方式来表达的。

"其次，我们曾说，根据我们口头流传下来的教义，我们坚定地认为，救世主仍然没有降临，这是因为，在整个世界上，至今还不曾有这样的一位人物存在，他能够像预言里所说的那样，将救世主的所有的行为及其作用集于一身。假如在这些布道的资料中发现任何言词是与此有关联的，假如它们与那些预言或是他们自己所宣称的内容相一致，我们会接受它们的；然而，假如它们与这些内容不符的话，那么，就得对它们做比喻性的解释，并且是要用这样的一种方式，即它们绝不能成为我们的信念或是我们的信仰中的一个障碍物。而假如我们不知道如何来解释它们，这是因为对我们来说还缺乏知识，而不是因为我们的信仰中存在任何的缺陷。

"再次，我们曾说，前面所提到的这次艾尔罗尼姆斯长老所引用的所有陈述，均是出自那些坚定地认为并坚决地主张救世主仍未降临的人，并且正是由于这一原因，他们忍受了许多的苦难和牺牲。所以，如果一个极具权威性的人物说：'救世主已经降临但是，我相信他仍然没有降临，并且我甘愿为此忍受或是遭受牺牲，或苦难，或折磨。'那么，毫无疑问，每一个人都会相信他所采取的这些行动；他口头上说'他已经降临'，他的意思是说，如果我们配得上的话，他将很快降临，或是某种其他的如此这般的解释。结果，我们还是要像他们那样，附和并且信奉这些东西，并且用一种同他们的行动相一致的方式来解释他们所写的东西，尤其是，除了说过'救世主的年头是如此长'以及诸如此类的说法之外，他们没有一个人曾明确地说过关于救世主已经降临的话。如果他们已经知道他已然降临了，他们恐怕早就会毫无难色地说：'救世主已经降临了这么多的年头了。'

"又次，还是从这些人的身上，我们通过口头流传下来的教义获得了《摩西律法》及其运用以及关于礼仪的阐释；通过口头流传的方式，我们还可以获知，救世主的状态及其作用是什么。从这些必然可以推知，救世主仍然没有降临。所以，恰如我们并

202

没有对他们关于礼仪的'十诫'的阐释产生怀疑那样，我们也必定不会对救世主的行为产生任何的怀疑，并且对任何同口头流传下来的教义不相一致的东西，我们必须用这样的一种方式来阐释它，从而使它们成为一致的。然而，如果我们不知道怎么做的话，我们也不应当以任何的方式使我们自己脱离或是背离我们的信念或信仰。

"至此，我们已经阐明了我们的绝大部分论据，因此，整个论争似乎可以到此为止了，因而我们也就能够保护自己，不至于再受到来自艾尔罗尼姆斯长老的所有证据或是来自诸如此类的论争的威胁了，同时，也就可以直截了当地说，根据这一切的一切，既得不出也不可能得出任何同我们的信念和信仰相悖的结论。

"因此，尊贵的陛下，如今还是请你们仔细琢磨琢磨，根据所有的这些论据，是否这种论争还具有任何的意义，或者是否还能得出同我们的信念或是信仰相悖的结论。毫无疑问，对我来说，不管用什么样的合乎自然的理智来判定，都似乎是完全不再需要的了。

"再又次，我们对有关'六千年'问题的可靠性的特别答词有着两种阐释，而前面所说的这位艾尔罗尼姆斯长老在他的结束词中仅仅提到了其中之一，并且对这其中之一，他也只是引用了一项论据，尽管我们提供了许多的论据，已经证明这种所谓的权威性典籍是判断性和假定性的，不管你是不是认为，这是权威人物的，还是它的编纂者的，或是其对手的本意。

"说到它的本意，第一，这篇原文只是一种简单的表述，并不是一个预言，也不是先知以利亚说的，它说的是未来以及救世主的赎救。对于这些东西，不管是圣哲们用一种口头流传的方式，还是先知们用一种预言的方式，甚至是天使们用一种赞美的方式，它们总是某种隐匿而神秘的东西。埃及的拉比摩西曾在他的一本叫作《论法官》［*Shoffrim（Shofetim）*］④的书中说过，'关于救世主的事实，在它们发生之前，没有人可能知道所有的这些事情到底是怎么样的，聪明人是不会用传统的东西来臆测的'，等等。

　　203　　　"所以，从这种本意可以推知，原文所用的是一种判断或推测的口气，并非说是确定无疑的。

　　"第二，通过先师'由于我们的罪孽'等这些话（如这位先生本人所述）来看，显而易见，并不存在必然以这种方式而不是以另外的某种方式发生的必要性。因此，很显然，他是以一种判断的口气说这番话的，故而他说：'由于我们的罪孽深重，该发生的事情都已经发生了，然而，大卫的儿子仍然没有降临。'然而，假如他是用必然、确定的口气说这番话的话，他就必定会说：'由于我们的罪孽深重，救世主已经在某天某日降临了，只是我们没能辨认出他而已。'

　　"第三，编辑者拉巴西（Rabasse，即拉弗阿什）是一位发言人或是权威性的编纂者，他对那番有关朱比力的话的评注是这样的：'从那时起，开始期待他（的降临）。'由此看来，似乎他并不把前面一种说法看作是必然的；因为若是他视为必然的话，他怎么会说'期待他'呢？——如果他已经在二百年之前就已经降临了的话。

　　"这也就是说，他相信并支持救世主仍然没有降临的观点。

"第四，关于对立的意见：第一位提到朱比力的权威便是与他对立的，并且还有许多其他的人。在同样一本书中的《法庭篇》里，阿比尼（Abini）解释说：'对以色列人来说，救世主的时代一如自从创世之初直至现在的时代。'拉比纳曼说：'一如自从诺亚时代直至现在。'同这一观点相矛盾的说法还有许多许多。

"因此，根据这些论据可以推知，这篇原文只不过是一种臆测而已。

"此外，令我感到强烈的惊奇而震撼不已的是，一个人居然根据这么一篇原文就能证明救世主已经降临。因此，为举例起见，我认为，如果一个人要说，'十二个月是一年，春天有三个月，夏天有三个月，秋天有三个月，冬天的天数也是三个月'，根据常识，这里的冬季不像其他的季节那样确定是毫无疑问的，因为他并没有像说'春天有三个月'那样，也说'冬天有三个月'，但是，若是使用恰当和正确的判断的话，看起来这些天数必定还是组成冬天的那些天数，除非是使用某些能够使得这段时间变暖的行星或星座上的标准，才会对此产生疑问。同样地，这位先生所说的事情也是如此。他说，'还有两千年的时间，就是救世主的日子（时代）了'，而不是说'救世主的两千年'，正如他说'两千年的混沌'一样，似乎说的也是这个（两千年的）时代，若使用恰当和正确的判断，必定就是救世主的时代的年数，除非是由于罪孽阻止了它，才会产生疑问，就像他说的，'由于我们的罪孽'，等等。

"因此，从这一点来看，显而易见，依然无法像确定在第二个两千年的一开始时传授《摩西律法》那种办法来确定救世主已经降临；故而不应当说，据此就能证明救世主已经降临了。"

　　对如上的这些由同一位拉比阿斯特拉克宣读的内容，那位艾尔罗尼姆斯长老用如下的方式进行了答复：

　　"关于第四点，其中该拉比不遗余力地反对本人在前面所提出的论据。我要说的是，假如对包罗在他针对该点所提供的书面材料中的漫无边际的内容做一番真正的并且是仔细的考察的话，他的攻击可以分为两个部分：第一部分，即他要极力断言，对于犹太人在前面的那些会议上所提出或是宣读的四项一般的和普遍适用的论据，我没有做出答复。

　　"第二个部分，就是犹太人对'两千年'的可靠性所一直坚持的阐释方式，他力图要说明，我并未对此提出恰当的反对意见。

　　"关于前面所提到的，也就是该拉比说我没有做出答复的那四项论据的第一部分，他说犹太教一方业已声明，他们并没有义务对我所引用的《塔木德》中的可靠内容出示凭证，因为它们只是一些故事和一些布道的材料，在希伯来语里就是称作'*hagadoth*'（哈嘎嗒）。为了证实这一点，他引用了埃及的拉比摩西和杰罗那的拉比两位摩西⑤的话。

　　"我几乎是立即对这一论据做出了答复，我说，根据符合一般性准则的论争次序（尽管上述的那些犹太人，特别是这位拉比竭力要证明，根据所述的权威典籍，无法得出我的结论），在我们说明他们有义务在前面所说的权威典籍上表明诚意之前，首先他们必须决定，承认或接受这个问题，这是我在前面的那些会议上的一贯的态度。

"然而，为了尊重他们的程序，我就不深究了。而在进行另外的内容之前，敬领天恩佑助，我要说明的是，该拉比所说的话是如何难以阐明这个问题的，而犹太人则必须并且有义务在前面所说的权威典籍上表明诚意，就同对待先知们的话一样，或者还要更加虔诚一些。

"这样，对所有的人来说，就可以清楚地理解我想要在这个 205 问题上所陈述的内容了。你们应该知道，这部在犹太人中称之为《塔木德》的教义是如何生根发芽的。当时，那个名为'法利赛派'的拉比部落或社会，就像大家清楚地看到的那样，在第二圣殿时期，由于不祥的命运，或者不如说是冥顽不化使然，并没有承认当时就已经降临的真正的救世主，反而对他怀有毫无理由的憎恨，全然不顾他们亲眼看见的那每日每时都在以他的名义所创造的种种伟大奇迹。在希伯来文的书籍里，许许多多的地方都写得清清楚楚，这种憎恨实际上就是圣殿被焚毁和他们被囚禁的原因。在这些书中，每每问及什么是被囚禁的原因，回答都是：除了'无缘无故'的憎恨还会是什么呢？然而，由于你们顽固地坚持你们的错误，竟声称之所以这么说，是因为在你们中间相互怀有的憎恨，而这种憎恨足以使你们遭受这样的一种残酷的囚禁，并且使你们在如此漫长的时间内身陷囹圄或镣铐加身。但是，更为真实并且更为肯定的一个原因却是如上所述的那种憎恨。

"当时，当上述的那些拉比们目睹了救世主被钉上了十字架，并且已经死去之后，便认为从此以后再也不会有人提到他，或是他的教义了。后来，他们看到，通过他的众门徒的传教活动，使他的教义在世界的每一个角落得到了空前的普及；他们也看到，他们是如何来阐释《摩西律法》和奉行诸如在今天的教堂里仍在采用的仪式的那些教规的。而继之而来的是他们自己所一度奉行的那些礼仪已经被废除掉了，他们便试图在他们的文献中改写和补充这些礼仪。这部手稿，他们称之为《米西那》，和所谓'第二律法'毫无二致，并制造出上帝把这里面的全部内容都以口头的方式授给了摩西的谣言。

"人们还看到，天主教正在不断壮大，日益强盛，并且已经到了这样的一种程度，全世界绝大部分的犹太人，以及整个罗马帝国，甚至连帝国之母海伦娜（Helena）和来自意大利全国各地的异教徒都皈依了这个天主教；也就是说，已经到了这样的一种程度，他们几乎已经统治了全世界的绝大部分地区，而原来只是很小的一点。那位神圣的杰罗米（Jerome），以他那超乎寻常的勤奋，秉承着上帝的佑助，搜集了世界各地的各种各样的《圣经》抄本，并将它们从迦勒底语和希伯来语翻译成了拉丁文。而在当时，上述的那些拉比们正在仔细琢磨的却全是这样的一些事情：这些东西都已经遗失了，恐怕连他们自己的教义也要失去了。因此，他们就产生了认为原先所制定的教义不够充分的想法，所以，就由他们自己胡编乱造地另外改写了或者说是补充了另一部教义。这本教义与原来的那本混杂在一起，显得非常地啰啰唆唆、不伦不类，这就是在犹太人中间广为流传的《塔木德》。在这部书里，他们用自己所遵循的方式解释了全部其他的礼仪习俗，逐条逐句地，或者说是史无前例地事无巨细，凡是他们所知道的、他们的祖先从天启里获得的许多内容都写了进去。他们还

206

写进了许多令人作呕的内容，这些内容大都邪恶不堪，难以启齿，它们都是针对真正的神圣宗教的，也是针对我主，救世主耶稣基督的；还有很多很多的亵渎神明而又愚蠢至极的言词以及其他许多的内容，都是违背了《摩西律法》和自然法则的；诸多令人作呕而且污秽不堪的内容，直至闻之生厌的名字，千奇百怪，不一而足。归根结底，所有这一切所作所为的原因，无非是他们看到新福音派（Evangelical）*教义的日益深入人心和空前普及的缘故。

"对此，你们以拥有埃及的拉比摩西的权威性自居，因为在《知识篇》（*Madd'a*）的导论中⑥，他说，为什么将口头的律法写成了文字，是由于他们看到了一个邪恶的王国正在蔓延或扩展并且在全世界日益壮大。

"因而，为了使那些伟大的权威典籍保留在所说的这些卷册之中，他们便采用了这样一种计策，说上帝所授予的不仅仅是《摩西五经》，而且还赐给了他们另外的一部像《塔木德》这样的口头律法。因此，他们赋予这部《塔木德》以如此巨大的权威性，以至于他们说这本书所包含的内容甚至比《摩西律法》中所写的内容具有更重的分量和更大的效力。

"所以，关于《塔木德》这本书，他们说，那些创作和编纂它的先师们所说的话，要比书面律法中的那些文字更具有效力。⑦根据他们所作的这种假设，他们赋予出自上帝本人之口的律法较之《摩西律法》这种书面的律法以更大的信任和权威性这种做法，

---

* 指基督教。——译者

当然就是正确无比的了。这是因为，若是教皇陛下先给了我一篇
书面的指示，而同时他又亲口或是用口头的方式给了我另一番指
示，应当承认，我会毫无疑问地遵从他的每一项指示，然而，我
同时也将正确无误或是无可指责地认为，他亲口或以口头的方式
授予我的那条指示要比以书面形式给我的指示具有一种更重的分
量和更大的效力。

"那么，可以推知，凡是相信《塔木德》是口头律法的人，
对它必然要比对《摩西律法》信任得多了。

"然而，拉比们会说：'这仅包括这部被称为《塔木德》的
经书或是法典中关于各种诫律的说明那一部分，以及哪一类的礼
仪习俗是必须遵守的那一部分内容而已。因为那是些由摩西通过
口头的方式流传下来的教义，并且被称作口头律法的独此一份，
也是除了《摩西律法》之外，一个犹太人不得不信奉的唯一的东西。
然而，布道和故事方面的内容都被称为'*haggadot*'（哈嘎嗒），
而你在前面引用的所有原文都是属于这方面的内容，而不是属于
口头律法的内容，并且它们也不是通过摩西口头流传下来的神授
教义，更不是摩西传给我们的。因此，我们并没有义务非得要相
信它们。'

"我的回答是：非也。我要用各种不同的原文来证明这一点：
第一个是出自《法庭篇》，其中讲到，究竟是谁说在西奈山巅，
全部的律法要授给或已经授给了摩西呢，只有那本被称为《塔木德》
的书里用来详细阐释律法的十三条注释原理之一中说到过。他是
这样说的，在律法上来讲，谁蔑视了上帝的律法，谁的灵魂就将
要被打入地狱。⑧

"此外，埃及的拉比摩西在那本名为《论法官》的书中第 3 章关于叛教者的律法中说的是同样的话：'无论是谁，只要他不信奉口传律法，他就不只是一个反叛者，而且是一个异教徒，凡是杀死他的人会得到奖赏。'⑨

"毋庸置疑，在这一类事情上，既然规定了如此之重的刑罚，如果事出偶然，任何一篇经文不得不避其锋芒的话，那么，可以想象，这些先师们在编纂的过程中就必须公开表明这一点。但是，由于他们没有什么东西需要避开它，看来所说的这种严重性，其意思也就不过如此了。我们可以进一步地说，当拉比摩西说，'一个人，要么不信奉口传律法，要么信奉口传律法'时，他所说的话以及强加的这种如此之重的刑罚倒像是针对'哈嘎嗒'方面的内容而不是其余的内容而言的。'信仰'主要地同谈及'哈嘎嗒'有关，因为它们是一些布道方面的内容，是关于神性的问题和救世主及其复活以及创造世界的诸多事实，是关于地狱与天堂之类的一些东西。因为，我认为，就《塔木德》中的其他那些你们觉得更为可信的内容，例如案件诉讼、民事与刑事案件审判和遵从礼仪习俗之类而言，谈论'信奉'它们是不恰当的，倒不如说是遵守或是实行更合适一些。然而，信仰却是用在涉及信念和天启一类事情上更为恰当，而不是实践方面的东西。

"所以从这一点来看，显而易见，《塔木德》中所有的话都只能算是口传律法。

"但是，这样，就可以使这一点更加清楚明了了；这样，我也就能剥去你们虚假的伪装，或者说你们曾一度用来掩饰或竭力用

208　来掩饰自身面目的面纱。这并不是因为每一个犹太人都真正专擅此道，不是的。你们对《塔木德》中每一个词的特殊意义都充满了忠诚，但是，当你们无法找到任何其他的借口时，你们就试图用这一点来为自己开脱——因此，我将向你们出示 *Medras Cohellet*（*Midrash Qohelet*）中的一篇权威性的记述，那就是关于《传道书》的道德方面的评论，是利未的儿子拉比约书亚所作的一番陈述。他是历史上最为年高德劭而且最具权威性的人物之一。这部权威典籍是有关所罗门的那段原文的，其中说，《传道书》之一：'任何一个人都不能说，看吧，这是新生的事物，因为它可能在你之前的几代人中早已经有过先例了。'

　　"《申命记》（9：10）中写道：'耶和华把那两块石版交给我，是神用指头写的。版上所写的，是照耶和华在大会的日子，在山上从火中对你们所说的一切话。'利未的儿子拉比约书亚说：'不用"在上面"，用的却是"并且在上面"；不用"所有的"，而是用的"所根据的都是"；不用"话"，却用的是"这些话"；不用"诫律"，而用的却是"所有的诫律"。这就说明，《圣经》和《米西那》《塔木德》中的结论，以及那些增补、故事和布道的内容，加上每一位伟大的先师在当时所教授的所有东西和每一位有威望的门徒在他的老师面前所背诵的东西，也就是所有的这一切，都在西奈山巅告诉并授给了摩西。'⑩

　　"请看，很显然，你们的这位先师表示了一种明确的观点，即你们所否认的正是由上帝通过口授传给摩西，然后又由摩西用口授的方式传给了你们的那些东西。

　　"由此，我得出如下的论证：

"凡是拉比们说的话都是口传律法。

"至于我所引用的'哈嘎嗒'的内容，它们乃是出自拉比们之口。

"所以，'哈嘎嗒'是口传律法。

"大前提通过拉比约书亚而获得证明，而小前提在书中是显而易见的。因此，结论成立。

"既然已经证明了'哈嘎嗒'的内容是口传律法，我可以再做另一个三段推理如下：

"一个犹太人必须要遵守并信奉所有的口传律法，包括它的所有的内容。

"而'哈嘎嗒'是口传律法。

"所以，一个犹太人必须信奉并且遵守'哈嘎嗒'。

"大前提由上面所引用的《塔木德》中的段落以及通过拉比摩西的话而得到证明，小前提则由本人做了充分证明。因此，结论必然成立。也就是说，对于我所引用的'哈嘎嗒'方面的内容，你们是必须信奉和遵守的。

"他们对《塔木德》的崇拜已经达到了这样的程度，以至于他们不仅想要使得它同称作《摩西律法》的《圣经》内容等同起来，而且他们甚至想要顽固地坚持说它拥有比《圣经》更高的神圣不可侵犯性和更强的效力。凡是违背它的人就要遭到加重的刑罚。

"《塔木德》在《中间一道门》（Bava Metsi'a）一篇中在以'Hellu Meciho'（'elu metsi'oth）开始的那一章里曾说，与尊敬一位父亲相比，尊敬一位老师是一种更高的义务。拉比所罗门（拉什）声称，这里所指的是一位曾教授过他《塔木德》或是有关《塔木德》方面的知识的老师，而不是教授过他《圣经》的老师。

　　"另外，在《法庭篇》一篇中以'Bencorer'（Ben sorer）作为开始的那一章中也说，一个否定了《律法书》中任何内容的人并不该受死，而一个否定《塔木德》中哪怕是一点儿内容的人则是该死的。⑪

　　"由此可以引申得出，一旦你否定了你们的《塔木德》中的权威性段落，你也就犯下了或是惹上了滔天大罪，你就应当受到加重的刑罚。

　　"关于你们必须信奉布道的内容和《塔木德》中的'哈嘎嗒'部分这一点，已经不仅得到了前面所述及的权威典籍和论据的证明，而且也在你们的犹太教圣堂里所做的很多祈祷以及你们犹太人所遵从的形形色色礼仪的实践活动中获得了证实。这是因为，这一切都是以《塔木德》中'哈嘎嗒'方面的内容作为根据的，这一点可以非常简单地得到证明。因为不言而喻，那些祈祷词作为依据的权威典籍必须要格外的正义和圣洁。试想，除非这些祈祷词是正确有效并且是权威可信的，谁会来编写它们呢？

　　"那么，首先，有这样一篇'哈嘎嗒'，其中说以利亚本人就是大祭司亚伦（Aron）的侄子非尼哈（Phinehas）。这一主张只是基于他们彼此之间头衔上的一种类似。因为非尼哈处于摩西时代，而以利亚则是犹大国王亚哈（Ahab）时代的人。然而，就是因为这篇'哈嘎嗒'，就产生了一篇祈祷词，是在安息日结束时念诵的，并且它是伴随着点亮灯烛开始。这篇祈祷词在犹太人中通常称作'哈弗达拉'（Havdalah）祈祷。在这篇祈祷词中，他们向上帝祈祷这位实际上就是非尼哈的以利亚，同大卫的儿子即救世主一起尽快降临。⑫

　　"其次，在赎罪日，也就是请求宽恕的那天，他们视之为一年中最为神圣的一天。在犹太人吟诵的第一篇祈祷词里，他们要说上这么一段，其中要提到《法庭篇》中的某一段'哈嘎嗒'，也就是以'Cohen Gadol'作为开始的那一章，其中是这样说的：在子宫里形成一个胚胎之前四十天，听到了一个启示或天国的声音。这个声音说，'这样的一个女儿是为这样的一个人而生的'。

　　"再次，还是在同一天，在他们所说的那段祈祷词中提到了《誓约》中的某一段'哈嘎嗒'，在以'Arbaha Nedarim'开头的那一章中说，亚伯拉罕在三岁的时候，就同上帝认识了。 210

　　"在犹太人的圣堂内所说的这些段落与祈祷词是以《塔木德》本身的'哈嘎嗒'内容作为根据的，一个人可以从中演绎出许多另外的东西。实际上，不光是祈祷词，并且有许多的礼仪习俗也是以'哈嘎嗒'方面的内容为依据的。

　　"譬如，《塔木德》的《以斯帖古卷》一篇中是这样说的，当哈曼的十个儿子被绞死时，他们的灵魂刹那间就脱离了他们的肉体。正是根据这篇'哈嘎嗒'，在犹太人的圣堂里就有了这样一种礼仪：在普珥节（Purim）*那天，拉比们要诵读有关

---

　　*　又称命运节，是一个犹太节日，为纪念以色列人由于以斯帖王后的勇敢和机智，挫败波斯宰相哈曼企图把波斯全境的犹太人斩尽杀绝的阴谋而设。时间为犹太历亚达月十四、十五日两天，其间犹太圣堂要举行特别仪式，诵读《以斯帖记》。每当哈曼的名字被提及，参加仪式的孩子都要用竹条或棘轮发出"啪啪"声，以示对他的谴责。该节期还举行各种各样的庆祝活动，故亦有人称之为犹太人的"狂欢节"。——译者

以斯帖的故事，当读到出现哈曼的十个儿子名字的段落时，这一长串名字里有二十一个元音字母，那位正在诵读的拉比必须要将这全部二十一个元音字母当众背诵出来，并且还要一口气说完它，不管是长吸一口气也好，或是屏住或憋住一口气也好，只要不是在中间重复或停顿或吸气弱读或是呼吸就行，也不能有任何的换气停顿。可是，如果他没有这样做，他们就让该诵读者从头重新开始。当然，当时的情况下，是没有哪位犹太人敢说'这不是律法，我不相信这篇"哈嘎嗒"的'。因为，如果有谁说了这样的话，他们就会把他看作一个异教徒，并且他会因此而被处以死刑。但是，今天在场的这些拉比，当着我们的面一遍又一遍地否定《塔木德》的权威性，只是由于这些东西并不能有助于支持他们的错误，所以他们至今仍然没有受到任何的惩罚。

　　"在《塔木德》中，还有另一篇'哈嘎嗒'，其中说上帝曾经命令以利亚，无论在什么时候为任何一位犹太人施行割礼，这位以利亚都应该到场。

　　"按照这篇'哈嘎嗒'，仪式自然要以这样的方式来进行：首先得准备两把椅子，当然，一把在右首，那是以利亚要坐的，并且这把椅子要用白色的布幔和丝绸做一番豪华的装饰。一位长者坐在左首，把孩子仰放在膝头上以备施行割礼。

　　"与此类似，可以为你们举出许许多多这样的礼仪。

　　"因此，那些将如此强大的威力与效力归诸《塔木德》中的'哈嘎嗒'部分的人们，并且在祈祷词中和在礼仪习俗方面历来都是如此，他们怎么能在这样的一种重要而又盛大的集会上或场合里丝毫不感到害怕或是担忧，而对其厚着脸皮予以全盘拒绝和一概否定呢？⑬

　　"如果至圣的教皇陛下（因为他的职责就是要使每一个人遵奉他的宗教和信仰），毫不容情地将上述的这些拉比们作为他们自己宗教和信仰的异教徒和叛教者，作为曾经教授与正在教授虚假教义的家伙予以强烈谴责，并作为严重失职者强迫他们服从死亡的惩罚，那么，这样做将的的确确是高尚而公正的。到此为止，都是针对第一个论证的。

　　"关于第二个论证，据他们说，是由他们提出的并且我没有回答。这个论证就是：犹太人根据口头流传下来的教义，坚定地坚持救世主仍然没有降临，并且这只是因为，在当今世界上，还从来没有任何一个人能将预言所表述过的救世主的所有作用及其所有行为集于一身。据此他们就意欲做出结论，说即便用《塔木德》中的引语可以说明救世主已经降生，也只是一种比喻性的解释，是为了使它们同那些预言之间不发生矛盾。

　　"对此，我的回答是这样的：显而易见，这位拉比并没有仔细地好好研究一下前面那些会议记录的内容。因为，若是他曾细心地查阅过的话，他就不会说我未对这项论证做出过充分的回答了。的确，我要说的是，根据上述会议记录中的清晰记述，他们曾给过我一页纸。在这页纸上，为了说明他们所说的救世主将会完成的所有行为，他们把所能提出的全部预言都一字不漏地列在了上面，其意图无非是为了要据此断言，这些行为时至今日还没有履行过罢了。根据上述会议记录中的记述，我对此已经详细地做出了答复。因为在他们星期二即5月17日给我的那张纸上所写的论据中，他

211

们规定了在《圣经》里救世主所必须具备的六项条件。

"其中第一项：在对犹太人的囚禁结束之后，他应当将他们在'应许之地'上集聚起来，并在那里生活。

"第二项：当'囚禁'生活结束后，应当有奇迹发生。

"第三项：圣殿和耶路撒冷应当得到真正意义上的重建。

"第四项：在救世主的时代，于古代形成的动物牲祭以及诸如此类的那些《摩西律法》中的礼仪习俗应当必须得到遵守。

"第五项：救世主应当统治整个世界。

"第六项：在救世主时代，应当发动高哥人（Gog）同玛高哥人（Magog）之间的战争并结束它。

"为了证明这六项条件，你们审慎地从《圣经》中引用了那些你们竭尽全力所能找到的尽可能多的原文。这些原文有些是有关系的，有些则没有关系。

"在此之后，在当月的 29 日，我开始对这个问题进行答复，从而用我的话清楚地解释了你们在前面所引用的某些原文是如何谈到救世主的时代这个问题的，而有些则没有，并且那些确实涉及救世主时代的内容也已经随着我们的救世主耶稣基督的降临而履行过了，就是你们将之归诸或赋予救世主的所有的那些行为。

"首先，关于将失散的子民在'应许之（土）地'上集聚起来，以及重建圣殿的问题。如果'土地'和'耶路撒冷'这些词都是按照它们在涉及这一方面内容的预言中本来的和真正的含义来理解和接受的话，我已经不厌其烦地通过古代研究《塔木德》的那些拉比们的格言证明过了，也就是说，它们在预言里的含义必须要像按神圣的正统宗教所接受的同一意义上来理解。

"其次，我同样已经向你们证明过，随着他的降临，那些在当时所惯常遵守的古代律法中的礼仪习俗将会发生某些变化，并且动物牲祭也将不再继续使用。我还不无充分地通过真实原文清楚地证明，在救世主时代，上帝所能接受的真正祭品必将仅仅只有面包和酒而已。

"再次，我还已经证明，由以赛亚以及其他人对救世主时代所预言的所有奇迹，都随着我们的救主耶稣基督的降临而实现了。所有的这些内容已经最大限度地包含在前面的会议记录里了，所以，对它们再做任何的重复都是显得多余的。

"此外，你们曾引证过许多其他的预言，正如你们所断言，它们是应当在救世主的时代实现的。这些预言，多数是在《申命记》的第30章，有些是在《以西结书》的第28章、第37章和第39章，以及《耶利米书》的第16章，《弥迦书》的第7章，《以赛亚书》的第11章、第49章和第52章。这就说明，所有上面说的那些预言都清楚地显示，在世界的每一个角落，期望中的'从流放地归来'事件必将发生，人们能够回归到自己的家园，并且实现重建和安居乐业，一切都将同过去一样，甚至比过去更好。

"对于这些原文，我的回答是：前面所说的所有的原文都不能理解为救世主的时代，但是，这些预言都全部真正地，并且事实上在巴比伦大流放以及其回归家园的过程中得以实现了；并且在当时，他们曾得以集聚起来，他们不光来自巴比伦，而且来自于波斯、米底亚、亚细亚和埃及的各个地方和各种宗教；然后，所有这些早先宣布过的预言中的全部善事才得以实现。这一点，我已经通过难以计数的预言予以证实，而其中之一就是出自《耶利米书》第29章。是这样说的：'因而主说：当在巴比伦的70年完成之后，我就会来造访你，用我的正义的精神唤醒你，并且带领你回到原来那个地方。因为我觉得，主说，我知道你的思想，那是和平的思想，而不是苦恼的思想。'

　　"尤其是在第42章里，这位拉比以同样的风格说：'我将建设你，而不是毁灭你；我会栽培你，而不会把你拔掉；因为我曾经将邪恶加在你身上，早就已经满足了。'

　　"另外，在第11章里，以赛亚又说：'主将会在那一天再一次伸出"他的"手来，第二次来挽救"他的"子民中剩下的人。'

　　"因此，我可以更加进一步地向你们证实这个问题的真实性；我还要清楚地向你们证明，你们不用再去期望什么救世主了，并且所有上面提到过的预言都已经过时了。我曾经很明白地通过《塔木德》的权威性向你们证明，希伯来人从来也没有曾拥有过那片土地超过两次，这一点已由那篇题为《转房婚》中的一段原文所证实；另外，在《论创世》（*Seder Olam*）中也有一段，其大意是：'一位拉比问道：以色列人可能会在将来第三次拥有这片土地吗？他回答说，不会，因为《圣经》在《申命记》的第30章里说过，"主将引导你们进入你们的祖先曾经拥有过的那片土地，你们将会再次拥有它"（v.5）。因为《圣经》里指定了拥有两次，这就说明他们会第一次和第二次拥有，但却绝不会有第三次（b Yev.，82；*Seder Olam*，30）。'

　　"当时，在对这个问题作答时，你们说，这个句子是同另一个关于以色列土地上的第一次收获的句子相接的，所以这个句子

213

本身并不能成为一个独立的句子。我对此的回答是：它本身的确
是一个独立的句子，因为尽管在《转房婚》里有这样一个关于第
一次收获的句子，然而，在那本名为《论创世》的书中，这却是
一个完整的句子，并没有同其他的事物掺杂在一块。因此，显而
易见，在救世主的时代，你们是不会返回上面所说的那片土地并
拥有它的。⑭

　　"据此必然会得出，你们在这次论争中所引证的那些预言，
在第二圣殿时期，也就是当他们从巴比伦大流放中被带回来的时
候，是完全彻底地实现了。

　　"然后，你们又回过头来重新制造了一个论据，说我的论据是
站不住脚的，因为先知们的预言指的是以色列人这个整体，而在
第二圣殿这个昌盛时期，却仅仅涉及那些从巴比伦大流放中被带
回来的人，也就是那些属于犹大部落的人，并不是所有的以色列人。 214

　　"不过，由于对这一点感到满意，我就说，在《尼希米记》
的第 7 章中说：'祭司们和利未人以及所有的以色列人在他们的
国土上安居乐业。'因为这里说的是'所有的以色列人'，它的
意思是全体，没有任何人被排除在外。由此可以推知，曾对所有
以色列人允诺过的所有的好处和幸运都已经兑现了。

　　"在这一切都了结之后，你们又说，你们不知道还有什么可
说的了。在前面的会议记录中，无论是详察还是概览，这一点
都是一目了然的，对此，任何进一步的详述或简言都是多余的。
然而，为了在这件事情上让你们理解得更深刻一些，观察得更
清楚一些，我要向你们表明，即使像你们所说的那样，第二圣殿
所带来的好处仅仅适用于犹大的部落，然而，那些预言指的却

是所有的以色列人。为此，我向你们引证一篇原文，它说的是同一件事情，并且是一字不差。这本书叫作《米德拉什》，也就是关于《诗篇》中第七十六首诗的布道内容，其中说，'上帝为犹大部落所知，而他的名字在以色列人中间崇高无比'（v.2）。于是，拉比们这样来注释：当我们的主仁慈地对待犹大部落的时候，就恰如仁慈地对待所有的以色列人一样，因为所有的以色列人都用犹大这个名字来称呼。这里的意思是说，以色列人总是起一个四重名字：雅各、以色列、以法莲和犹大。

　　"因此，十分明显，当所说的那些预言中所提到的好处发生在犹大身上时，那些预言也就充分地实现了。

　　"请看，这些拉比们的错误真是一览无余呀，也就用不着我一再重复来'供大家嘲笑'（pillory）⑮了，因为在前面举行的会议上业已非常充分地指明和证实过了。从这位拉比在其第四项论证中的言词和他在此点的第二主要部分中的主张，以及他所引用的埃及的拉比摩西的引文来看，似乎就越发没有重复它的必要了。

　　"最为明显不过的是这位拉比的视而不见和自相矛盾。因为，他在一开头就曾两次断言，救世主的某些行为和作用是在预言中表述过的，但是，确实还有一些其他的行为，是通过从那些获得了《摩西律法》及其阐释的人们口头流传下来的教义而了解到的。然而，在第二部分里，他又引证这位拉比摩西的话，宣称在救世主的那些行为发生之前，谁也不清楚它们到底如何，或将会如何，因为它们都是深藏不露的。⑯说得好！那么，我倒要请教，也让大家来看一看，这其中的矛盾是多么明显：先是声称救世主仍然没有降临，是因为根据先知们的宣告，他要完成的那些行为并没有实现或履行；而然后又断言，这些行为是如此隐秘，以至于在它们履行或实现之前，没有人能够知道它们到底是些什么。请往下听吧，还有更精彩的在后面呢。"

（第五十四次会议到此结束。）

注　释

绪　论

① 大约 1090 年，在一位不知名的犹太学者和吉尔伯特·克里斯平（Gilbert Crispin）之间发生了一场很有意思的辩论。这是当着几位朋友的面进行的一次对话，而不像是一场公开的论争。参见《吉尔伯特·克里斯平关于犹太教与基督教的论争》（*Gisleberti Crispini Disputatio Judei et Christiani*），博鲁门克朗茨（B. Blumencranz）编，1956 年，乌德勒支。发生于布尔戈斯（1375 年）、阿维拉（1375 年）、潘普洛纳（1373 年）和格兰纳达（约 1430 年）的诸次公开论争的简要细节备考。

1　巴黎论争（1240 年）

① 参见 Grayzel, 1966, p.339。
② Grayzel, 1966, p.241 注释 96。
③ 参见 Rosenthal, 1956-57, p.146 注释 4。
④ 在任何时期，把所谓"审查制度"加之于《塔木德》实际上是一种用词不当，因为审查制度只适用于这样的书籍，它一旦通过了审查，对信徒来说就是已被认可和允准的。《塔木德》一直是一部明令禁止的书，甚至当它删节之后情形依然如此。第一次这样的删节出现于巴塞罗那论争之后的 1263 年，当时是根据阿拉贡王国的詹姆斯一世的命令进行的。在 15 世纪，虽然对该书一再进行删节，但《塔木德》还是难逃被焚毁的厄运。16 世纪早期的所谓"法典大战"，说的就是这一争端，约翰·帕

费弗康（Johann Pfeffercorn）主张要彻底查禁《塔木德》，而约翰·卢赫林（Johann Reuchlin）则竭力维护《塔木德》，甚至不让修订。在某些地区，对《塔木德》以及其他犹太书籍的删节甚至一直持续到 20世纪，其中最具有代表性的就是沙皇俄国。

⑤ 参见 Rabbinowitz, 1867~1876。

⑥ 参见 Loeb, 1888, 第 86 页以下的部分，其中讲述了这一论证的演变过程。

⑦ Katz, 1961, 第 3 章。

⑧ 同上书，第 10 章。

⑨ 还是在当时之前不久的 1236 年，在普瓦捷（Poitiers）和安茹（Anjou）发生了一场由十字军发动的对犹太人的大屠杀。这次大屠杀受到了教皇格利高里九世的谴责。

⑩ Aquinas, *Summa Contra Gentiles*（《反异教大全》），第 2 章 25 节。在现代神学家中，只有费尔拜恩（A. M. Fairbairn）、魏斯（C. H. Weisse）、罗茨（H. Lotze）和里奇尔（A. Ritschl）曾试图修改他的教义。

⑪ 这个故事并不包括在希伯来文的记述之内，但却是属于三十五项指控的内容，论争的整个过程便是以这些指控为根据的，并且这个故事也在基督教一方的记述中清晰地提到过［“犹大长老的供词”（3），参见本书第 167 页］。

⑫ Loeb, 1888, p.255。

2　巴塞罗那论争（1263 年）

① 然而，其后果之一就是詹姆斯一世在 1263 年命令删节《塔木德》。再就是在 1267 年，教皇克莱门特四世严令毁灭《塔木德》。

② 在《信念之剑》中所引用的《米德拉什》内容真实性的辩护人是布里埃–纳博讷（J. J. Brierre-Nerbonne, 1939）和扫罗·利伯曼（Saul Lieberman, 1939）。持对立观点的是贝尔（1942）。

③ 巴勒斯坦《塔木德》（j Pe'ah, 2: 6, 17a）中说：“从‘阿嘎嗒’的内容中得不出什么‘哈拉哈’方面的东西。”加昂哈伊（Hai Gaon, *Urazr ha-Geonim*, Hagigah, 59~60）则认为：“每个人都可以用他自己

认为合适的方式来解释它们。"在《塔木德》中，存在着某些强烈的反"阿嘎嗒"的论述，如拉比泽拉（R. Zeira）（j Ma'as., 3：9, 51a）说，"反过来复过去，什么也没有表达出来"；拉比约书亚·本·利未（R.Joshua ben Levi）也说（j Shabb., 16：1, 15c）："在未来的世界上，将它写下来的人是没份儿的，宣讲它的人要被逐出教会，而聆听它的人也得不到任何报偿。"

④ Talmage, 1975。

⑤ Loeb, 1887。

⑥ 波纳斯特拉格（Bonastrug）或阿斯特拉格（Astrug）以及阿斯特里希（Astruch）等，均是法国南部和西班牙东部的犹太人中间一个常用的名字，并且阿斯特拉克（Astruc）至今仍然是法国犹太人的一个常用的姓氏。它就相当于希伯来文中的 *mazal* 或者 *mazal tov*，意思是"好运"。从一份文件［Denifle, 1887, document 8］上已经弄清，这是纳曼尼德的一个交替使用的名字。不过，这里存在着一定的复杂性，另外的三个文件［Regné, 1910~1919, nos. 262, 315, 316］中提到了一位阿斯特拉格·德·波塔（Astrug de Porta），"他在争吵（disputando）时曾讲过一些侮辱耶稣基督的话"。这位阿斯特拉格·德·波塔看起来好像是一位富有的地主，即本温尼斯特·德·波塔（Benveniste de Porta）的兄弟，并且是詹姆斯国王的一位高级官员（执行官，或称为贝勒 *bayle*）。科恩（Cohen, 1964, p.190）所持的观点是，这个人与纳曼尼德是同一个人，但是，所有其他的人都认为，他是另外不同的一个人（参见 Roth, 1950, p.142）。这个人曾被课以大笔的罚金并且还被流放过，不过后来又被撤销了。

⑦ 关于纳曼尼德在理性主义与反理性主义之间精细地保持平衡的立场这一点，可以在早先的 1232 年反迈蒙尼德主义者发生争吵时，他写给法兰西的拉比们的信中看到（Chavel, 1963, 第 1 卷，第 2 封信），其中，纳曼尼德显示了对理性主义者和传统主义者双方的同情。格拉伊茨（Graetz）将纳曼尼德的态度过于简单化地说成仅仅是一种折衷或是调停（参见迦弗尔［Chavel］在其为信件所加的引言中那篇颇具价值的评论）。贝尔（1961, vol. 1, p.103）同样是过于简单地把

纳曼尼德的态度说成基本上是对反迈蒙尼德主义者的同情。贝尔（vol. 1, p.245）还引用纳曼尼德在《出埃及记》13：6上的观点来说明其所谓的反理性主义哲学："一个人不能被说成是信奉摩西的信条，除非是他相信我们所遭遇到的所有现象都是奇迹，并且每一个都不是由任何的自然规律所引起的。"（犹大·哈列维也持有同样的观点。）除了从一种专门术语的狭义哲学的意义上来理解，还不能就此被称为是反理性主义的。这并没有使得纳曼尼德成为反科学的；因为巴克莱和休谟以及现代逻辑经验论者们持有同样的一种观点（即在物理现象的循环之间不存在逻辑上的联系），因而他们仍然一直热衷于科学研究。在他的信里，纳曼尼德以赞许的口气引用了迈蒙尼德的论述（《迷途指津》，第 1 部分，第 70 章），说犹太人原先拥有许多科学书籍，而在大流散时期遗失了，因此不得不研究非犹太人的科学。

⑧ 事实上，约翰·司各特·埃里金纳（John Scotus Erigena）选择了另一种三个特征合而为一的东西来与"三位一体"相对应，即"存在""智慧"和"生命"。参见本书第 144 页。

⑨ 罗斯正确无误地指出，"帕波罗·克里斯蒂亚尼"这个名字是一个"不可能的混合词"，不过，因为对所有熟悉犹太历史的读者来讲，这个名字已经习惯了，所以在本书中就沿用下来。

⑩ 参见 Companton, 1891 和 Abramson, 1971。

⑪ 科恩（Cohen, 1964, p.175）提出了一种理论，说帕波罗·克里斯蒂亚尼曾有一个狡猾的计谋，就是通过交错的方式提出论证，一会儿证明救世主是神性的，一会儿又证明他是凡人，从而把救世主描绘成为一幅"神人合一"的完美图像。不过，克里斯蒂亚尼没有必要向纳曼尼德证明救世主是凡人，因为这正是纳曼尼德自己所要论证的。克里斯蒂亚尼并不曾有过这种交替使用论证的计谋，他只是尽力来证明，在救世主会死于其使命的历程中这种意义上来说，他也终有一死而已。不过，他将这种必死性同被钉死在十字架上弄混了。其实，纳曼尼德相当乐意接受这种观点，即在救世主最后将终老而死这种意义上来说，救世主是终有一死的。

9　巴黎拉比耶希尔的《维库阿》：释义

① 实际上，杰罗米确实曾攻击过《塔木德》，或者说，至少攻击过《米西那》：
"*Contemnentes legem Dei, et sequentes traditiones huminum, quas illi deuteroses vocant.*"（那些蔑视神的律法的和固守人类传统的人，该称之为冒牌货。）见于《论以赛亚》（*Commentary on Isaiah*），59, 12（PL, 24, 603）。可参见 Simon, 1964, p.116。

② 参见 b Ber., 7a。《塔木德》解决了这一矛盾，它是这样写的："一个经句讲的是那些继续从事与他们的祖先同样事业的子孙，而另一经句讲的却是那些没有继续从事他们祖先事业的子孙。"

③ 参见 Mekhilta Bahodesh, IX，临近结尾处。拉比阿基瓦的答案就是，上天在这种情况下降到了山顶。不过，拉比的结论是说，使用"下降"这种表达方式乃是比喻性的。

④ 参见 b Yevamot, 76b。答案就是：禁忌仅仅适用于摩押男人，而不适用于摩押女人。

⑤ 参见《米西那》Avot, 1: 1。"他们（属于犹太教大圣堂的人）说了三件事情：判断时要深思熟虑；要培育众多的门徒；要精心保护《摩西五经》。"

⑥ 按照原文中的说法，耶希尔对此点的答复是有点愚蠢过头了，反而令人难以置信："如果他们用石头砸死了他，那么我们就是无辜的，因为我们不在场。同样地，你也就不能因为《塔木德》里写了这些东西而谴责我们，因为这本不是我们写的，而是在很久以前写成的。使人惊奇的是，这是在《塔木德》中唯一一处提到耶稣被处死的地方。拉比们必定早就预先知道你必然会就此向我们提问，所以并没有再更多地提到他。"这一点同耶希尔关于在《塔木德》中根本就没有提到过基督教的耶稣这一说法是相矛盾的。当然，争论的焦点问题并不是是否耶希尔时代的犹太人会受到谴责，而是是否《塔木德》中事实上的的确确包含着唐突耶稣的言论。整个的答复可能是约瑟·本·拿单（Jeseph ben Nathan）这位法庭推事干的，而他对耶希尔在这一点上

的回答之所指一无所知。耶希尔本来的回答必定是说，这里所提到的
"拿撒勒的耶稣"并不是基督教的耶稣，而是另外的某个同样是来自
拿撒勒的耶稣。我们可以发现，耶希尔在后面的一个问题上对此进行
了详细的论证。

⑦ 参见 b Sanh., 56a："为诺亚的儿子们规定了七条诫律：建立一个律法
体系；戒亵渎神明；戒偶像崇拜；戒通奸和乱伦；戒凶杀；戒抢掠；
戒食动物活体上割下来的鲜肉。"这些诺亚律法被《塔木德》作为一种
全人类必须遵守的正统的基本法规。《塔木德》中的这些诺亚律法一
再被约翰・塞尔顿（John Selden）和雨果・格老修斯（Hugo Grotius）
所引用，试图以这种方式制定出国际法的原则。《塔木德》将犹太律法，
即《摩西五经》看作仅仅对犹太人具有约束力（那些同诺亚式诫律巧
合的内容除外）。它并不是一种放之四海而皆准的律法，也不是拯救
灵魂的万能的手段，而仅仅是为"祭司的国度"（即那些生下来本身
就是犹太人的人和那些通过皈依选择加入到他们行列中的人）制定的
一种特殊法则而已。这一点尤其适用于那些关于礼仪的诫律，如饮食
守则，是绝没有人打算将其普及全世界的。非犹太人获得灵魂拯救的
方法是通过坚持"诺亚律法"来实现的，并不需要非得变成犹太人。
如："世界上各民族的正义之人在'来世'都会有自己的一份儿。"（t
Sanh., 13; b Sanh., 105a）参见 Steven S.Schwazschild, 1961~1962。另
参见 Shabtai Rosenne, "The Influence of Judaism on the Development
of International Law", 1958, *Netherlands International Law Review*, 5,
pp.128~130。

⑧ 与此相关的是多尼在论争之前草拟的三十五项指控中的第十五项指控
（参见 Rosenthal, 1956~1957, p.154）："他们的《塔木德》中写着，
凡犹太人在地狱中受难不会长于 12 个月，因而在地狱中受罚也就不会
超过 12 个月，而基督徒却是生生世世爬不出地狱的。"

⑨ 这一指控所根据的是 b BQ, 38a 中的一个模棱两可的短语（*hitir
mamonan leyirsra'el*）。在 b BQ, 113a~b 中，清楚地解释了犹太人所
持的一种规范的观点：非犹太人的所有阴谋诡计和欺诈行为都是不允
许的。关于这里所列的其他指控，请参见第 Ⅰ 部分，第 30~34 页。

10　基督教一方关于巴黎论争的记述

① 即威沃·米奥（Vivo Meaux），威沃是耶希尔这个姓氏的第一个构词
　　成分的一种翻译方式。

② 参见 b Rosh Hashanah, 29b。

③ 参见 b Sukkah, 43b~44a（对照 m Sukkah，3：13~14）。另参见 *Shulhan
　　Arukh*（《布就之席》），Orah Hayyim（奥拉·哈伊姆），658: 2。

④ 关于这两个案例，均参见 b Nedarim, 65a。

⑤ 参见 b Avodah Zarah, 3b。

⑥ 参见 b Berakhot, 7a。

⑦ 即梅伦的拉比犹大·本·大卫（Rabbi ben David）。

⑧ 特莱森西斯（Trecensis），即特洛伊斯·特莱森西斯。所罗门·本·伊
　　扎克（Solomon ben Yizhak，或是伊扎基，即位什）是最伟大的《圣经》
　　和《塔木德》评论家。

⑨ 这可能指的是雅各·塔姆（Jocob Tam），他是拉什的孙子，并且是《托
　　萨弗特》（*Tosafists*）编纂者中最为著名的一位。

⑩ 参见本书第 I 部分，第 26~30 页。

⑪ 参见本书第 I 部分，第 35~36 页。

⑫ 参见 b Eruvin, 21b（另见 b Berakbot, 4b）。见本书第 222 页注释。

⑬ 参见拉比以利以谢在 b Barakhot, 28a 中的教义："要让你的孩子们远
　　离'higgayon'。""higgayon"这个词的意思尚有争议，但是拉什（"所
　　罗门·特莱森西斯"）确实将它解释为"关于《圣经》的研究"，他说，
　　"不要让他们陷于过多的《圣经》研究而不能自拔，因为这会招致……"
　　（这个句子在我们这篇拉什的原文里似乎是残缺不全的，可能不得不
　　根据多尼的引语予以补充，加上"……异端邪说"这样一个词。拉什
　　还对"higgayon"这个词做了另一种可供选择的阐释，说成是"孩子气
　　的饶舌"。）很明显，拉什将"higgayon"解释为"《圣经》研究"是
　　来源于加昂时代的文献，因为在这一文献中可以找到一种类似的解释，
　　同时还清楚地提到了异端邪说的危险（参见 *Otzar ha-Geoim*, I, p.38）。

这里的意思并不是说应当阻止对于《圣经》的研究（这是全部犹太教育中的第一个基本步骤，参见 m Avot, 5: 21），而是说不能孤立于《塔木德》中所作的阐释之外来进行研究。不过，在《塔木德》的内容里，是否"*higgayon*"指的确实就是"关于《圣经》的研究"，是大大地令人怀疑的。利伯曼（S. Liebermann, 1950, p.103）认为它的意思是"逻辑"，迦斯特洛夫（M. Jastrow, 1926, p.331）则认为它指的是"背诵"或是"文字记忆"。

11　关于托尔托萨论争的希伯来文记述

① 希伯来文 *megadef*，是由 Maestre Geronimo de Santa Fe （戈罗尼默·德·桑塔·费长老）中的每个字首组成的首字母缩略词。

② 事实上，地点的归属问题在某些细节上是不对的。阿斯特拉克·哈列维是来自阿尔坎尼斯，而不是多罗卡；约瑟·阿尔博则是来自多罗卡，并不是蒙雷亚尔。

③ 舒查特提出"以毒攻毒"（*ha-domeh ba-domeh mavriy*'）这种表达方式是源于亚里士多德的《垮掉的一代》（*De Generatione et Corruptione*）中的第 2 章，第 8 节："*omniaenim eisdem aluntur quibus constant*"（所有的事物都是由那些具有与本身同样物质的事物所滋养）。不过，这个亚里士多德式的段落讲的是养育，而非治疗；整个段落都是关于生物方面的，而不是医学方面的。此外，亚里士多德的这一段也没有提到拉比撒拉西亚那句口头禅中的后半句，即"以恶治恶"（*ve-ha-hefekh ha-hefekh*）这个并列的句子。

　　与之更为接近一些的并列句应是两句医学界常用的俗语，"*similia similibus curantur*"（以毒攻毒）和"*contraria contrariis curantur*"（以非毒治非毒）。这是两种治疗方法中各有针对性的习惯说法，指顺势疗法和对抗疗法。在《两教争端》（Gentio, 1651）的拉丁文译文中，通过其翻译处理进一步确认了这种解释，即"毒攻毒，非毒治非毒，无所不医"。

　　因此，在拉比撒拉西亚布道时，他一开始的立意似乎是要来讨论顺势疗法和对抗疗法这两种治疗的方法，它们对犹太拉比这些听众来说一向是比较熟悉的（尽管叫法不尽相同），因为他们中有些人就是干医生这一行的。但是，这样的一种讨论方式与当时论争的情势有什么关联呢？这只不过是一种推测。作为当时拉比撒拉西亚布道内容的一种似乎可能的再现，在轮廓上或许大致是这样的（为了简洁的缘故，在这里"顺势疗法"和"对抗疗法"这些术语也就将错就错地放在拉比撒拉西亚的口中说出）：

　　兄弟们，这个安息日，我们在处境艰难的情况之下在这里聚会。我们，和我们的犹太同胞，面对着的逼迫我们皈依基督教的蓄谋已久的企图。在我们目前的处境下，还能找到什么值得安慰的东西吗？现在，让我告诉你们两种医生们所熟知的治疗方法：顺势疗法（"以毒攻毒"）和对抗疗法（"以非毒治非毒"）。这两种都是有效的方法，根据病人的病情而定。顺势疗法是这样的一种方法，病人通过施用某种药物而获得治疗，而这种药物若是用在一个健康的人身上，它反而会引起同该病人所患的那种疾病相似的病症。而对抗疗法则是这样的一种方法，病人通过施用某种药物而获得治疗，而这种药物若是用在一个健康的人身上，它反而会引起同该病人所患的那种疾病相反的病证。譬如，皮肤发炎可以通过施以荨麻或母牛的初乳而得到顺势疗法的医治，或是通过敷冰这种对抗疗法来医治。

　　那么，眼下我们西班牙的犹太人民害的又是什么样的疾病呢？是犹太教信仰的失落。这种疾病表现为两种形式：一种是倒向基督教，一种是倒向阿维罗依主义（Averroist）的无神论。现在有两种截然相反的极端：基督教是一种非理性主义的极端行为，而阿维罗依主义则是一种极端的理性主义。一个是没有理性的信仰，而另一个是没有信仰的理性。在这两种极端之间，存在着一个健康的犹太教，它是信仰和理性之间的一种平衡。

　　目前的基督教的传教运动可以起到一种双重疗法的作用。首先，可能会产生一种顺势疗法的反应。许许多多的犹太人，就我们观察，要倒向基督教，直到他们深深地陷入剧烈的基督教宣传活动之中而不能自拔。也就是说，这种宣传具有一种反动的作用。

在另一方面，许多倒向无神论的犹太人，通过耳闻了基督教的宣传后，会同时受到正面的影响，反而会回到犹太教中来。他们的反应是："我虽然是一个无神论者，但是，如果说还有一种真正的宗教的话，那就是犹太教，而绝不是基督教。"这种反应往往是一种对犹太教有利的倾向性的重新估价的起点。这是一种对抗疗法的反应——用过分的非理性主义来矫正过分的理性主义，结果是一种健康的平衡复归。

因此，我们可以从眼下基督教的猛烈进攻中得到某些安慰：既有顺势疗法方面的，也有对抗疗法方面的，它会治愈我们众多兄弟双重的精神上的痼疾。

注："顺势疗法"和"对抗疗法"这种方便实用的术语是由哈尼曼（S. C. F. Hahnemann, 1755~1843）创造出来的，他是现代顺势疗法体系的奠基人。尽管哈尼曼常常把"*similia similibuis curantur*"（以毒攻毒，有时用"以毒治毒"）和"*contraria contrariis curantur*"（以非毒治非毒）这两句座右铭挂在嘴边，但其出处却可追溯到中世纪。虽然人们认为，哈尼曼的体系是部分地源于帕拉塞尔苏斯（Paraselsus, 1495~1541），但是使用微小剂量的想法却是哈尼曼独创的，并且也不是顺势疗法原始定义中的一部分。"以毒攻毒"这句话曾作为一个段落的页边标题出现在日内瓦出版（1685）的帕拉塞尔苏斯的著作里，并且一直被公认为是这一处方方式的首次使用，并经鉴定认可。然而，正如我们所看到的那样，不管是顺势疗法还是对抗疗法的拉丁文处方，在伊本·弗迦翻译根提奥译本（Gentio, 1651）时都先使用过了。情形或许是这样：我们的这封波纳斯特拉克·迪梅斯特里关于托尔托萨论争的信，因为是来自 15 世纪的前半叶（加上编辑者所罗门·伊本·弗迦在 16 世纪的早期所补充的内容），故而虽然是以一种希伯来文而不是拉丁文的形式，却包含了顺势疗法和对抗疗法处方的最早的已知用法。

④ 除非是面对面否则你是无法理解的

　　布洛德（Braude, 1952）译为"只有亲自听到时才能理解"。不过，希伯来文的记述认为，拉比撒拉西亚布道的内容已经到了这样的地步，除非是同犹太人在一起，重复它就是不明智的。前面的注释道出了其中的原因：这番布道是针对基督教的传教活动的一种强烈的抗议，从而暗示：就犹太人而言，基督教乃是一种有待医治的痼疾。

⑤ 即亚里士多德。

⑥ 在这里，戈罗尼默给出了他所用的那种阐释《塔木德》的双层方法的一个例证，从而将这一段中真正适合于其论题的部分归诸后期的，或者说后基督教时期所形成的那一层内容。

⑦ 教皇本尼迪克特所反对的是救世主的降临完全依赖于犹太人而不是基督徒的精神状态这种观点，认为他的降临应该是由于整个世界的进步所引起的。本尼迪克特在这里是在讨论犹太人的观点，并提出了其中一处需要修正的地方——因为作为一名基督徒，按照他自己的观点，救世主早就已经降临了。可是，犹太人的回答把救世主设想成一位民族的救星，而不是世界的救星。这多少有点冲淡了犹太人的那种救世主主义的普遍性。此处这种颇有趣味的思想交流，反映了犹太、基督两教论争中实实在在对话的重要一刻。

⑧ 依照这样的估算，救世主大约是在公元 440 年降临的，而依照前面的推测，"救世主的时代"大约是在公元 240 年开始的。

⑨ 阿摩拉（Amora，复数形式是 Amoraim）是指晚期（即从编写《米西那》的时候起，一直到完成《塔木德》）的那些拉比们。拉弗阿什死于公元 427 年，被认为是《塔木德》的主要编纂者之一。

⑩ 这里所指的是第一句话，即关于称为"救世主时代"的那两千年。这句话是以 "Tanna debe Eliyyahu"（字面意思是"以利亚家里的一位老师"）的名义说的，并且对于这句话所表达的到底是什么意思，也还存有某些疑问。在另一部未完成的希伯来文书稿里（Halberstam, 1868），犹太人一方的疑问基本上弄明白了。在眼下这篇记述中，这个问题多少有点断章取义，正如从戈罗尼默的另一篇讲演中所看到的，它只有当在这次会议上还没有讨论牵扯到拉弗阿什的那一段时的情况下才能讲

得通。

⑪ 拉比马提西亚的这个论证不明确。

⑫ 这一论证并没有写进纳曼尼德关于巴塞罗那论争的记述中，也没有写入基督教一方的记述中。参见本书第 144 页。在另一部未完成的关于托尔托萨论争的希伯来文原稿里，也未发现有这方面的内容。

⑬ 所指的应是阿拉贡王国詹姆斯一世的继承人佩德罗三世。这显然是一个错误。

⑭ 在这篇记述中，将许多学识渊博的讲演尽归之于唐威德尔，但在另一部未完成的书稿中却不尽然。就历史事实而言，他并不是一位学识渊博的人，而只是一位朝臣和外交官。后来，他皈依了基督教。关于在这篇记述中给了他一个重要角色，从而作为对他的同名后裔的一种敬意的猜测，请参见 Marx, 1944, p.86 和 p.93。

⑮ 这些证据在迈蒙尼德或是哈斯代·克莱斯卡斯（Ḥasdai Crescas）的任何现存文献中都没有能够找到。

⑯ 关于此点的论据是模糊不清的，舒查特坚持认为这些内容是伊本·弗迦加进去的。这一说法似乎是对的。

⑰ "罗马"应是"托尔托萨"。很明显，伊本·弗迦对这次论争的地点是模糊不清的。他之所以认为必定是在罗马，大概是因为这次论争是当着教皇的面进行的缘故。一如舒查特所言，原始的提法或许是"该城市的一位居民"。另一部未完成的希伯来文书稿中则有："当时，托尔托萨地区会众的圣哲所罗门·迈蒙长老（Maistre Solomon Maimon）站了起来。"

⑱ 参见迈蒙尼德《米西那托拉》中的 *Melakhim*，第 11 章。

12　基督教一方关于托尔托萨论争的记述

①《塔木德》中说（b Yoma, 9b），圣殿被焚毁的原因是"无缘无故的仇恨"（*sin'at hinam*），即犹太人内部派系间的争斗。然而，戈罗尼默的论据是来源于《信念之剑》中，认为"无缘无故的仇恨"指的是对耶稣的仇恨，因此，《塔木德》中的这个段落就成了对犹太人拒绝耶稣这

项罪行的进一步确证。

② 真正的原文是这样说的，"但是，因为我们的许多不义行为，所有这些年都失去了"（b Sanh., 97a），拉比法雷尔（撒拉西亚）必定曾据理论证过，说这句原文暗示了救世主还没有降临，因而在希伯来文的记述中（第 172 页）才有："这就清楚地说明，他并没有降临。"

③ 参见希伯来文记述（第 180 页）。在此处，基督教一方的记述肯定了有第二个希伯来文的记述（Halberstam, 1868），而这第二个记述认为这一论据是属于"所罗门·迈蒙长老"的（见第 90 页）。这位学者，正如基督教一方的记述在其他地方的内容显示，扮演了犹太教一方的一个重要角色，并且在会议记录中通常称为"所罗门·以撒奇"（Solomon Ysach），对于他，人们所了解的并不比这里所说的更多。在第 198 页上，他被称之为"所罗门长老，一位犹太人，托尔托萨地区会众的拉比"（*magister Salomon, iudues, rabi aliame dertusensis*）。"*magister*"或"*maestre*"（即长老）这种称号是授予那些既在非犹太人圈子内也在犹太人的社会中已经获得了符合其学者身份的重要地位的人（如纳曼尼德和戈森尼德）。*

④ 罗马教廷的书记员（根据帕西奥斯·洛佩斯的版本）在通篇会议记录里都将"*Soffrim*"错误地誊写为"*Softim*"（*Shofetim*），这大概是把它同《塔木德》中"*Tractate Soferim*"（《圣录汇编》）的"*Soferim*"弄混了。

⑤ 即迈蒙尼德和纳曼尼德。

⑥ *Sefer Madd'a* 即《知识篇》，是迈蒙尼德《米西那托拉》的第 1 卷。在这一卷的导论里，迈蒙尼德解释了犹太教的一般原理。

⑦ 参见 b Eruvin, 21b："拉巴（Rava）说（解释《传道书》12：12）：'在遵守犹太法律学家的话方面，要比遵守《摩西五经》中的话更得要一丝不苟才是……不管是谁，只要违背了犹太律法的任何一项法规，他就该死。'"（另参见 b Berrakhot, 4b）在巴黎论争中，尼古拉斯·多

---

* 把这些著名的拉比称为"大师"以区别于那些具有普通长老身份的人，无论是就当时的情况来讲，还是按照今天的习惯，都是容易接受的。至于如何界定这个问题，有时也就不仅仅是个翻译处理方面的问题，而要靠读者自己凭借知识去体味了。——译者

尼也曾引用过这一段，但他当时是作为《塔木德》中包含着异端邪说的一个例证，因为，他论证说，犹太教唯一的基础必须是《旧约》（参见第Ⅰ部分，第24~25页，以及"耶希尔关于巴黎论争的记述"，本书第161页）。戈罗尼默在此处引证了这同一个段落，则是出于完全不同的意图，也就是坚持这样的一种观点：对于犹太人而言，信奉《塔木德》是件必需的事，并希望以此来反击犹太教一方关于《塔木德》中的"阿嘎嗒"部分是不可靠的这种论点。实际上，*Eruvin* 中的如上这种段落仅仅是一种夸张性的评注方式，不过是想以此来强调犹太律法学家制定新律法（作为《摩西五经》的一道"篱笆"）的这种权力本身乃是来自《圣经》的权威性而已（《申命记》17：10），使用 *hayav mittah*（"就该死"）这种表达方式是通常的一种夸张用法，并不具有文字上的律法效力，譬如，b Shabb., 114a 中说："若是发现哪位学者的外套上有一星半点儿的油污，他就该死。"

⑧ "即使他承认，整部的《摩西五经》都是来自天国，但却有那么一点点，一个别的 *qal va-homer*（*a fortiori*，过分的）演绎或是某一个 *gezerah shavah*（论证表达上的相似）——那么，他就被认为是一个'藐视耶和华的言语'（《民数记》15：31）的家伙。"（b Sanh., 99a）在这里，戈罗尼默就显得有点不够坦率了。《马所拉文本》（*Masorah*，口头流传下来的《圣经》原本）以及用所提到的两种演绎方法得出的诸多结论，被认为是具有 *halakhah le-Mosheh mi-Sinai*（来自西奈山上的律法）这样的重要地位，并因此被看作具有 *de-'uraita*（《圣经》的权威性）。然而，《塔木德》并不认为其本身的所有条款都属于这个范畴。它的很多律法都被看作仅仅具有 *de-rabbanan*（犹太拉比的教义）这种地位，就是说，比《圣经》的权威性要小得多。这也就是说，这种具有较轻刑罚的律法可以在犹太拉比举行的一次宗教会议上撤销，而在"紧急情况下"（*sha'at ha-dehaq*），甚至还可以根本不予理睬它。参见 Z. H. Chajes, *Mevoha-Talmud*, ch. Ⅵ - Ⅸ。

⑨ 《米西那托拉》中的《论法官》，*Mamrim*, 3："不承认'口传律法'的人不能算是那种'叛教的长者'，而应归入'异端'（'*apiqorsin*'）的范畴。"我们的原文把这句话多少有点儿弄错了，而说成是"不仅是一个

叛逆”，但是，到底这个错儿出在戈罗尼默还是罗马教廷的书记员身上，尚无定论。迈蒙尼德又继续解释，说所谓对“异端分子”处以死刑是仅仅适用于异端分子的首领，而不适用于他们的协从者或是后裔。

⑩ 这一篇出自 *Midrash Qohelet* 中的引文在帕西奥斯·洛佩斯的版本里乱加标点符号，被弄得错误百出，意义全非。那篇拉丁文正确的标点应当是这样的：

> *Scriptum est Deuteronomio 'dedit michi Deus tabulas lapideas cum digito dei vel eius scriptas, et super eas sicut omnia verba.' Inquit rabi Osua, filius Levi: 'Super eas: "et super eas"; omnia: "sicut omnia"; verba: "ilia verba"; preceptum: "totum preceptum". Ad ostendum quod....'*

> （《申命记》中写道：“神把两块石版交给我，是神用指头写的。在那上面，几乎包括所有的话。”利未的儿子拉比奥书亚说：“在那上面：‘并且在那上面’；所有：‘几乎所有’；话：‘那些话’；诫律：‘全部诫律’。以便显示那……”）

拉比奥书亚所说的是，在《圣经》的句子中，那些多余的措辞反而会使人觉得是在暗示，除了“成文律法”（这个经句与之明显相关）之外，还有另一部与之有着同等权威性的“口传律法”。（请注意，由拉比奥书亚所注释的最后一个短语并没有在我们的《圣经》原文里找到。）

⑪ 这句话并没有在所引证的那一章中见到，也没有在《塔木德》中的任何其他地方见到过。

⑫ 实际上，在“哈弗达拉”仪式中，根本没有提到过以利亚，但是，在“哈弗达拉”仪式之前或之后唱的圣歌中要提到以利亚却是一贯如此。当然，唱这样的圣歌，并不是暗示《塔木德》或《米德拉什》中的那些关于以利亚要在未来的某个星期六晚上降临的传说具有信条的效力。

⑬ 当然，说某些礼仪的习俗是来自“阿嘎嗒”中的概念，并不能将这种概念提高到信仰的教条这样的高度。戈罗尼默对这一点肯定是非常清楚的。

⑭ 在《论创世》的第30章里，"你不会再第三次拥有了"那句话并不是"单独"被引用的，而是与什一税、休闲年（*shemittot*）和朱比力的律法相联系的。当然，这句话并不否认以色列人将会在救世主的时代占有以色列这块圣地。它断言，这块土地的神圣性质在公元70年的圣殿焚毁事件之后是不会消失的（正像在巴比伦大流放时期没有消失一样）。因此，在救世主时代，任何的再次神圣化或是重新占有的行为都是不必要的。实事求是的推论就是，缴纳首产（第一次收获）税、什一税，等等，在以色列这块圣地上仍然是有效的，即使在圣殿被焚毁之后也是如此。这是少数人的看法，并不是公认的律法。律法认为，在焚毁事件之后仍然缴纳首产税，等等，仅仅被看作具有犹太拉比教义的效力，并不具有《摩西律法》的效力，所有的这些内容在 b Niddah, 46b 中也有讨论。同样，若说戈罗尼默真是诚心诚意地提出他的论证，还是令人难以置信的，因为只有将他所引证的段落完全脱离开上下文时，他的阐释才似乎是讲得通的。

⑮ 这个词对应的拉丁文是 *repillogare*，在任何中世纪拉丁文的词典中都没能查到。

⑯ 参见迈蒙尼德《米西那托拉》中的《论法官》，*Melakhim*, 12: 2（第202页）。迈蒙尼德对于救世主将会把以色列人从流放的灾难之中拯救出来，并将在以色列的这块圣地上建立起他的王国这一点是相当肯定的。然而，迈蒙尼德针对那些在一些细节上（例如，救世主降临的确切日期，是否会以以利亚为先导，等等）过于恪守教条的人发出了一个警告。因此，在拉比阿斯特拉克的论证中，并不存在真正的矛盾，他是在效法迈蒙尼德，认为应当对有关救世主降临这个问题的主要原则（他认为是众所周知的）与细节方面的问题（他认为大家都不清楚）之间，有区别地对待。犹太人一方的情况是，无论是巴塞罗那论争还是托尔托萨论争，基督教一方的论争者们都是想要坚持对犹太教的那些零散的"阿嘎嗒"方面的内容做出一种确定的和教条的阐释（根据犹太教的传统说法，它们被认为是难以确定的和模糊不清的），而忽视了犹太人对救世主所期望的那些主要原则；而他们同时觉得，这些主要的原则是足够清晰的，并没有在耶稣身上得以实现。

参考文献

Abraham ibn Daud. 1969. *The Book of Tradition: Sefer ha-Qabbalah*, ed. Gerson D. Cohen. London: Littman Library of Jewish Civilization.

Abraham ben Moses Maimonides. 1959. *Peyrush ha-Torah*, ed. S. D. Sassoon, tr. E. J. Wiesenberg. London.

———. 1821. *Milhamot Adonai*. Vilna.

Abramson, Shraga. 1971. *Kelalei ha-Talmud be-divrei ha-Ramban*. Jerusalem.

Abravanel, Isaac. 1954–60. *Peyrush*, 4 vols. Jerusalem/Tel Aviv.

Albo, Joseph. 1930. *Sefer ha-Ikkarim*, ed. I. Husik, 4 vols. Philadelphia.

Altaner, B. 1933a. Die fremdsprachliche Ausbildung der Dominikanermissionäre während des 13 und 14 Jahrhunderts. *Zeitschrift für Missionswissenschaft und Religionswissenschaft* XXIII.

———. 1933b. Zur Kenntnis des Hebraeischen im Mittelalter. *Biblische Zeitschrift* XXI.

Amador de los Rios, J. 1875. *Historia de los Judíos de España y Portugal*. Madrid.

Aquinas, Thomas. 1882. *Works*. Rome.

Augustine. 1945. *City of God*, tr. J. Henley, 2 vols. New York.

Bacher, W. 1884, 1890. *Die Agada der Tannaïten*, 2 vols. Strasbourg.

———. 1878. *Die Agada der babylonischen Amoraer*. Strasbourg.

———. 1892–99. *Die Agada der palestinensischen Amoraer*, 3 vols. Strasbourg.

Baer, Yitzhak. 1923. *Untersuchungen über Quellen und Komposition des Schebet Jehuda*. Berlin.

————. 1930–31. On the Disputations of R. Yeḥiel of Paris and R. Moses ben Naḥman (Hebrew). *Tarbiz* II: 172–87.

————. 1931. Die Disputation von Tortosa (1413–1414). *Spanische Forschungen der Görresgesellschaft* III: 330ff.

————. 1939. *Abner Aus Burgos, Korrespondenzblatt des Vereins zur Gründung und Erhaltung einer Akademie für die Wissenschaft des Judentums.* Berlin.

————. 1942. The forged Midrashim of Raymund Martini, and their role in medieval religious polemic (Hebrew). *Memorial Volume to Asher Gulak and S. Klein.* Jerusalem.

————. 1961, 1971. *A History of the Jews in Christian Spain*, 2 vols. Philadelphia.

Baron, Salo W. 1952–75. *A Social and Religious History of the Jews*, 16 vols. Philadelphia.

Benedict, B. Z. 1950–51. On the history of the Torah centre in Provence (Hebrew). *Tarbiz* XXII.

Benjamin of Tudela. 1907. *Itinerary.* tr. M. N. Adler. London.

Ben Sasson, H. H. 1966. Jewish–Christian disputation in the setting of humanism and Reformation in the German Empire. *HTR*, LIX: 369–90.

————. 1969. *Toledot 'Am Yisrael* II. Jerusalem.

Berger, E. 1895. *Histoire de Blanche de Castille.* Paris.

Bloch, Joseph S. 1927. *Israel and the Nations.* Berlin/Vienna.

Blumenkranz, B., ed. 1963. *Gisleberti Crispini Disputatio Judei et Christiani.* Utrecht.

————. 1960. *Juifs et Chrétiens dans le Monde Occidentale.* Paris.

————. 1963. *Les Auteurs Chrétiens Latins du Moyen Age sur les Juifs et la Judaisme.* Paris.

Braude, W. G. 1968. *Pesikta Rabbati*, ET. New Haven, Conn.

Braude, M. 1952. *Conscience on Trial.* New York.

Brettle, S. 1924. *San Vicente Ferrer und sein literarischer Nachlass.* Münster.

Brierre-Narbonne, J. J. 1939. *Commentaire de la Genèse de R. Moïse le Predicateur.* Paris.

Campanton, Isaac. 1891. *Darkhei ha-Talmud*, ed. I. H. Weiss. Wien.

Castro, A. 1954. *The Structure of Spanish History.* Princeton, N.J.

Charles, R. H. 1899. *A Critical History of the Doctrine of a Future Life in Israel, in Judaism and in Christianity*, London.

Chavel, H. D. 1960. *Naḥmanides* (biography). New York.

————. 1963. *Kitvey Rabbenu Mosheh ben Naḥman*, 2 vols. Jerusalem.

Cohen, A. 1927. *The Teachings of Maimonides.* London.

Cohen, Martin A. 1964. Reflections on the text and context of the Disputation of Barcelona. *HUCA* XXXV: 157–92.

Copleston, F. C. 1961. *Medieval Philosophy.* New York.

Coulton, G. G. 1938. *Inquisition and Liberty.* London.

Crescas, Hasdai. 1410. *'Or 'Adonai.* Ferara.

Davies, W. D. 1948. *Paul and Rabbinic Judaism*. London.

de Bofarull y Sans, F. 1911. *Jaime I y los Judios*. Barcelona.

de Gayangos, P., ed. 1883. *The Chronicle of James I, King of Aragon*, tr. J. Foster. London.

de Tourtoulon, Ch. 1867. *Jacme Ier le Conquérant*. Montpellier.

Denifle, H. 1887. Quellen zur Disputation Pablos Christiani mit Mose Nachmani zu Barcelona, 1263. *Historisches Jahrbuch der Görres-Gesellschaft* VIII: 225–44.

Dinur, B. Z. 1961–65. *Yisrael ba-Golah*, 2nd ed., 5 vols. Tel Aviv.

Dubnov, Simon. 1967–73. *History of the Jews*, tr. Moshe Spiegel, 5 vols. New York/London.

Efros, I. 1924. *Philosophical Terms in the 'Moreh Nebukim'*. New York.

———. 1974. *Studies in Medieval Jewish Philosophy*. New York/London.

Eisenstein, J. D. 1928. *Otzar Vikuḥim*. New York.

Epstein, A. 1949–50. Rabbi Mosheh ha-Darshan mi-Narbonah. *Kitvey Rabbi Avraham Epstein*. Jerusalem.

Etheridge, J. W. 1862–69. *The Targums of Onkelos and Jonathan ben Uzziel on the Pentateuch*, 2 vols. London.

Finkelstein, L. 1926. *Commentary of David Kimhi on Isaiah*. New York.

Friedlaender, M. 1877. *Essays on the Writings of Abraham ibn Ezra*, London.

Funk, F. X. 1941. *A History of the Church*, 2 vols. ET. London.

Genovés, V. 1943 *San Vicente Ferrer en la politica de su tiempo*. Madrid.

Gilson, E. 1955. *History of Christian Philosophy in the Middle Ages*. New York.

Ginzberg, L. 1909–38. *The Legends of the Jews*, 7 vols. Philadelphia.

Goldstein, M. 1950. *Jesus in the Jewish Tradition*. New York.

Girbal, C. E. 1870. *Los Judios de Gerona*. Gerona.

Graetz, H. 1897–1911. *Geschichte der Juden*, 11 vols. Leipzig.

Grayzel, Solomon. 1966. *The Church and the Jews in the XIIIth Century*. New York.

Greenstone, J. H. 1906. *The Messiah Idea in Jewish History*. Philadelphia.

Grünbaum, S., ed. 1873. *Vikuaḥ Rabbenu Yeḥiel mi-Paris*. Thorn.

Guttmann, J. 1964. *Philosophies of Judaism*, tr. D. W. Silverman. Philadelphia.

Hadassi, Judah. 1971. *Eshkol Hakofer* (Karaism), ed. Leon Nemoy. New York.

Halberstam, A. 1868. Anonymous Hebrew account of the Tortosa Disputation (Hebrew). In Kobak's *Jeschurun* VI: 45–55. Bamberg.

Ha-Meiri, Menahem. 1948–67. *Bet ha-beḥirah*. Israel.

Heer, Friedrich. 1967. *God's First Love*. London.

Heinemann, I. 1949. *The Methods of the Aggadah* (Hebrew). Jerusalem.

Herford, T. R. 1903. *Christianity in Talmud and Midrash*. London.

Horodezky, S. A. 1952. *Jewish Mysticism* (Hebrew). Tel Aviv.

Ibn Verga, Solomon. 1947. *Shevet Yehudah,* ed. A. Shochat. Jerusalem.

Jacob ben Elie. 1868. Letter on Pablo Christiani. *Jeschurun* VI: 29–30.

Jacobs, L. 1973. *A Jewish Theology.* London.

James I of Aragon. *Chronicle.* See de Gayangos, P.

Jastrow, M. 1926. *A Dictionary of the Targumim, the Talmud Babli and Yerushalmi, and the Midrashic Literature.* New York.

Jellinek, A. 1938. *Bet ha-Midrash,* 2nd ed., 6 vols. Jerusalem.

Jerome. *Commentary on Isaiah.* Migne PL, vol. 29, 87.

Joseph ben Nathan Official, *Vikuaḥ Rabbenu Yeḥiel mi-Paris.* See Wagenseil, J. C.; Grünbaum, S.; and Eisenstein, J. D.

Judah Ha-levi. 1927. *Kitab al-Khazari,* tr. H. Hirschfeld. New York.

Katz, Jacob. 1961. *Exclusiveness and Tolerance.* Oxford.

Kaufmann, Y. 1929–32. *Golah ve-Nekhar,* 2 vols. Tel Aviv.

Kayserling, M. 1890. *Biblioteca Española-Portugueza-Judaica.* Strasbourg.

———. 1865. Die Disputation des Bonastruc mit Fra Pablo in Barcelona. *MGWJ* XIV: 308–13.

Kimhi, Joseph. 1972. *Book of the Covenant,* ed. F. Talmage. Toronto.

Kisch, A. 1874. *Papst Gregor des Neunten Anklageartikel gegen den Talmud.* Leipzig.

———. 1874. Die Anklageartikel gegen den Talmud und ihre Vertheidigung durch R. Jehiel ben Joseph vor Ludwig dem Heiligen in Paris. *MGWJ* XXIII: 10–18, 62–75, 123–30, 155–63, 204–12.

Kohut, A. 1955. *Aruch Completum,* 9 vols. New York.

Kook, S. C. 1953–54. The Date of the Burning of the Talmud in France (Hebrew). *Kirjath Sepher* XXIX: 281ff.

Kook, S. H. 1935. Yeḥiel of Paris (Hebrew). *Zion* V: 97–102.

Krauss, S. 1902. *Das Leben Jesus nach jüdischen Quellen.* Berlin.

———. 1898. *Griechische und Lateinische Lehnwörter in Talmud, Midrasch und Targum.* Berlin.

Lasker, I. J. 1977. *Jewish Philosophical Polemics against Christianity in the Middle Ages.* New York.

Lea, H. C. 1906. *A History of the Inquisition in the Middle Ages.* London.

Levy, Raphael. 1964. *Trésor de la Langue des juifs Français au Moyen Age.* Austin.

Lewin, A. 1869. Die religionsdisputation des R. Jehiel. *MGWJ* XVIII: 97ff, 145ff, 193ff.

Liebermann, S. 1955–62. *Tosefta ki-feshutah,* 5 vols. New York.

———. 1950. *Hellenism in Jewish Palestine.* New York.

———. 1939. *Shekiin.* Jerusalem.

Little, A. 1936. The Mendicant Orders. *Cambridge Medieval History* VI: 741ff. Cambridge.

Loeb, I. 1881. La controverse de 1240 sur le Talmud. *REJ* II: 253ff, and III: 39ff.

————. 1888. *Joseph Haccohen et les Chroniques Juifs*. Paris.

————. 1887. La controverse de 1263 à Barcelone. *REJ* XV: 1–18.

Luce, S. 1881. Catalogue des documents du trésor de Chartres relatifs aux juifs sous le règne de Philippe le Bel. *REJ* II.

McGiffert, A. C. 1932–33. *A History of Christian Thought*, 2 vols. New York.

Maimonides, Moses. 1957–65. *Mishneh Torah*, 15 vol., ed. S. T. Rubinstein. Jerusalem.

————. 1963. *Guide for the Perplexed*, tr. Shlomo Pines. Chicago.

————. 1963b. *Mishnah im Peyrush R. Mosheh b. Maimon*, ed. and tr. into Hebrew by J. Kafih, Jerusalem.

————. 1972. *Iggerot ha-Rambam*, ed. J. Kafih, Jerusalem.

Mandonnet, P. 1913. Preachers, Order of. *Catholic Encyclopaedia* XII.

————. 1938. *Saint Dominique*, 2 vols. Paris.

Margoliouth, R. 192-. *Vikuah ha-Ramban*. Lemberg.

Martini, Raymund. 1687. *Pugio Fidei adversus Mauros et Judaeos*. Leipzig/Frankfurt.

Marx, A. 1944. *Studies in Jewish History and Booklore*. Philadelphia.

Mekilta de-Rabbi Ishmael. 1933. ed. and tr. J. Z. Lauterbach, 3 vols. Philadelphia.

Migne, I. P. 1844. *Patrologia Latina*. Paris.

Milḥemet Hovah. 1710. Constantinople.

Millas Vallicrosa, J. M. 1960. Extractos del Talmud y alusiones polemicas de la Biblioteca Catedral de Gerona. *Sefarad* XX: 17–49.

————. 1940. Sobre las fuentes documentales de la controversia de Barcelona en el año 1263. *Anales de la Universidad de Barcelona: Memorias y comunicaciones*, pp. 25–44.

Moore, G. F. 1927–30. *Judaism*, 3 vols. Oxford.

Moses ha-Darshan. 1940. *Midrash Bereshit Rabbati*, ed. Ch. Albeck. Jerusalem.

Naḥmanides, Moses. *Vikuah*. See Wagenseil, J.C.; Steinschneider, M.; Margoliouth, R.; Chavel, H. D.; Eisenstein, J. D.; Braude, M., tr.; and Rankin, O. S., tr.

————. 1967. *Peyrush 'al ha-Torah*, ed. H. D. Chavel, 2 vols. Jerusalem.

Neubauer, A. and Driver, S. R. 1876. *The 53rd Chapter of Isaiah According to the Jewish Interpreters*. Oxford.

————. 1887. *Medieval Jewish Chronicles*. Oxford.

————. 1888. Jewish Controversy and the *Pugio Fidei. The Expositor*, third series, vol. VII, pp. 81–105, 179–97.

Origen. 1869. *The Writings of Origen*, 2 vols., tr. F. Crombie. Edinburgh.

Ozar ha-Geonim. 1928–44, ed. B. M. Lewin, 13 vols. Jerusalem.

————. 1966. ed. H. Z. Taubes, 1 vol. Jerusalem.

Pacios Lopez, A. 1957. *La Disputa de Tortosa*, 2 vols. Madrid/Barcelona,

Parkes, James. 1934. *The Conflict of the Church and the Synagogue*. London.

Paul of Burgos. 1475. *Scrutinium scripturarum*. Mantua.

Perles, J. 1858. Über den Geist des Kommentars des R. Moses ben Nachman zum Pentateuch. *MGWJ* VII: 81ff, 117ff.

Pillemont, G. 1955. *Pedro de Luna. Le dernier pape d'Avignon*. Paris.

Posnanski, A. 1904. *Schiloh*. Leipzig.

——. 1922–23. Le Colloque de Tortose et de San Mateo (7 Février 1413–13 Novembre 1414). *REJ* LXXIV:17–39, 160–68; LXXV:74–88, 187–204; LXXVI:37–46.

Poliakov, Leon. 1974. *The History of Anti-Semitism*. 3 vols. London: Littman Library of Jewish Civilization.

Potthast, Augustus 1875. *Regesta Pontificium Romanorum*, 2 vols. Berlin.

Quétif, J. and Ekhard, J. 1719. *Scriptores Ordinis Predicatorum*. Paris.

Rabbinowitz, R. N. 1867–86. *Diqduqei Soferim*, 15 vols. Munich.

Rankin, O. S. 1956. *Jewish Religious Polemic*. Edinburgh.

Regné, Jean. 1910–19. Catalogue des actes de Jaime I, Pedro III et Alfonso III, rois d'Aragon, concernant les juifs 1213–91. *REJ* LX–LXX.

Renan, E., and Neubauer, A. 1877. Les rabbins français du commencement du quatorzième siècle. *Histoire littéraire de la France* XXVII:562–69. Paris.

Rosenthal, J. M. 1956–57. The Talmud on Trial. *JQR* XLVII:58–76, 145–69.

——1960. Sifrut ha-vikuah ha-anti-notsrit 'ad sof ha-meah ha-shemoneh-'esreh. *Areshet 2*.

Roth, C. 1932. *A History of the Marranos* Philadelphia.

——. 1950. The Disputation of Barcelona (1263). *HTR* XLIII:117–44.

Ruether, Rosemary. 1974. *Faith and Fratricide*. New York.

Sarachek, J. 1932. *The Doctrine of the Messiah in Medieval Jewish Literature*. New York.

——.1935. *Faith and Reason: The Conflict over the Rationalism of Maimonides*. Williamsport, Pa.

Schechter, S. 1896. Nachmanides, in *Studies in Judaism*. London.

——.1909. *Some Aspects of Rabbinic Theology*, London.

Scholem, G. 1941. *Major Trends in Jewish Mysticism*. Jerusalem.

——. 1948. *The Early Kabbalah, 1150–1250* (Hebrew), Tel Aviv.

Schwarzschild, Steven S. 1961–62. Noachites, *JQR* LII:297–308:LIII:30–65.

Seder Olam. 1894, Ed. B. Ratner. Vilna.

Silver, A. H. 1927. *A History of Messianic Speculation in Israel*. New York.

Simon, M. 1964. *Verus Israel*, 2nd ed. Paris.

Stein, S. 1969. *Jewish-Christian Disputations in 13th-century Narbonne*. London.

Steinschneider, M. 1860. *Nahmanidis Disputatio Publica pro fide Judaica*. Stettin/Berlin.

Swift, F. Darwin. 1894. *The Life and Times of James the First the Conqueror*. Oxford.

《塔木德》篇目 [*]

《米西那》部分

第一卷　种子（ZERAIM）

祝福式（Berakhot）

拾遗（Peah）

得卖疑（Demai）

禁混种（Kilaim）

七安息年（Shebiith）

抛物祭（Terumoth）

什一税（Ma'aserot）

二次什一税（Maaser Sheni）

生面祭（Hallah）

幼树果品（Orlah）

首产税（Bikkurim）

第二卷　节期（MOED）

安息日（Shabbat）

安息日诸禁忌（Erubin）

---

* 此为中译者添加。

逾越节（Pesahim）

舍克勒（Shekalim）

赎罪日（Yoma）

结茅节（Sukkah）

节日（Yom Tob 或 Betzah）

新年节（Rosh Hashanah）

斋戒节（Taanith）

以斯帖古卷（Megillah）

中期节（Moed Katan）

喜庆祭（Ḥagigah）

第三卷　妇女（NASHIM）

转房婚（Yevamot）

婚书（Ketuboth）

誓约（Nedarim）

拿细耳人（Nazir）

不贞（Sotah）

休书（Gittin）

订婚（Kiddushin）

第四卷　损害（NEZIKIN）

第一道门（Bava Qamma）

中间一道门（Bava Metzi 'a）

最后一道门（Bava Batra）

法庭篇（Sanhedrin）

鞭笞（Makkoth）

誓言（Shebuoth）

证言（Eduyoth）

偶像崇拜（Avodah Zarah）

先贤篇（Aboth）

裁决（Horayoth）

第五卷　圣物（KODASHIM）

动物牲祭（Zebahim）

素食祭品（Menahoth）

宰杀供食用的动物（Hullin）

头祭（Bekhoroth）

估价宣誓（Arakhin）

替代祭品（Temurah）

清除（Kerithoth）

渎圣罪（Meilah）

日常套祭（Tamid）

标准（Middoth）

飞禽祭（Kinnim）

第六卷　洁净（TOHOROTH）

器皿（Kelim）

帐篷（Oholoth）

麻风病（Negaim）

小红母牛（Parah）

洁净（Tohoroth）

浸礼池（Milwaoth）

行经妇女（Niddah）

预先安排者（Nakshirin）

漏症患者（Zabim）

当日自浸者（Tebul Yom）

手（Yadaim）

茎杆（Uktzin）

索　引

（索引页码为原书页码，即本书边码）

图书在版编目（CIP）数据

犹太教审判：中世纪犹太-基督两教大论争 /（英）
海姆·马克比编译；黄福武译.—北京：商务印书馆，
2023（2023.4重印）
（宗教文化译丛）
ISBN 978-7-100-21541-1

Ⅰ.①犹⋯　Ⅱ.①海⋯ ②黄⋯　Ⅲ.①犹太教—研究
②基督教—研究　Ⅳ.① B985 ② B978

中国版本图书馆 CIP 数据核字（2022）第 150265 号

宗教文化译丛
犹太教系列　主编　傅有德
犹太教审判
——中世纪犹太－基督两教大论争
〔英〕海姆·马克比　编译
黄福武　译

商 务 印 书 馆 出 版
（北京王府井大街 36 号　邮政编码 100710）
商 务 印 书 馆 发 行
北京新华印刷有限公司印刷
ISBN 978－7－100－21541－1

2023 年 1 月第 1 版　　　开本 880×1230　　1/32
2023 年 4 月北京第 2 次印刷　　印张 12¼
定价：76.00 元

"宗教文化译丛" 已出书目

犹太教系列

《密释纳·第1部:种子》
《密释纳·第2部:节期》
《犹太教的本质》〔德〕利奥·拜克
《大众塔木德》〔英〕亚伯拉罕·柯恩
《犹太教审判:中世纪犹太－基督两教大
　论争》〔英〕海姆·马克比
《源于犹太教的理性宗教》〔德〕赫尔
　曼·柯恩
《救赎之星》〔德〕弗朗茨·罗森茨维格
《耶路撒冷:论宗教权力与犹太教》〔德〕
　摩西·门德尔松
《论知识》〔埃及〕摩西·迈蒙尼德
《迷途指津》〔埃及〕摩西·迈蒙尼德
《简明犹太民族史》〔英〕塞西尔·罗斯
《犹太战争》〔古罗马〕弗拉维斯·约瑟
　福斯
《论犹太教》〔德〕马丁·布伯

佛教系列

《印度佛教史》〔日〕马田行啟
《日本佛教史纲》〔日〕村上专精
《印度文献史——佛教文献》〔奥〕莫里
　斯·温特尼茨

基督教系列

伊斯兰教系列

其他系列

《印度古代宗教哲学文献选编》
《印度六派哲学》〔日〕木村泰贤